中国社会科学院重大课题
国家"十五"重点出版项目

列国志

GUIDE TO THE WORLD STATES

中国社会科学院《列国志》编辑委员会

◉ 王晓燕 编著

智利

社会科学文献出版社

SOCIAL SCIENCES ACADEMIC PRESS (CHINA)

智利行政区划图

智利国旗

智利国徽

智利首都圣地亚哥夜景

世界上最大的露天铜矿——丘基卡马塔

总统府莫内达宫

智利的水果出口加工厂

智利国花科皮乌埃

智利印第安马普切男人

智利国舞——奎卡舞

奇洛埃岛居民的水上木屋

智利女工在精选出口葡萄

智利印第安
马普切妇女

智利南方城市
奥索尔诺地区风光

智利境内安第斯山麓的羊驼

智利北方地区宗教节日——蒂拉纳朝圣节

奇洛埃岛一瞥

智利境内的火山

复活节岛上的石像

西半球最古老的"托洛洛"天文台
位于智利北部阿塔卡马沙漠海拔2600米处

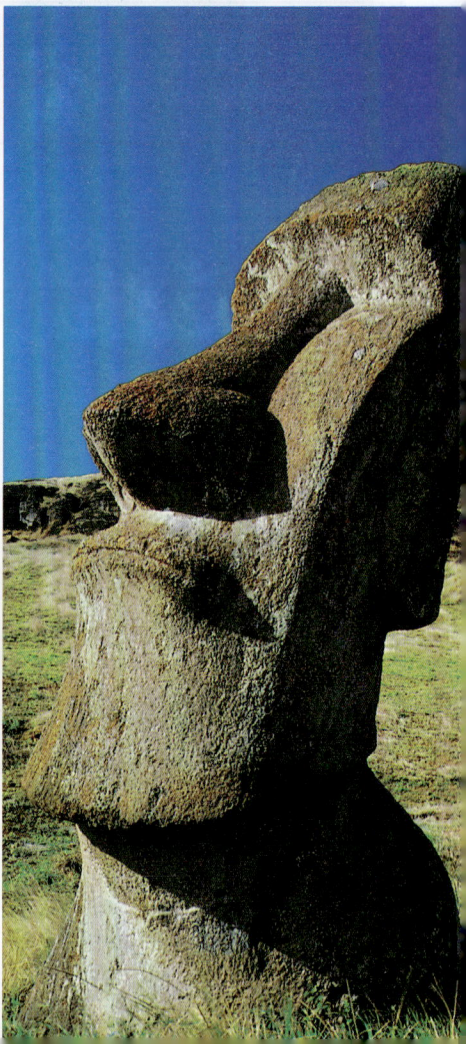

前　言

　　自 1840 年前后中国被迫开关、步入世界以来，对外国舆地政情的了解即应时而起。还在第一次鸦片战争期间，受林则徐之托，1842 年魏源编辑刊刻了近代中国首部介绍当时世界主要国家舆地政情的大型志书《海国图志》。林、魏之目的是为长期生活在闭关锁国之中、对外部世界知之甚少的国人"睁眼看世界"，提供一部基本的参考资料，尤其是让当时中国的各级统治者知道"天朝上国"之外的天地，学习西方的科学技术，"师夷之长技以制夷"。这部著作，在当时乃至其后相当长一段时间内，产生过巨大影响，对国人了解外部世界起到了积极的作用。

　　自那时起中国认识世界、融入世界的步伐就再也没有停止过。中华人民共和国成立以后，尤其是 1978 年改革开放以来，中国更以主动的自信自强的积极姿态，加速融入世界的步伐。与之相适应，不同时期先后出版过相当数量的不同层次的有关国际问题、列国政情、异域风俗等方面的著作，数量之多，可谓汗牛充栋。它们对时人了解外部世界起到了积极的作用。

当今世界，资本与现代科技正以前所未有的速度与广度在国际间流动和传播，"全球化"浪潮席卷世界各地，极大地影响着世界历史进程，对中国的发展也产生极其深刻的影响。面临不同以往的"大变局"，中国已经并将继续以更开放的姿态、更快的步伐全面步入世界，迎接时代的挑战。不同的是，我们所面临的已不是林则徐、魏源时代要不要"睁眼看世界"、要不要"开放"问题，而是在新的历史条件下，在新的世界发展大势下，如何更好地步入世界，如何在融入世界的进程中更好地维护民族国家的主权与独立，积极参与国际事务，为维护世界和平，促进世界与人类共同发展做出贡献。这就要求我们对外部世界有比以往更深切、全面的了解，我们只有更全面、更深入地了解世界，才能在更高的层次上融入世界，也才能在融入世界的进程中不迷失方向，保持自我。

与此时代要求相比，已有的种种有关介绍、论述各国史地政情的著述，无论就规模还是内容来看，已远远不能适应我们了解外部世界的要求。人们期盼有更新、更系统、更权威的著作问世。

中国社会科学院作为国家哲学社会科学的最高研究机构和国际问题综合研究中心，有11个专门研究国际问题和外国问题的研究所，学科门类齐全，研究力量雄厚，有能力也有责任担当这一重任。早在 20 世纪 90 年代初，中国社会科学院的领导和中国社会科学出版社就提出编撰"简明国际百科全书"的设想。1993 年 3 月 11 日，时任中国社会科学院院长的胡绳先生在科研局的一份报告上批示："我想，国际片各所可考虑出一套列国志，体例类似几年前出的《简明中国百科全书》，以一国（美、日、英、法等）或几个国家（北欧各国、印支各国）为一册，请考虑可行否。"

中国社会科学院科研局根据胡绳院长的批示，在调查研究的基础上，于 1994 年 2 月 28 日发出《关于编纂〈简明国际百科全书〉和〈列国志〉立项的通报》。《列国志》和《简明国际百科全书》一起被列为中国社会科学院重点项目。按照当时的计划，首先编写《简明国际百科全书》，待这一项目完成后，再着手编写《列国志》。

1998 年，率先完成《简明国际百科全书》有关卷编写任务的研究所开始了《列国志》的编写工作。随后，其他研究所也陆续启动这一项目。为了保证《列国志》这套大型丛书的高质量，科研局和社会科学文献出版社于 1999 年 1 月 27 日召开国际学科片各研究所及世界历史研究所负责人会议，讨论了这套大型丛书的编写大纲及基本要求。根据会议精神，科研局随后印发了《关于〈列国志〉编写工作有关事项的通知》，陆续为启动项目拨付研究经费。

为了加强对《列国志》项目编撰出版工作的组织协调，根据时任中国社会科学院院长的李铁映同志的提议，2002年8月，成立了由分管国际学科片的陈佳贵副院长为主任的《列国志》编辑委员会。编委会成员包括国际片各研究所、科研局、研究生院及社会科学文献出版社等部门的主要领导及有关同志。科研局和社会科学文献出版社组成《列国志》项目工作组，社会科学文献出版社成立了《列国志》工作室。同年，《列国志》项目被批准为中国社会科学院重大课题，新闻出版总署将《列国志》项目列入国家重点图书出版计划。

在《列国志》编辑委员会的领导下，《列国志》各承担单位尤其是各位学者加快了编撰进度。作为一项大型研究项目和大型丛书，编委会对《列国志》提出的基本要求是：资料翔实、准确、最新，文笔流畅，学术性和可读性兼备。《列国志》之所以强调学术性，是因为这套丛书不是一般的"手册"、"概览"，而是在尽可能吸收前人成果的基础上，体现专家学者们的研究所得和个人见解。正因为如此，《列国志》在强调基本要求的同时，本着文责自负的原则，没有对各卷的具体内容及学术观点强行统一。应当指出，参加这一浩繁工程的，除了中国社会科学院的专业科研人员以外，还有院外的一些在该领域颇有研究的专家学者。

现在凝聚着数百位专家学者心血，共计 141 卷，涵盖了当今世界 151 个国家和地区以及数十个主要国际组织的《列国志》丛书，将陆续出版与广大读者见面。我们希望这样一套大型丛书，能为各级干部了解、认识当代世界各国及主要国际组织的情况，了解世界发展趋势，把握时代发展脉络，提供有益的帮助；希望它能成为我国外交外事工作者、国际经贸企业及日渐增多的广大出国公民和旅游者走向世界的忠实"向导"，引领其步入更广阔的世界；希望它在帮助中国人民认识世界的同时，也能够架起世界各国人民认识中国的一座"桥梁"，一座中国走向世界、世界走向中国的"桥梁"。

《列国志》编辑委员会

2003 年 6 月

CONTENTS

目　录

CONTENTS

目 录

CONTENTS

目 录

CONTENTS
目　录

9

CONTENTS

目 录

CONTENTS

目 录

CONTENTS
目 录

CONTENTS

目 录

CONTENTS

目 录

智利驻华大使序

能为王晓燕教授所著《列国志·智利》一书作序，我深感荣幸。这部著作更新并丰富了 1995 年 10 月出版的《智利》一书的资料，还加入了对 20 世纪 90 年代智利进行的经济和社会改革的评价。

从这个意义上说，作者对 20 世纪 90 年代以来经济发展的模式转换所做的积极评价具有特殊意义。作者阐明，20 世纪 80 年代经历的、以纯市场模式为主的智利经济和社会结构的第一阶段改革，为第二阶段改革开辟了道路。在第二阶段改革中，经济改革在继续深化，但已经强烈地关注社会发展方面。在第二阶段改革经历的 14 年中，这种经济和社会发展的民主模式，在使我们看到持续和稳定增长的同时，也使我们国家更加平稳地跻身于国际和全球化的经济之中。

这样，智利已经适应了世界所面临的新时代的要求。在这个时代中，经济变革应该与社会和劳工进步息息相关，以及与对环境、性别和人权的新关注息息相关。最近，我国与韩国、美国等国以及诸如欧盟等集团签订的国际协议——最新一轮《自由贸易和合作协议》，已经证明了这一点。

这也是我们与中华人民共和国的双边关系所要走的康庄大道。目前，只是有待于进一步拓宽两国共同走过的道路。鉴于双

边关系的方方面面在近年中一直在牢固和持续地扩大和深化，这样做已是可能的。因此，定可预见，对我们两国的共同未来会达成新的一致性，而这种一致性必将进一步增强我们两国之间的关系。

值此时机，用中文撰写的《列国志·智利》一书会极大地有利于这个进程。中国公民、政府官员、学者和企业家将可以通过这部著作更好地了解位于世界另一端、但与其有着共同的经济和社会发展道路的这个国家。

智利共和国驻中华人民共和国大使

贝尼·波利亚克·埃斯克纳西

2004 年 2 月 25 日

自　序

《美丽的智利》，这是一首曲调优美、内容朴实的智利民歌。17 年前我在智利学习的时候，智利朋友经常自豪地唱起这首歌，他们对祖国的赞美和爱恋之情，深深地打动了我。歌词大意是：

> 啊，朋友，
> 请你和我一起欢呼智利万岁！
> 这里是画眉鸟和红色科皮乌埃（Copihue）花①生长的地方。
> 崇山峻岭，白雪皑皑，
> 我的祖国多美好，
> 就是点起那蜡烛寻找，
> 也难见这好地方。
> 智利，美丽的智利，
> 我是多么爱你，
> 若需要为你而献身，
> 我心甘情愿。
> 智利，美丽的智利，

---

① 智利国花的名字。

太阳般美丽，

心儿化作那科皮乌埃花，

我把自己也献给你。

当我拿起笔写这本列国志的时候，不由得耳边又回响起这首歌，使我思绪万千……我仿佛又回到了那美丽的国度，又看到了杨柳轻拂的田野，晨曦下的森林，一眼望不到边的苹果园、无花果林和通向遥远的天地交接处的葡萄园，安第斯山雪水汩汩奔流的小河和那满山遍野火红的科皮乌埃花……智利给我留下了挥之不去的美好回忆。

我希望此书的出版，能使更多的人了解智利和智利人民，进一步促进两国人民之间的友好往来。祝愿中智人民的友谊就像那安第斯山的雪水源源不断。

在本书的写作过程中，得到了拉美所领导、科研处、图书馆等同行们的帮助，特别是徐世澄、江时学、张宝宇、吴国平等研究员的指导和帮助。对此，谨表示衷心感谢。

我要特别感谢智利驻华大使贝尼·波利亚克·埃斯克纳西先生，他在百忙之中为本书写了序，同时感谢黎赛歌二等秘书对我的大力支持和帮助。

作　者

2003 年 3 月

第一章

国土与人民

第一节　奇特的自然地理

一　地理位置

智利，全称智利共和国（República de Chile）。在古代印第安人克丘亚语和艾依马拉语中，"智利"意即"世界的边缘"、"天的尽头"之意。智利地处南美洲的边缘，周围为崇山峻岭与辽阔无边的太平洋所屏障，在古代与外界的交通非常不便，几乎与世隔绝，故以"世界的边缘"称之。人们来到这个遥远的国度，就像到了天涯海角一样。也有一说，以前安第斯山麓的印加人称智利是"寒冷的国家"。相传，16世纪西班牙殖民者侵入当时的印加帝国（今天的秘鲁）时，殖民者问印加人："南边是什么地方？"印加人回答："智利（Chili）"。在印加语中，"Chili"是寒冷的意思。从那时起，西班牙人就把秘鲁以南的地方叫智利（寒冷的地方）。还有一个很有意思的传说是这样描述的：在上帝完成创造世界之后，还剩下一些东西，有湖泊、河流、高山、森林和沙漠，还有一片蓝天和一片海洋。为了不浪费这些东西，上帝就将它们留在地球的一个角落里，这就是智利。它位于南美洲西南边缘，西经66°30′~75°40′，南纬

17°30′~55°59′之间。智利北部和东北部分别与秘鲁和玻利维亚接壤，东部以安第斯山为界与阿根廷相邻，西临浩渺的太平洋。

智利地形非常奇特。为了特别强调自己民族的战斗精神，智利人曾把智利的形状比为一把战刀，它象征着智利民族不屈不挠的斗争精神。也有人说智利的形状像一只桨橹也许更合适。智利人喜欢航海，因为他们拥有4300多公里漫长的海岸线，几乎与我国相差不多。智利是世界上最狭长的国家，从最北端的城市阿里卡，到南方被大西洋和太平洋所环抱的火地岛，南北长4200多公里，从东到西最宽的地段362.3公里，最狭窄的地方只有96.8公里。"你把头枕在安第斯山上，脚就会伸进太平洋"，这句话是对智利地形特点的绝妙写照。智利大陆的南端伸入海洋，形成几十个大大小小的岛屿，群岛的最南端是合恩角。穿过火地岛再往南，那里就是冰天雪地的南极洲。

除大陆本土以外，太平洋上的胡安·费尔南德斯群岛、复活节岛、圣费利克斯岛、圣安布罗西奥岛、萨拉—戈麦斯岛等以及一些远离大陆的岛屿也是智利的领土。智利的领土面积与人口虽远远不如巴西和阿根廷，但是，由于资源丰富，工业比较发达，过去曾一度与阿根廷和巴西并称为南美洲所谓"A.B.C三大强国"。

智利领土面积756626平方公里（不包括智利要求的南极部分领土），约占拉丁美洲总面积的3.6%，在南美洲各国中，小于巴西、阿根廷、秘鲁、哥伦比亚、玻利维亚和委内瑞拉，居第7位。境内的安第斯山脉在蒙特港附近向西偏转，把智利海岸分为地貌迥异的南北两段：北段长2600多公里，多是不甚高的悬崖，海岸线平直，天然港湾很少；近海岛屿寥寥无几。南段长1729多公里，[①] 海岸线曲折，港湾众多；海岛星罗棋布，岛屿上

---

① Felipe Fco. Pla Olivares：*Atlas Chile Aurora*（《智利奥罗拉地图册》），Editorial Bibliográfica Chlena LTDA，1983.

森林密布，人迹罕至；沿岸还有许多积雪的高山和陡峭的深谷。海岸一直延伸至麦哲伦海峡两岸。

二 地形地貌

智利的地貌以山脉为主。全境层峦叠嶂，地势东高西低，起伏跌宕，自然景色十分壮观。智利是个多山的国家，山地面积约占全国总面积的 80%。[①] 智利国土由南北走向的三个大致平行的地带构成，因此，整个智利有三种地貌结构：东部是巍峨的安第斯山脉，其高度自北向南逐渐降低；西部是低矮断续的海岸山脉；中部是这两道山脉之间的中央谷地。这三个地形带不仅各具特色，而且每个地形带的不同地段之间也有显著的差别。

智利北部境内的安第斯山脉，是秘鲁—玻利维亚的普那高地苔原的延续，海拔在 3600 米以上，周围耸立着一些海拔 6000 米乃至更高的山峰。大致从南纬 27°～38°，在安第斯山脉高耸云霄的平行山脉中，夹着一些陡峭狭窄的山谷。智利境内的一些最高山峰大都坐落在这一带。其中最高的阿空加瓜（Aconcagua）山海拔 7500 米，美洲的山脉在阿空加瓜山那里达到了最高点，它可与世界上另一个众山之父——喜马拉雅山脉的珠穆朗玛峰争雄。因此，阿空加瓜山便成为世界各地登山队员显示勇气和力量的地方。阿空加瓜山山顶终年积雪，山坡上布满森林。在这一地区内，安第斯山脉占智利国境宽度的 1/3～1/2。从南纬 38°往南，安第斯山脉的高度开始逐渐降低，从而形成了许多地势较低的高原湖泊、河流和隘道，彼此错综交叉。山脉的西侧，有一系列壮观的火山。再往南，安第斯山脉折转向西成为壁立千仞的海

---

① Felipe Fco. Pla Olivares: *Atlas Chile Aurora*（《智利奥罗拉地图册》），Editorial Bibliográfica Chlena LTDA，1983.

岸山脉，并在太平洋沿岸形成一个岛屿密布、海湾众多、海峡纵横的地段。然后，山地逶迤走向东南，直达麦哲伦海峡，在那里没入海底，然后又出现在火地岛南部和比格尔海峡的岛屿上。

西部海岸山脉纵贯于从北部边境到南方奇洛埃岛之间的太平洋沿岸，起伏伸展约 960 公里。海岸山脉不及安第斯山脉那样雄伟，但它耸立于太平洋沿岸，曲折绵延，从海上看好似一座海岸长城。智利许多大小港口和城市，就坐落在太平洋沿岸山脉被海水浸蚀的阶梯上，如皮萨瓜、伊基克、托科皮利亚、梅希略内斯、安托法加斯塔、塔尔塔尔等。在北方有以浓雾著称的卡昌卡斯悬崖，海拔 1500 米。自科皮亚波起，海岸山脉渐渐演变成为海拔约 1000 米左右的高原。但至莱布半岛又升高到海拔 1500 米，最后伸入太平洋，形成奇洛埃岛、乔诺斯群岛及其他无数小岛。

智利的第三个地貌区，是夹于东部安第斯山脉和西部海岸山脉之间的中央冲积盆地。从北到南有着强烈的对照景观。其海拔高度从东向西倾斜，自北向南逐渐降低。北部阿萨帕河河谷与科皮亚波河河谷之间，是一片广阔的沙漠地带和一些宽约 80 公里、海拔 600 米的干旱盆地。这些盆地原为湖泊，后来干涸，因而富有盐类，特别是硝酸盐，它是智利出口收入的主要来源之一。北方阿塔卡马沙漠区的干旱是世上少有的，数年不下滴雨，是一片凄凉不毛之地，它向西伸至海岸，南到洛亚河的南面。从南纬 28°往南，沙漠形势渐趋缓和，雨量也随之增多。

智利中部在两大山脉之间，是阿空加瓜谷地和马波乔谷地，也称中央谷地，在 10 个省的土地上延伸，几乎覆盖了国家一半的土地。它是智利盛产葡萄、苹果、桃、梨、猕猴桃等各种水果的地方以及小麦的故乡。智利首都圣地亚哥就坐落在马波乔谷地之中。中央谷地的尽头是在雷隆卡维海峡、南纬 41°30′的蒙特港处。中央谷地是智利国家的摇篮，这里有富饶的冲积盆地，有火山分解而成的土壤和湿润的空气，且位于森林茂密的大山斜坡下面，是智利人口最集中和最繁荣的地区。

智利是世界闻名的多火山的国家，属于太平洋火山群带。据统计，境内有各类火山2000多座，其中活火山有50多座。这些火山分为北部、中南部、南部和太平洋岛屿等4个火山群。北部火山群有活火山17座，它们都在海拔5000米以上，其中奥霍斯·德尔萨拉多火山海拔高达6885米，是世界上最高的活火山；中南部火山群有活火山23座，海拔大都在3000米以上，其中吐普斯加蒂托火山和圣何塞火山海拔超过5000米；南部火山群有活火山7座，海拔多在2000米以上；太平洋岛屿火山群有活火山4座。此外，还有2座海底火山。

智利地震频繁，大都发生在邻近安第斯山脉的南部沿海地区。历史上，地震给智利造成了巨大的灾难。1960年发生的一次罕见的大地震使阿劳科半岛西端升高1.5米，莫查岛升高2米，并在莱布出现一片新海滩。在萨韦德拉港和奇洛埃岛等地也出现地面下沉或海面升高的现象。

三　河流与湖泊

智利境内的河流均发源于安第斯山脉，河道短促，水流湍急，绝大部分不宜通航，其中独流入海的有30条。智利北部的洛亚河，位于南纬21°～23°之间，发源于安托法加斯塔省内的安第斯山脉深处，全长440公里，是智利境内最长的河流。它先由北向南流，而后向西呈一弧形再流向北，流经阿塔卡马沙漠，再向西穿过海岸山脉，注入太平洋。其主要支流有圣萨尔瓦多河、萨拉多河、圣佩德罗河。河水灌溉沿河绿洲，同时供给安托加法斯塔城居民饮用水。河的上游建有水电站，主要供附近铜矿和硝石矿区用电，不能通航。

智利中部地区的迈波河横贯圣地亚哥省东西，长250公里。

其支流耶索河及科罗拉多河流至山谷后断流；另一支流马波乔河横穿圣地亚哥城。每年 11 月至下一年 2 月为迈波河的涨水期，河水可灌溉两岸农田 20 万公顷，同时也是首都圣地亚哥居民的饮用水和工业用水。

南部地区的主要河流，是位于康塞普西翁省的比奥比奥河，它把智利中央谷地分为景观不同的南北两部分。比奥比奥河发源于安第斯山脉的加列图埃湖和伊卡尔马湖，向西北流经肥沃的中央谷地和海岸山脉的横向谷地，在康塞普西翁城附近注入阿劳科湾，全长 386 公里，是智利第二大河流。河中多沙洲，河水除可灌溉康塞普西翁、比奥比奥和马列科 3 省 15 万公顷的农田外，还提供大量工业用水。在比奥比奥河上建有阿瓦尼科发电站。比奥比奥河以南的湖区和海峡地区，河网密布，河流短促，水量充沛而湍急，宜于发电。河中可通航小船和木舟。此外，该地区由雨水及冰雪融化汇成的河流滚滚而下，形成许多山间瀑布，亦可用于水力发电。

北部有若干咸水湖泊，全年大部分时间处于干涸状态。比奥比奥河以南地区有一连串水色碧绿、风景如画的湖泊，自北向南散布在考廷和延基韦两省境内。其中较大的湖泊有延基韦湖（面积 878 平方公里）和兰科湖（面积 423 平方公里），前者为智利第二大湖泊。海峡区的冰川湖泊星罗棋布，但湖面一般都很狭窄。其中卡雷拉将军湖是冰川沉积物形成的湖泊，面积 1040 平方公里，为智利最大的湖泊。智利南部湖泊区的美丽风景，使特木科到蒙特港之间地区成为智利的旅游中心，被外国游客称为"智利的瑞士"。在这个地区还有一些大湖横跨安第斯山脉以及阿根廷和智利边界地区。湖中经常有两国的船舶航行，增加了两国之间的往来。跨越智利和阿根廷的布宜诺斯艾利斯湖有两个方向相反的排水道，一条经智利注入太平洋，一条经阿根廷通向大西洋。

四 气候

智利的地理位置决定了其气候的多样性。智利位于南半球，其夏季自 12 月至次年 3 月，秋季自 3 月至 6 月，冬季自 6 月至 9 月，而春季则自 9 月至 12 月。智利的季节变化与北半球正相反。北半球的春夏秋冬是智利的秋冬春夏。由于受纬度、洪堡特洋流、季风以及安第斯山脉的影响，智利气候多变。北方与南方、沿海与内地、高原山地与内陆谷地的气候各有特点。

智利的地形、地貌特征东西向不同，气候则是南北向变化相异。总的来说，智利大部分地区是海洋性气候。但由于其国土狭长，所以，智利各季节的气温是从北向南稳定的下降，而雨量因受地形、地貌和海洋的影响，则完全相反，而是由北向南逐渐上升。沿海各地的雨量又多于相同纬度的内地。根据地貌和气候的特点，人们通常把智利从北至南分为 5 种类型（也有分为 3 种类型）的自然气候。它们是：智利热带沙漠气候（南纬 17°5′ ~ 30°）、智利地中海气候（南纬 30° ~ 37°5′）、智利森林区气候（南纬 37°5′ ~ 41°5′）、智利群岛区气候（南纬 41°5′ ~ 56°）、智利大西洋沿岸气候（约南纬 44° ~ 54°5′）。

智利热带沙漠气候 北部地区的托科皮利亚和安托法加斯塔两省大部分是沙漠，属热带沙漠气候。据说差不多已有四百年之久没有下过雨，是地球上最干旱的地区之一，人称"旱极"。北部沿海地区的相对湿度高于内地，温度的季节差和日差都比较小。从安托法加斯塔城往北的沿海地带还有一种"浓湿雾"现象。这是一种淡灰色雾，来自秘鲁海岸。其形成原因：洪堡特寒流向陆地的一侧有冷水上泛，使空气受到冷却，导致凝结，而盛行的逆温层却阻止着空气的垂直运动，使之凝结成雾。这个地区的伊基克，每年的 5 ~ 8 月间经常处在浓雾中，但沿海的重雾有利于草木的生长。与沿海不同的是，在沙漠区的内地，空气干燥、碧空无云，气候炎热。当地的居民说："在这儿，连死人都不会腐烂。"茫茫荒漠，草木稀少，但在沟谷中的一些灌木却顽强地生长着，有些地区也可以看到少量矮树。在沙漠区的东缘散布着一些绿洲。这里有历时几百年的城镇和村落，如圣佩德罗—德阿塔卡马、托科和佩内等小城市。为了人们的生活和发展，目前，这里已铺设了大型管道网，从东方高地，甚至从远至沿海的地方引水。

智利地中海气候 瓦斯科省的南部和埃尔基省，以及利马里省的北部，是沙漠气候和地中海气候的过渡地带。降雨量自北向南逐渐增加，特别是沿海地区。这儿冬季雨期很短，雨量也很少，年平均降雨量为 25～400 毫米之间，仅可维持荒地上灌木丛林的生长。夏季平均温度 20℃，冬季平均温度为 12℃。从阿空加瓜谷地到马乌莱河，属地中海气候，冬季冷而多雨，春秋两季温和，夏季热而干燥。年平均温度 14℃，平均降雨量为 500～1000 毫米。由于查卡布科山脊的南海岸山脉的阻隔，中央谷地的雨量和湿度都低于沿海地区。这个地区由于土壤肥沃和气候适宜，出产大量的小麦、玉米、大米、大麦，供应全国，一向有"智利小谷仓"之称。全国绝大部分人口都集中在这一地带。由于这一地区的气候和植被情况，与西班牙地中海地区很相似，曾对早期殖民者产生了巨大的吸引力。因此，智利这一地区很早就成为西班牙殖民统治的心脏，也是今天智利的政治、经济和文化中心。

智利森林区气候 从地中海气候区往南是智利森林区气候区。在这里，地中海干燥的夏季和多雨的冬季特征已不存在。这一地区包括特木科和瓦尔迪维亚等省。气候特点是多雨，终日细雨绵绵。自北往南雨量逐渐增多，风力逐渐增大，气温逐渐降低。其中某些地段的降雨量是地中海气候区的 3～8 倍，而雨季的时间也多了一个多月。该地区的年平均最高气温18℃，最低气温5℃，降雨量可达1000~4000毫米。智利森林区名副其实，这里茂密的森林代替了智利地中海气候区的灌木丛林。该地区树木种类繁多，可以看到漫山遍野高大的山毛榉、杜柏和桂树等树木。如今，这里是智利木材主要产地和木材加工区，被称为智利的"木材之乡"。

智利群岛区气候　南纬45°以南是智利群岛区。这里气候寒冷，潮湿多雨，自然环境恶劣，生存条件很差。只有在奇洛埃岛东部和大陆上的艾森港，这些可避免受强烈西风侵袭的地方才有居民点。艾森港位于南纬45°28′，年平均温度为10℃，年降雨量达2865毫米以上。再往南，年降雨量曾有高达5100毫米的记录。群岛西部，除布满海峡和岛屿外，无人居住。

智利大西洋沿岸气候　该地区位于智利最南端安第斯山脉的东边，麦哲伦海峡西侧。其气候与智利群岛区气候截然不同，更多的是具有阿根廷南部气候的特点。这一地区由于畜牧业的发展和石油工业的兴起，在整个国家中的地位不断提高。

第二节　丰富的自然资源

智利由于地形复杂、地势层次分明、气候多样，自然资源十分丰富。

智利有着富饶的矿产资源，特别是硝石和铜矿曾先后在智利经济发展史上占有领先地位，在拉美甚至在世界上也都占有重要地位。智利16世纪发现金矿，17世纪发现银矿，18世纪发现铜矿。

铜矿业是智利的经济支柱。铜矿储量约为4.5亿吨，占世界总储量的1/4左右，因此，智利有"铜的王国"的美誉。智利的铜矿遍布全国，从智利干旱的北方，到南方波涛汹涌的麦哲伦海峡，东起高耸入云的安第斯山脉，西至辽阔的太平洋，大大小小的铜矿星罗棋布，数不胜数。智利大铜矿主要分布在北部和中部。智利人把硝石称为"白色珍珠"，又称为"白金"，洁白，晶莹透亮。智利是世界上唯一生产天然硝石的国家，主要产在北方的阿塔卡马（Atacama）沙漠地区。自从发现硝石，这块荒漠就成为智利历史上最富庶的地区。20世纪曾经游历世界的著名旅行家卡奔德说过，"荒凉"的智利北方比尼罗河、幼发拉底河、恒河的山谷富得多。智利的硝石矿十分广大，在沿海高原后面，秘鲁边界与安托法加斯塔省之间，硝石矿带长750多公里，宽25～30公里。在离地面0.5～2米的地下，埋藏着1～3米厚的硝石层。硝石是提炼氮、钾、钠、硫等肥料及碘元素的天然原料，也是军事工业必不可少的。此外，在炼铜时加入一定比例的硝石可以使铜的纯度提高。除上述矿产外，智利还有铁、煤、碘、铅、锌、锰、水银和石油等矿藏。尤其是铁矿石，其品位很高（含铁量在60%以上），可以跟瑞典铁矿石媲美。

智利渔业资源非常丰富，是拉美重要的渔业生产国。海域盛产种类繁多的鱼类、贝类、海藻等1016种。主要有鳀鱼、沙丁鱼、萨门鱼、鲣鱼、鳕鱼、比目鱼、剑鱼、鳗鱼、鳟鱼、金枪鱼、章鱼、石斑鱼、海蟹、对虾、龙虾等。

森林也是智利的重要财富。智利是世界上森林分布范围最广、种类最多的国家之一。主要森林地带集中于比奥比奥河以南地区的南纬37°～44°之间，包括瓦尔迪维亚、奥索尔诺、延基韦、艾森和麦哲伦诸省，这一地区盛产温带林木，主要有智利柏、智利南美松、皮尔格松、智利罗汉松和辐射松等，大多属于硬质木。其中南美松和橡木在世界享有盛名。

取之不竭的河水和高山瀑布，为智利的电力工业提供了巨大的水力资源。目前已开发利用的只占一小部分。

智利动植物亦随地理位置、地形与气候的不同而种类很多。

北部广阔荒芜的沙漠地区的土壤以褐土、巨砾土为主。植被除少许的绿洲外，以生长在石隙洞间的沙漠仙人掌科与荆棘类植物为主。安第斯山脉的斜坡地带较潮湿，荆棘类灌木丛生；主要野生动物有原驼、野羊、狸等。在安第斯山脉各支脉间的深谷中偶有瘠薄的草地，其间生长有一种名叫普多和韦穆尔的鹿以及安第斯山秃鹰。鹿和秃鹰是智利国徽图案的组成部分。在一些横向的山谷地区，长有牧草和一种开红花的百合。

在地中海气候区，夏旱冬雨，土壤以红壤、黄壤和草原土为主，植被种类也很多，并依纬度不同而异。中央谷地有丰饶的牧草和古代森林的遗迹。原有的森林逐渐消失，取而代之的是高大的乔木，其中有橡树、棕榈、桉树、松树、白杨。果树包括无花果、葡萄、苹果、核桃、橄榄、梨、李子、橙、柠檬和柑橘。其中葡萄和橄榄最为普遍，是智利的主要生产和出口水果。此外，这一地区的安第斯山坡上长有灌木。由于优越的气候和自然条件，这里有大量野生动物，主要有美洲豹、狐、野兔、鹰、秃鹰与其他鸟类和爬行类动物。近海和内湖产有甲壳动物。

自南纬37°开始，瓦尔迪维亚以南地区，土壤多为棕色森林土，其次是灰化土、红土和黄土。这里有与亚马孙森林同样茂密、广大的森林区，长有山毛榉、松柏、桂树、肉桂树、榧、双子叶植物，还有各种灌木、葛、蕨、藻类植物错杂而生。这里大森林中的动物以南美豹为主，数量较多。沿海有鲸鱼、海豹和企鹅等海洋动物及丰富的渔业资源。

第三节　行政区划与主要城市

一　行政区划

1974年7月11日，政府颁布的575号法令决定，全国划分为12个大区（Región）和一个首都联邦区。

1978 年 10 月 2 日颁布的 2339 号法令，根据各大区的地理、文化、民族和历史特点加以正式命名。各大区分辖 51 个省（Provincia）和 318 个城镇（Comuna）。现又调整为 15 个大区（包括一个首都联邦区），下辖 53 个省。新增加的两个大区分别是：阿里卡和帕里纳科塔大区及洛斯里奥斯大区。现按各大区顺序予以介绍。

第一大区塔拉帕卡 位于智利最北部，北接秘鲁，南连安托法加斯塔大区，东界玻利维亚，西濒太平洋。首府伊基克。大区面积 58072.7 平方公里，占全国领土总面积的 7.7%。人口 39.3 万人（1999 年），占全国总人口的 2.6%。人口密度每平方公里 6.6 人，是人口最稀少的大区之一。城市和农村人口分别占 95% 和 5%。主要城市伊基克和阿里卡的人口分别为 16.7 万人和 18.3 万人，占本地区人口的 89%。

塔拉帕卡大区下辖阿里卡、帕里纳科塔和伊基克 3 省。

塔拉帕卡大区的矿产和海产资源很丰富。主要矿产有硫磺、铜、硝石和银。这个地区的硝石资源在历史上曾对智利经济发展起过重要作用。19 世纪中期到 20 世纪前 20 年中，智利有过一段大量开采和出口硝石的"硝石繁荣"时期。铜矿开采始于殖民地后期，后来逐步取代硝石而成为智利的主要出口产品。目前，主要开采金、银、铜和一些非金属矿。20 世纪 90 年代以来，智利政府十分重视开发海洋资源，渔业得到迅速发展。该地区已成为鱼产品生产和出口基地。伊基克的鱼粉、鱼油和鱼罐头加工生产名列全国之首。此外，北部城市阿里卡主要从事电子、汽车装配、罐头和其他日用工业品的生产。为了活跃和发展该区及全国的经济，政府已把阿里卡开辟为自由港，伊基克为自由贸易区。今天的阿里卡已成为智利较大的旅游和商业中心之一。农业生产方面，由于这一地区缺少水源和多盐碱地，土地贫瘠，所以农业生产活动有限，只在沙漠中的某些绿洲和皮卡、柳塔、阿萨帕山谷等地种植一些蔬菜、饲料、橄榄、柠檬，还种马铃薯、玉米等，饲养牛和各种小牲畜，产品只能满足本地区居民的部分需要。在高原和山区有独特的骆驼科动物羊驼。羊驼毛编织品丰富多彩，最为出名。该地区对外交通主要靠海上运输，重要港口有阿里卡、皮萨瓜、伊基克。铁路线长达940.8公里，从阿里卡到玻利维亚首都拉巴斯和秘鲁的塔克纳有国际列车运行。此外还有4个机场。大区设有134所小学、23所中学和5所大学分校。出版5种日报，建有6家广播电台和1家电视台。大区拥有阿里卡博物馆、伊基克博物馆及伊基克考古和人类学博物馆。

第二大区安托法加斯塔　北接塔拉帕卡大区，南连阿塔卡马大区，东与玻利维亚和阿根廷毗邻，西濒太平洋。首府安托法加斯塔。大区面积125306.3平方公里，占全国领土总面积的16.6%，是陆地面积最大的区。人口46.2万人（1999年），占全国总人口的3.0%。人口密度每平方公里3.7人。城市和农村人口分别占97%和3%。安托法加斯塔市人口为24.9万人。

安托法加斯塔大区下辖托科皮利亚、埃尔洛亚和安托法加斯塔3省。

该区是世界上最干旱的地区之一，被称为世界"旱极"，大都是荒凉的沙漠。区内经济以矿业为主，主要矿产有铜、硝石、硼砂、碘和硫磺等。在智利历史上，该区的银、硝石和鸟粪开采在智利经济发展中占有重要位置。目前，该区的铜矿业是智利的经济支柱，铜产量占全国总产量的50%以上。丘基卡马塔铜矿是世界上最大的露天铜矿，埃斯孔迪达铜矿是探明储量最大的铜矿。工业以冶炼、化工、化肥、军工、罐头食品等为主。沿海地区渔产丰富，主要用于加工鱼粉和鱼油。鱼产品加工业集中在安托法加斯塔和托科皮利亚。农业不发达，粮食靠外部供给。沿海航运交通和铁路运输比较便利。主要港口有梅希略内斯、托科皮利亚、安托法加斯塔和塔尔塔尔。陆路以铁路运输为主，区内有

3 条铁路线，全长 1931 公里，其中 2 条分别通往阿根廷的萨尔塔和玻利维亚的奥鲁罗。另外还有 4 个机场。该区拥有 142 所小学、38 所中学和 4 所大学分校。发行 4 种日报，建有 15 家广播电台和 1 家电视台。有安托法加斯塔博物馆、圣佩德罗·德阿塔卡马考古博物馆和卡拉马考古博物馆。

第三大区阿塔卡马 北接安托法加斯塔大区，南连科金博大区，东与阿根廷毗邻，西濒太平洋。首府科皮亚波。大区面积 78267.5 平方公里，占全国领土总面积的 10.3%。人口 26.9 万人（1999 年），占全国总人口的 1.8%。人口密度每平方公里 3.6 人。城市和农村人口分别占 91% 和 9%。科皮亚波人口 11.9 万人。

阿塔卡马大区下辖查尼亚拉尔、科皮亚波和瓦斯科 3 省。

该区经济以矿业为主，是智利主要的矿产区之一，在 19 世纪的大部分时间里，在国家经济中占重要地位。区内铁矿储量较大，铁矿石产量占全国总产量的 65%；铜产量占全国总产量的 20%。主要铜矿区在萨尔瓦多。坎德拉里亚铜矿也即将投产。另外，还有铅、金、银等矿产。国家在科伊帕的金矿和银矿投入大量资金进行开采。制造业以海鲜罐头、皮斯科酒为主。区内有 2 条较大的河流：科皮亚波河和瓦斯科河，为农牧业的生产提供了条件。农牧业以种植水果、饲料为主。南部山区有山羊饲养业。该区有 3 个主要港口：卡尔德拉、巴尔基托斯和查尼亚拉尔。区内铁路线全长 884 公里，从卡尔德拉港口到科皮亚波的铁路历史悠久，建于 1851 年，是南美洲第一条铁路。有 5 个机场。该区建有 123 所小学、18 所中学、1 所大学分校。发行 1 种日报，拥有 7 家广播电台和 1 家电视台。有科皮亚波矿业学博物馆。

第四大区科金博 位于北方的中部，北邻阿塔卡马大区，南接瓦尔帕莱索大区，东与阿根廷交界，西濒太平洋。这里是智利国土东西方向最狭窄的地区。首府拉塞雷纳。大区面积 39647 平方公里，占全国领土总面积的 5.2%。人口 57.0 万人（1999年），占全国总人口的 3.8%。人口密度每平方公里 14 人。城市和农村人口分别占 73.8% 和 26.2%。主要城市拉塞雷纳和科金博的人口分别为 12.56 万人和 12.98 万人。

科金博大区下辖埃尔基、利马里和乔阿帕 3 省。

区内有 3 条主要河流：埃尔基河、利马里河、乔阿帕河。由于气候、自然条件良好，很早就有居民在这里从事生产活动，是智利最早有人居住的地区之一。该区经济以农牧业和矿业为主。主要农业区在上述 3 条河流流域。20 世纪 90 年代以来，农业有显著发展。粮食、苜蓿、蔬菜和葡萄是主要农产品。干旱地区饲养山羊等小牲畜，沿海地区养牛。另外，沿海捕鱼业也较发达。该区是全国矿物资源丰富的地区之一。早在印加帝国和西班牙殖民时期，科金博地区就开始开采金矿。19 世纪该区就是世界上生产和冶炼铜最多的地区之一，如今铜的开采集中在中、小矿山。20 世纪初，矿业活动主要从事铁矿的开采。本地区金的产量占全国总产量的 60%。它也是全国锰的唯一产地。除此之外，还生产水银和银。制造业以酿酒、海鲜罐头为主，主要分布在埃尔基省和利马里省。酒的产量占全国总产量的 15%。科金博是该区唯一的港口。国际公路以拉塞雷纳为起点与阿根廷的圣胡安相连，全长 247 公里。铁路线长 645 公里。有 3 个机场。区内有451 所小学、41 所中学、4 所大学分校。发行 3 份日报，有 5 家广播电台和 1 家电视台。有 3 家博物馆：拉塞雷纳"伊格纳西奥·多梅尔科"矿业学博物馆、拉塞雷纳考古学博物馆、奥瓦列人类学博物馆。

第五大区瓦尔帕莱索 北接科金博大区，南靠解放者奥希金斯将军大区，东与阿根廷和圣地亚哥首都联邦区为界，西濒太平洋。首府瓦尔帕莱索。大区面积 16378.2 平方公里，占全国领土总面积的 2.2%。人口 154.4 万人（1999 年），占全国总人口的

10.3%。人口密度每平方公里94.1人。城市和农村人口分别占91.6%和8.4%。主要城市瓦尔帕莱索和比尼亚德尔马的人口分别为28.5万人和33.9万人。

瓦尔帕莱索大区下辖佩托尔卡、洛斯安德斯、圣费利佩·德阿空加瓜、基略塔、瓦尔帕莱索、圣安东尼奥6省和复活节岛。

区内重要的河流有阿空加瓜河、佩托尔卡河、拉利瓜河。该区经济发达，全区生产总值约占国内生产总值的30%。主要经济部门有农业、渔业、矿业和工业。阿空加瓜河流域和阿空加瓜山谷是智利传统的农业区。这里土地肥沃，雨水充沛，有良好的灌溉系统和温和的气候，适宜农作物的生长。该区主要生产小麦、玉米、水果、大麻、烟草以及供出口的大蒜、洋葱和香瓜，特别是水果生产比较发达。畜牧业以牛、羊为主。西部沿海地区盛产鱼类，大多用于加工鱼粉和鱼油并供出口。农牧产品加工业大部分集中在洛斯安德斯、基略塔和圣费利佩3省。区内主要矿产资源有石灰石、铜、金、银等。本区工业发达，是智利第二大工业区，工业产值占全国工业总产值的17%左右。主要工业部门有石油和铜的冶炼、水泥、纺织、制糖和热处理工厂等。工业企业大多数集中在"大瓦尔帕莱索"（包括瓦尔帕莱索城及其附近市镇）。距离智利大陆3700公里的复活节岛，是智利也是世界著名的旅游胜地，它的各种木雕和海贝工艺品远销国外。区内有瓦尔帕莱索和圣安东尼奥两大港口，瓦尔帕莱索还是南美洲西岸的重要港口和主要商业中心。该区铁路线长6187公里。有6个机场。区内建有747所小学、126所中学、2所大学和2所大学分校。发行5种日报。有17家广播电台、1家电视台。建有复活节岛博物馆、比尼亚德尔马美术馆、瓦尔帕莱索自然博物馆、圣费利佩地区展览馆、瓦尔帕莱索"洛德·科克伦内"海洋展览馆。

圣地亚哥首都联邦区　位于智利的中部。北部和西部与瓦尔帕莱索大区毗连，南邻解放者奥希金斯将军大区，东与阿根廷交界。首府圣地亚哥。联邦区面积 15781.7 平方公里，占全国领土总面积的 2.1%。人口 601.3 万人（1999 年），占全国总人口的40%，是人口最集中的地方。人口密度每平方公里 390.4 人。城市和农村人口分别占 96.9% 和 3.1%。圣地亚哥市人口 473.9 万人。

圣地亚哥首都联邦区下辖查卡布科、科尔迪列拉、迈波、塔拉甘特、梅利皮利亚 5 省和圣地亚哥首都区。

该区是智利经济最发达的地区，也是智利第一大工业区。它的工业产值约占全国工业总产值的 1/2。主要工业部门有纺织、制革、机器制造、造纸、塑料、木材制品、印刷以及食品加工、饮料等。其中纺织企业占全国同行企业近一半左右。区内有迈波河和马波乔河，水源充足、土地肥沃，是智利最发达的农业区。主要生产蔬菜、水果和鲜花。用于生产蔬菜和水果的土地面积是全国最多的地区。它也是智利种植葡萄的传统地区。早在 19 世纪，智利的葡萄酒就已闻名于世。畜牧业以饲养牛、猪和家禽为主。区内安第斯山区蕴藏着丰富的矿产资源，主要有铜、石灰石、石膏和各种黏土等。区内公路和铁路通往全国各地，交通发达。首都圣地亚哥有全国最大的阿图罗·梅里诺·贝尼特斯国际机场和其他 5 个机场。区内铁路线长 663 公里；公路长 3357 公里。圣地亚哥是全国的文化体育中心。建有 1686 所小学、339所中学、3 所大学。发行 6 份报纸，有 32 家广播电台、4 家电视台。这里有国家美术馆、美洲人艺术馆、殖民艺术馆、国家历史博物馆、自然博物馆、本哈明·比库尼亚·麦肯纳博物馆等。还有拉美最现代化的滑雪场，其中最著名的是波蒂略滑雪场。

第六大区解放者奥希金斯将军 全称解放者贝尔纳多·奥希金斯将军大区，为纪念智利国父、独立战争时期的领袖奥希金斯而命名。北接圣地亚哥首都联邦区，南靠马乌莱大区，东邻阿根

廷，西濒太平洋。首府兰卡瓜。大区面积 15949.7 平方公里，占全国领土总面积的 2.1%。人口 77.9 万人（1999 年），占全国总人口的 5.2%。人口密度每平方公里 47.5 人。城市和农村人口分别占 67.8% 和 32.2%。兰卡瓜市人口 21 万人。

解放者奥希金斯将军大区下辖卡查波阿尔、科尔查瓜和卡尔德纳尔·卡罗 3 省。

该区在智利历史上具有重要地位，独立战争时期著名的兰卡瓜保卫战和许多重大历史事件都发生在这里。区内经济以铜矿业和农牧业为主。位于海拔 3000 米的安第斯山上的特尼恩特铜矿，是智利第二大铜矿、世界第一大地下铜矿。科尔查瓜盛产石灰石。区内还出产银、钼、金等矿产品。科佩肯的矿泉水远近闻名。区内有 3 条较大的河流：卡查波阿尔河、廷吉里里卡河、克拉罗河，建有国内较大的水力发电站——拉佩尔水电站。这个区拥有现代化的灌溉系统，农业比较发达，区内半数以上土地用于农业，农业生产技术和水果种植技术都比较先进。主要农作物有玉米、豆类、稻米、向日葵等。此外还盛产葡萄、橘子、桃、苹果、柠檬等水果，是智利水果主要出口地区。工业以奶制品、水果包装、罐头加工和家具制造业为主。1982 年区内建立了汽车装配工业。全区铁路线长 502 公里。有 5 个飞机场。该区有 595 所小学、54 所中学、2 所大学分校。出版 4 份日报。有 6 家广播电台和 1 家电视台。建有兰卡瓜"旧国家"（vieja patria）博物馆。

第七大区马乌莱 由境内的马乌莱河而得名。北接奥希金斯将军大区，南邻比奥比奥大区，东与阿根廷交界，西濒太平洋。首府塔尔卡。大区面积 30518.1 平方公里，占全国领土总面积的 4.0%。人口 90.7 万人（1999 年），占全国总人口的 6.0%。人口密度每平方公里 29.9 人。城市和农村人口分别占 63.3% 和 36.7%。塔尔卡市人口 18.0 万人。

马乌莱大区下辖库里科、塔尔卡、利纳雷斯和考克内斯
4省。

该区经济以农业为主。自共和国初期起，农业就成为区内居
民的主要生产活动。区内河流和小溪众多，主要河流是马乌莱
河。充足的水源和良好的灌溉工程，为农业生产提供了保证。主
要农产品有粮食、蔬菜、苜蓿、甜菜、向日葵、烟草以及供出口
的樱桃、苹果、葡萄等。葡萄产量和烟草种植面积均居全国之
首。工业均为农产品加工业，主要有谷物加工厂、葡萄酒厂、榨
油厂、甜菜加工厂等。林业资源丰富，大量种植的辐射松为国内
纸浆生产和造纸工业提供了丰富的原料。纸浆出口为国家换来了
可观的外汇。区内的科尔本—马奇库拉水力发电站是全国较大的
发电站之一。该区铁路长211公里。有一个港口马格利港。3个
机场。拥有799所小学、48所中学和3所大学分校。发行4份
日报，有8家广播电台和1家电视台。建有库里科历史博物馆、
塔尔卡历史博物馆和利纳雷斯地区军事博物馆。该区美丽的风
景，独特的骑马术及围牛活动吸引了国内外大量游客，是智利的
著名旅游区之一。

第八大区比奥比奥 由境内比奥比奥河而得名。位于智利南
部地区的中央。北接马乌莱大区，南邻阿劳卡尼亚大区，东与阿
根廷交界，西濒太平洋。首府康塞普西翁。大区面积36007.2平
方公里，占全国领土总面积的4.8%。人口191.6万人（1999
年），占全国总人口的12.8%。人口密度每平方公里52.6人。
城市和农村人口分别占80.5%和19.5%。康塞普西翁市人口
37.4万人。

比奥比奥大区下辖纽夫莱、比奥比奥、康塞普西翁和阿劳科
4省。

该区境内除比奥比奥河以外，还有伊塔塔河、拉哈河。

该区的工业、矿业和农业都比较发达。工业在全国各大区中

居第三位，仅次于圣地亚哥和瓦尔帕莱索大区。主要工业部门有钢铁、冶金、石油化工、石油冶炼、纺织、玻璃和瓷器、农产品加工等。托罗和阿瓦尼科是全国较大的水力发电站，另有 11 座热力发电站。煤矿资源丰富，煤贮藏量约 1 亿吨，是智利的主要产煤区。19 世纪中期开始对区内的洛塔煤矿进行开采。国内煤消费量的一半由该区提供。该区气候温和，雨量充沛，全区 75% 的土地用于农牧业生产。农业发达，主要种植小麦、大麦、燕麦、豆类、甜菜和葡萄等农作物。畜牧业以养牛为主。林业是本区的主要经济部门之一。该区有 140 万公顷辐射松，桉树的种植面积也在大幅度增加。区内有全国最大的木材加工厂，纸浆、锯木、胶合板、木板等主要产品大都供出口。沿海渔产在全国占有较高比重，主要用于制作罐头及加工成鱼油和鱼粉。区内有 30 家企业从事海产品加工。交通方便。铁路线长 1010 公里。有 2 个主要港口：塔尔卡瓦诺和圣维森特。有 3 个机场。区内建有 1418 所小学、114 所中学、1 所大学和 4 所大学分校。发行 5 份日报。有 21 家广播电台和 1 家电视台。有康塞普西翁自然科学博物馆。

第九大区阿劳卡尼亚　北接比奥比奥大区，南连洛斯拉戈斯大区，东与阿根廷接壤，西濒太平洋。首府特木科。大区面积 32471.8 平方公里，占全国领土总面积的 4.3%。人口 86.5 万人（1999 年），占全国总人口的 5.8%。人口密度每平方公里 26.3 人。城市和农村人口分别占 66.1% 和 33.9%。特木科市人口 26.7 万人。

阿劳卡尼亚大区下辖马列科和考廷 2 省。

该区是进入南部冰雪覆盖的火山、蓝色湖泊和茂密潮湿森林地区的门户。较大的河流有托尔滕河、因佩里亚尔河。气候温和多雨，有利于发展农牧业和林木的生长。该区农业发达，素有"智利谷仓"之称。农牧业产值约占全区生产总值的 27%。小麦是本区主要农作物，其产量约占全国产量的 24%，是智利小麦的主要产区。20 世纪初，马列科省生产的小麦，在当时国家农业中占有非常重要的地位。此外，还种植大麦、燕麦、马铃薯、豆类和油菜。畜牧业兴旺，养牛业占全国第二。林业资源丰富，为智利主要林区。除有大面积的原始森林外，政府投入大量资金大幅度增加人工造林面积（主要种植辐射松和桉树），以发展纸浆和造纸工业。工业主要是以农牧产品和林产品加工业为主，有面粉、啤酒、制革和奶制品等工业部门。公路和铁路交通发达。公路以泛美公路为主。长 355 米、宽 20 米、高 70 米的横跨马列科河的公路大桥，是智利国内最高的桥梁。另有一条国际公路通往阿根廷。铁路线长 1000 公里。有 3 个机场。该区建有 1226 所小学、66 所中学、3 所大学。发行 2 份日报。有 13 家广播电台和 1 家电视台。建有阿劳科博物馆。

第十大区洛斯拉戈斯（群湖区）　因湖泊众多而得名。洛斯拉戈斯（Los Lagos）在西班牙语中为湖泊的意思。北接阿劳卡尼亚大区，南邻艾森大区，东与阿根廷交界，西濒太平洋。首府蒙特港。大区面积 69039.2 平方公里，占全国领土总面积的 9.1%。人口 105.1 万人（1999 年），占全国总人口的 7.0%。人口密度每平方公里 15.1 人。城市和农村人口分别占 65.6% 和 34.4%。蒙特港人口 13.5 万人。

洛斯拉戈斯大区下辖瓦尔迪维亚、奥索尔诺、延基韦、奇洛埃和帕莱纳 5 省。

该区主要河流有巴尔迪维亚河、布埃诺河、毛殷河、奇洛特斯河。经济传统上以农牧业和渔业为主。主要农作物有马铃薯、燕麦、小麦、甜菜、萝卜和苹果。本区是全国畜牧业最发达的地区之一，以养牛为主，牛奶产量居全国之首。沿海地区盛产海鲜。林业资源丰富，有大片原始森林，林地面积 140 多万公顷，林木质地优良，是智利主要林区之一。工业大多是农牧渔产品和林产品加工业，有493家企业从事食品加工，主要有面粉加工厂、制糖厂、水产罐头厂、屠宰厂、冷冻厂、奶制品厂和438家木材加工厂。区内交通发达，公路总长近9000公里，以泛美公路为主，此外还有南方公路以及一条连接奥索尔诺和阿根廷的国际公路。铁路线长708公里。有7个港口，其中最大的是瓦尔迪维亚港和蒙特港。有5个机场。该区建有1440所小学、73所中学、1所大学和1所大学分校。发行5份日报。有15家广播电台和1家电视台。建有南方大学历史和考古博物馆、里奥布埃诺历史和考古博物馆、奥索尔诺历史博物馆等。

第十一大区艾森　全名卡洛斯·伊瓦涅斯·德尔坎波将军艾森大区。1928年，卡洛斯·伊瓦涅斯·德尔坎波将军任总统期间，划定了该区的界线，为纪念他，以他的名字命名。该区位于智利南部，北接群湖区，南邻麦哲伦—智利南极区，东与阿根廷毗邻，西濒太平洋。首府科伊艾克。大区面积107153.4平方公里，占全国领土总面积的14.2%。人口9.4万人（1999年），占全国总人口的0.6%。人口密度每平方公里0.9人，是智利全国人口最稀少的大区之一，居民大多集中在东部平原地区。城市和农村人口分别占74.7%和25.3%。科伊艾克市人口4.17万人。

艾森大区下辖艾森、科伊艾克、卡雷拉将军和普拉特舰长4省。

该区拥有巨大的自然资源和发展潜力，至今大部分仍没有得到开发，是智利比较落后的地区。主要河流有帕莱纳河、西斯内斯河、艾森河、巴克尔河。区内经济以畜牧业为主。主要牲畜有羊和牛。该区盛产的羊毛在国际市场上享有较高声誉。由于地理环境恶劣，多高山、海峡，气候潮湿寒冷，不适宜农作物生长，所需粮食和蔬菜均由区外提供。工业以畜产品加工为主，主要企业有奶制品厂、冷冻厂、毛毯加工厂等，大部分集中在科伊艾克省和艾森港。海产品加工企业主要在阿吉雷港。区内海运交通方便，查卡布科是区内最大的港口。河运可至内地。卡雷拉将军湖中可通汽轮。该区有 51 所小学、9 所中学。发行 1 家日报。有 3 家广播电台和 1 家电视台。

第十二大区麦哲伦—智利南极 位于智利最南端。北接艾森大区，东与阿根廷接壤，西濒太平洋。首府蓬塔阿雷纳斯。大区面积 132033.5 平方公里（不包括智利要求的南极领土），占全国领土总面积的 17.5%，是智利面积最大的地区。人口 15.7 万人（1999 年），占全国总人口的 1.0%。人口密度为每平方公里 1.2 人，是智利全国人口最稀少的地区之一。城市和农村人口分别占 92.5% 和 7.5%。蓬塔阿雷纳斯人口 13.3 万人。

麦哲伦—智利南极区下辖麦哲伦、乌尔蒂马·埃斯佩兰萨和火地岛 3 省。此外，智利政府还在自己宣布的南极领土范围内设置了南极区。

该区主要河流有塞拉诺河、纳塔莱斯河、奥列贝尔格河、小加列戈河、阿索帕尔多河。与艾森大区一样，由于有众多的山脉、内海、峡湾和岛屿，气候寒冷、风大多雨，不宜农业生产。经济以畜牧业为主。19 世纪下半叶开始发展养羊业，主要饲养绵羊，是全国羊肉的主要产地，并提供国家羊毛出口的 80%。沿海盛产海蟹和海贝等海产品。矿产资源十分丰富，主要有石油、天然气、煤、金等。1945 年在本地区发现了石油，据估计，其藏量为 3500 万立方米。天然气藏量为 800 亿立方米。1945 年在麦哲伦开始采油，到 1977 年底钻井 1755 口。石油的开采促进了地区经济的发展。金矿尚未开发。工业以木材加工、屠宰、冷藏、罐头和制革为主。石油化工业是本地区一个新兴的工业部门，该区拥有世界先进水平的甲醇生产工厂。蓬塔阿雷纳斯是麦哲伦海峡的重要港口。有 5 个飞机场。该区建有 63 所小学、15 所中学和 1 所大学分校。发行 3 份日报。有 7 家广播电台和 1 家电视台。

二 主要城市

圣地亚哥（santiago） 圣地亚哥是智利的首都。在拉丁美洲取名圣地亚哥的地方有许多，阿根廷、巴西、古巴、巴拿马、多米尼加等国家，都有叫圣地亚哥的城镇。它们有的是繁华喧闹的大城市，有的是宁静、美丽的乡村小镇。

圣地亚哥，原是欧洲宗教信仰者所乞求的保护神的名字。据传，在古代有一个著名的、受人们尊敬的传教士叫圣地亚哥，死后升入"天堂"，成为西班牙的"保护神"。1492年，哥伦布发现美洲大陆以后，西班牙等欧洲殖民者蜂拥而来，他们除了采用赤裸裸的暴力来征服当地印第安居民外，还借助"神"的力量欺骗当地居民。于是，殖民者把美洲不少地方用圣地亚哥来命名，借"保护神"来保护当地居民。可是几百年来，"保护神"给当地印第安居民带来的却不是幸福，而是无穷的苦难。

智利首都圣地亚哥坐落在安第斯雪山脚下，是南美洲著名的古城之一，也是一座历经漫长苦难岁月的城市。很久以前，圣地亚哥原是印第安因多米塔人居住的小山村，称为乌埃伦山。1541年，第一个西班牙殖民者瓦尔迪维亚率150名骑兵来到这里，在山脚下安营扎寨，兴建城郭，作为他的总督营地并筑起了南美洲第一座炮台，后将小山改名为圣卢西亚山。当年，瓦尔迪维亚给当时的西班牙国王查理五世写信说："圣地亚哥是一个美丽、富饶和欣欣向荣的城市，那里的冬天只有两、三个月，夏天是温和的，凉爽的微风不断吹来，使人整天在太阳底下行走并不感到热……"在殖民者瓦尔迪维亚的鼓吹下，以圣卢西亚山为中心形成了圣地亚哥城的雏形。圣地亚哥建城日期为1541年2月12日。在殖民统治时期，圣地亚哥发展不快。1818年，圣地亚哥市被定为智利首都。在发现特尼恩特铜矿之后，这座城市才真正繁荣起来。

由于遭受水灾、火灾、地震和海啸等自然灾害的破坏，经过几个世纪的变迁，圣地亚哥的古老建筑所剩无几。但是，智利人民具有积极奋斗和顽强的精神，在每一次灾难后，都会以令人惊异的自信建设自己的首都，从而使今天的圣地亚哥成为智利第一、南美第四并具有独特风格的现代化城市。圣地亚哥位于智利中部马波乔河畔，东依安第斯山麓，西距太平洋仅110公里。由圣地亚哥及周围的14个城镇组成大圣地亚哥，面积2109.7平方公里，人口近474万人（1999年）。由于圣地亚哥独特的地理位置，这里既有鲜花盛开、草木葱茏的绮丽风光，又可以远眺安第斯山皑皑白雪的壮丽景象。圣地亚哥气候极佳，夏季不热，最热的1月份平均气温20℃；冬天不冷，最冷的7月平均气温8℃。高山大海使首都气候更加温和宜人，年平均气温为14℃。市内花草树木茂盛，街道两边高大的杉树、梧桐、槐树四季常青，遮天蔽日。路边的鲜花色彩绚丽，绿草如茵，使人难以觉察到季节的变化。冬夏也只是存在树叶的疏密之别，旧叶落下，很快又吐出新芽。即使在海拔6000多米高的安第斯山山顶上大雪纷飞，山下也只是细雨蒙蒙。终年不化的安第斯山山顶的皑皑白雪，像是戴在圣地亚哥城上的一顶银冠，在阳光下发出灼灼银光，显得晶莹而瑰丽，更增添了圣地亚哥的魅力。

圣地亚哥城市规划布局工整，成方成块，犹如棋盘。街道比较宽阔，交通便利，商业繁华。市中心以国父奥希金斯命名的大街是首都最重要的街道，长3公里，宽100米，横贯全城。两旁宽敞的人行道绿树成荫，到处有草坪、花坛和别致的喷泉。更能引起人们兴趣的，还是那间隔几十米、绿草繁花之间的一座座智利重要历史人物的青铜雕塑。除了智利国父奥希金斯将军外，还有被人们尊崇为"美洲导师"的安德烈斯·贝略、历史上著名的总统以及其他代表人物。除名人雕像外，还有记录历史上著名战役的群像雕塑，虽年代已久，但神韵犹存。人们漫步街头，就能通过参观街头雕塑，重温智利和拉丁美洲人民为独立、自由而斗争的历史。奥希金斯大街是圣地亚哥最繁华的商业、金融中心。现代化的商店、贸易大厦、银行、保险公司的大楼鳞次栉比。智利中央政府机构大都集中在这一带。其中总统府莫内达宫建造于 1784～1799 年，是一座典型的新古典式建筑。最初为殖民地的王室造币局，故称莫内达宫（莫内达即硬币 Moneda）。在总统府前的宪法广场上，树立着智利民族解放的先驱奥希金斯将军的铜雕像，基座下写着"祖国祭坛"字样的大理石棺枢中，安放着将军的遗骨。1798 年，年轻的奥希金斯开始了他的革命生涯。1818 年 4 月 5 日，他同来到智利的阿根廷的圣马丁将军一道，指挥了对智利独立起了决定作用的迈普战役。他在智利历史上占有重要地位并深为智利人民所敬仰。每逢 11 月 2 日智利亡人节和 8 月 20 日他的诞辰纪念日，许多人来到他的塑像前并献上用鲜花和智利国花科皮乌埃编成的花圈。与繁华地区高楼林立、车水马龙的景象相比，圣地亚哥大部分住宅都是一种两、三层的小楼房，前庭后院，绿树青翠，繁花似锦，显得格外安适和宁静。

作为圣地亚哥城历史见证的圣卢西亚山，位于城市中心，也是圣地亚哥著名的风景区之一。圣卢西亚山高 230 米，呈锥形，上建一座花园，林木苍翠，终日游人不绝。沿着弯弯曲曲小山坡的台阶拾级而上，沿途可以尽情观赏那千姿百态的仙人掌。再往上，可见那翠林中掩映着一座 1874 年修建的古朴典雅的小教堂。小山顶部残留着一座代远年湮的七角古堡，以及一尊反抗西班牙侵略的因多米塔人的英雄雕像，它令人想起殖民征服那一页悲惨的历史和独立战争的烽火年代。印第安人曾把圣卢西亚山称为"痛苦之山"。如今，它多姿多彩的风光吸引着成千上万的游客，特别是年轻的情侣，现在人们称它为"情侣山"。当你登临古堡，举目四望，顿时会感到像置身于一幅巨大的画卷之中。圣地亚哥城坐落在安第斯山麓的一个天然盆地之内，像一组独具匠心的冰雕陈设在一个玉盘中。远处的安第斯山群峰逶迤，山顶的终年积雪在阳光下熠熠生辉。智利有一首歌谣唱道："圣地亚哥像美丽的少女，她摄取着我的心魂；安第斯山高耸入云，欲攀登而无路。"

圣地亚哥城东北角的圣克里斯托瓦尔山，又叫圣母山，在马波乔河畔，海拔将近400米，是全市最高点，也是全市最大的"绿肺"。这里树木扶疏，古树参天，空气新鲜。700多平方公里的林木间，长满花草，香气袭人，令人心醉，是游客们必到之处，也是圣地亚哥人休闲、呼吸新鲜空气的好地方。山坡上，有150年前兴建的动物园，是孩子们喜欢的地方。山间设有游泳池，供游人戏水玩耍。假如想欣赏圣地亚哥全市景色，可乘缆车登上山顶。山顶有一尊用大理石雕刻的圣母玛丽亚雕像，高14米，连底座共高23米，重35吨。据说，它是1903年由法国著名雕刻家瓦尔多斯内的作品。从法国运到圣地亚哥，安放在圣克里斯托瓦尔山，圣母山由此得名。圣母像顶上安装了电灯，每到夜晚灯光闪烁，远远就能看到，可给不识方向的人指明方向。传说，圣母曾显灵，为圣地亚哥人消弭了一场灾难。因此，每逢礼拜天或宗教节日，登山朝拜的教徒络绎不绝。其中有衣着考究的富人，但更多的是衣履简朴的穷人。他们手持点燃的蜡烛并把它们插在高高的烛台上，祈求圣母"显灵"，给他们带来"幸福"。但是年复一年，圣母赐予他们的不总是幸福。圣母像的正面山坡上，可以看到有钱人盖的法国式、英国式等各式各样的洋楼别墅，而在圣母像背面的山脚下，却是穷人用木板、塑料板、纸箱或铁皮搭成的"蘑菇棚"组成的街区，街道狭窄，垃圾飞扬，乞丐、弃儿时有所见。每当马波乔河洪水泛滥时，总有不少这样的"蘑菇棚"被洪水席卷。可见圣母也不是一视同仁地"赐福"给所有人的。

圣地亚哥的大街小巷有许许多多风格各异的古老教堂，不时传出悠扬的钟声，回响在城市上空。圣地亚哥因此被誉为"南美的罗马"。

圣地亚哥是全国政治、经济、文化中心和交通枢纽。

圣地亚哥是智利最大的工业城市，在智利国民经济中占有重要地位。全市拥有 1000 多家企业，主要有食品、纺织、服装、机械设备、金属加工、木材、制革和化工等工业部门。在上述部门就业的人数占全国就业总人数的 40.8%。圣地亚哥工业产值占全国工业总产值的 48% 左右。第三产业也很发达。它还是智利的金融中心，国家主要银行和金融机构以及外国银行的分行都设在这里。该市郊区土地肥沃、农业兴旺，除种植蔬菜、水果和花卉外，还饲养牛、猪、羊和家禽。

圣地亚哥是全国的交通枢纽，公路、铁路四通八达。市内有两个大型火车站。铁路向南可直达蒙特港，向北通到伊基克。除纵贯南北穿过本市的泛美公路外，还有两条通向沿海地区的公路以及另一条连接阿根廷的国际公路。市内有两条地铁。近郊有一座大型国际机场，来来往往的国际航班把智利和世界许多国家连接起来。

圣地亚哥是智利的文化、教育和娱乐中心。科学文化事业比较发达，在南美洲享有盛名。古老的智利大学和天主教大学等高等学府，每年为国家培养出大量人才，并接纳国外留学生。智利国家图书馆是南美最大的图书馆，藏书 120 多万册，吸引着众多读者。圣地亚哥有历史博物馆、国家美术馆和容纳 6 万多观众的赛马场以及城东不远处闻名遐迩的滑雪胜地——波蒂略滑雪场。圣地亚哥有 6 家日报、32 家电台和 4 家电视台。

圣地亚哥有高山、白雪、河流、泉水、鲜花、绿树……美丽的风光令人神往，温和、善良的智利人令人难忘。

瓦尔帕莱索（Valparaíso） 瓦尔帕莱索在西班牙语中的意

思是"天堂里的谷地"。它是智利和南太平洋西岸最大的港口城市和商业中心，也是瓦尔帕莱索大区的首府和瓦尔帕莱索省的省会。这座城市位于瓦尔帕莱索湾南岸，地处南纬33°33′，西经71°38′28″，距圣地亚哥市115公里，为首都的门户港。

瓦尔帕莱索没有确切的建城日期。1536年，西班牙殖民者阿尔马格罗远征智利时，由他的一名水手将此地命名为瓦尔帕莱索。1542年，瓦尔迪维亚决定将此地辟为港口，成为智利第一个也是殖民地时期唯一的港口。1599年，这里才建起一座小教堂和十来座房屋。殖民地时期，这里虽有一些简陋的港口设施，但很少有商船往来。智利独立后，自1880年起，随着对外贸易的发展，瓦尔帕莱索开始繁荣起来，其地位日益重要。一些英国、德国和法国人来到这里经营进出口贸易，并在智利的铜、银、硝石等矿业中投资。因此，瓦尔帕莱索在城市建设和公用设施方面的发展比其他城市都快。

瓦尔帕莱索是目前智利吨位最大的贸易口岸，船只在港湾里进进出出。智利人凭借执著的精神，把本是多风而具危险性的港湾变成了拥有现代化设备的港口。全国大部分工业进出口商品都在这里集散。这里金融业和商业也很繁荣，又是智利工业发达的城市之一。主要工业部门有纺织、化工、食品、制革、油漆、造船和金属加工等。铁路和公路交通也很便利，有火车站和长途汽车站各1个。文化教育事业比较发达，市内有2所大学和2所大学分校，126所中等学校，747所初等学校，还设有博物馆和国立船舶研究所等。有5家日报、17家电台、1家电视台。瓦尔帕莱索是一座山城（类似我国的重庆市），房屋沿山而建，高低错落，面对着碧波荡漾、商船云集的港湾。宜人的气候，秀丽的景色，漂亮的海滨浴场，吸引着国内外游人。

比尼亚德尔马（Viña del Mar）　位于智利中部太平洋沿岸，距圣地亚哥120公里，离瓦尔帕莱索仅6公里。该城始建于

1874 年，是智利最负盛名的旅游城市。比尼亚德尔马在西班牙语中意为"海边葡萄园"，因建城前此地有一座有名的葡萄园而得名。在北起阿空加瓜河口、南到瓦尔帕莱索这一地段，海岸山脉升高，并在瓦尔帕莱索南面有一条支脉直插海中，使这里形成一个天然海湾，并挡住了南来的冷风。比尼亚德尔马得益于大自然的造化，依山傍海，树木花草极其繁茂，故有"花园城市"之称。宽阔的软沙滩伴着海岸延伸。每当夏日来临，这里阳光灿烂，海风轻拂，碧水连天。来自国内外的大批游人便把这片海滩和这座城市变得热闹非凡。市内的旅游设施堪称齐备。旅馆大都建在海岸山坡上，依山就势，看上去像层层阶梯直上山腰。身在这里可以充分享受阳光的照射和海风的爱抚。大大小小的海滨餐馆，供应着各种海鲜。街道上，海岸边，除了各种现代化交通工具之外，还有一种古色古香的轻便四轮马车，当地人称之为"维多利亚"（Victoria），为游客们以车代步。从这里乘上电气火车，不消 10 分钟便可到达瓦尔帕莱索。市内的高尔夫球场和各种娱乐场所，以及南美洲规模最大的赌场等，成为游客们消闲或冒险的去处。在供游人选购的众多工艺品中，各式各样的铜制品是一大特色，这大概是智利这个"铜的王国"刻意留给外国游客的印象。

安托法加斯塔（Antofagasta） 智利北部最大的城市、全国第二大港口。位于南纬 23°39′，西经 70°25′。

安托法加斯塔创建于 1868 年。在历史上，阿塔卡马沙漠的硝石、丘基卡马塔铜矿和卡拉科莱斯银矿的开采，给这座城市带来了繁荣。目前，该城主要从事港口业务，为北部矿区服务，以输出硝石、铜和硫磺等矿产品为主，并进口矿区所需的各种商品。主要工业有选矿、冶炼、铸造、化工、食品、服装、纺织和造船等。这里是智利北部的文化中心，有 4 家剧场，2 家电影院和 1 座博物馆。交通便利，有国际列车与玻利维亚和阿根廷相连；有 7 条公路通往全国各地；有长途汽车开往圣地亚哥、阿里卡和伊基克；另有 1 个机场。

康塞普西翁市（Concepción）　智利第三大城市，也是比奥比奥大区的首府和康塞普西翁省的省会。位于比奥比奥河畔，地处南纬 36°40′，西经 73°。

康塞普西翁城建于 1551 年。历史上，受到西班牙殖民者镇压印第安人起义和地震的破坏，屡迁城址。直到 1754 年才在现址确定下来。该城距比奥比奥河口仅 10 公里，具有重要的战略地位。

康塞普西翁是一个工业较为发达的城市。早在 19 世纪，国际市场对小麦和面粉需求的增加，曾刺激了康塞普西翁面粉加工业的发展。同期还兴办了纺织业、制糖业、陶瓷制造业、玻璃制造业和鱼品加工业等。20 世纪 30 ~ 40 年代，洛塔、科罗内尔和里尔根煤矿的开采，促进了康塞普西翁的发展。40 年代末，这里又成为钢铁工业基地。目前，康塞普西翁地区已成为智利的主要重工业区。除上述工业部门外，还有石油冶炼、造纸、木材加工、水泥、印刷和酿酒等工业部门。农业发达，是智利葡萄和谷物的贸易中心。公路和铁路交通运输很便利，并拥有 1 个国际机场。

阿里卡（Arica）　智利太平洋沿岸最北部的港口城市，为著名的渔港。位于阿塔卡马沙漠北缘，北距智利、秘鲁边境仅 20 公里，地处南纬 18°29′，西经 70°20′。终年几乎无雨，但气候凉爽宜人。

阿里卡建于 1570 年。1886 年和 1888 年两次遭地震、海啸破坏。为发展国家经济和促进北方的发展，1953 年，政府决定将该城辟为自由贸易区，主要从事铜、锡、钨、硫磺、硝石、皮革和驼毛等商品的出口业务。玻利维亚的矿产品、咖啡、棉花等商品也经这里输出海外。阿里卡市的主要工业有鱼粉加工、肥料、汽车装配、机械、食品加工业等。有国际铁路与玻利维亚首都拉巴斯和秘鲁的塔克纳市相连。

科皮亚波（Copiapó） 智利北部的重要城市之一，阿塔卡马大区的首府和阿塔卡马省的省会。位于科皮亚波河谷绿洲，地处南纬 27°21′，西经 70°20′，西距太平洋 56 公里。

科皮亚波始建于 1540 年，1744 年升格为市。1822 年地震后重建。它是智利的主要矿业中心，铜、金、银等矿的开采是其主要经济活动。市内有炼铜厂。经过该市的铁路主要为输送矿石服务，也兼客运业务。

伊基克（Iquique） 智利北部太平洋沿岸的重要港口城市，塔拉帕卡大区的首府和伊基克省的省会。位于阿塔卡马沙漠北缘的塞雷罗半岛东部。地处南纬 20°21′，西经 70°10′。拥有天然良港，巨型货轮可以自由出入。伊基克，在印第安人的艾马拉语中意思是"梦想"，伊基克人民正在通过他们的智慧和辛勤劳动，实现着许多代人美好的梦想。

伊基克市建于 1556 年，19 世纪下半叶曾几度被强烈地震摧毁。重建后的伊基克为智利北方最大的渔港，鱼产量居全国之首，有智利"鱼都"之称。该城工业以鱼粉、鱼油、罐头加工业为主。出口鱼产品、硝石、鸟粪、碘和铜矿砂等产品，进口杂货、木材、机械、大米、糖、食油、奶制品等。伊基克港距硝石产地约 400 公里，有铁路相连。1975 年设立伊基克自由贸易区后，当地的工农业生产、港口和交通运输迅速发展，旅游业也开始兴旺。伊基克市距离首都圣地亚哥 1800 公里，依关塔哈亚山而建，濒临太平洋，城宽 6 公里，长 14 公里，呈不规则状。因为处在地震区，建筑多是平房，楼房屈指可数。这里的自然条件很差，常年干旱无雨，年平均降雨量只有 0.7 毫米。这儿许多房子的屋顶是泥抹的，下点毛毛雨人们就害怕。在市中心的阿图罗·普拉特广场正中，一座 1877 年落成的木结构钟楼被认为是这个城市的象征。广场上挺立着高大的棕榈树，草地泛绿，夹竹桃绿中吐艳，这是人工浇灌的结果，算得上是沙漠中的绿洲。

经过许多年的建设，伊基克的交通更加便利。泛美公路北上秘鲁，南通智利其他地区，还有通往玻利维亚和阿根廷的公路，客运和货运都很便捷。1980 年，伊基克新机场启用后，可以起降大型飞机。伊基克海运公司提供的服务可将货物运到世界各地。

科金博（Coquimbo）　智利中部太平洋沿岸城市，埃尔基省省会。位于埃尔基河河口附近，南纬 29°57′，西经 71°21′。

科金博市建于 1850 年，是智利全国最好的避风港和工业中心之一。该港主要出口锰、铜、铁矿砂、水泥、皮革和农产品，进口磷肥和小麦等商品。主要经济部门有化工、水泥、酿酒、鱼粉加工等。矿业以开采铁、铜、钼为主。泛美公路是它对外联系的主要通道。

蓬塔阿雷纳斯（Punta Arenas）　智利最南部的城市，麦哲伦—智利南极大区的首府和麦哲伦省的省会。位于大西洋和太平洋南部重要通道麦哲伦海峡的中部，南纬 53°10′，西经 70°54′。蓬塔阿雷纳斯是智利南方的门户，同时也是重要港口和智利海军基地之一。其前身是 1843 年建立的布尔内斯城堡，1849 年建为城市。1868 年起为自由港。20 世纪初期，大批外国移民，主要是南斯拉夫人、西班牙人、意大利人和德国人，来此发展畜牧业，修筑公路、码头和开设旅馆，促进了城市经济的发展。如今在城市中还可以看到当初垦荒者的雕像：一个牧羊人正牵着马、赶着羊群，迎风躬背艰难地行进。这是该城的标志性雕塑。在市中心有一座教堂，教堂前的广场上立着一座麦哲伦的铜像，他是这座城市不可替代的英雄。

蓬塔阿雷纳斯的经济活动以畜产品加工为主，有冷冻厂、肉类罐头加工厂、羊毛加工厂、制革厂等。1943 年，在火地岛上发现了丰富的石油，1950 年开始开采。随着石油工业的发展，这个城市已成为智利南部的石油工业中心。该市交通以海路为主；另有通往阿根廷的国际航线和公路。蓬塔阿雷纳斯在促进智利南方和麦哲伦地区的经济发展中起着重要作用，也是前往南极地区的重要交通站。

三　重要岛屿

复 活节岛（Pascua）　复活节岛闻名遐迩，位于南太平洋波利尼西亚群岛的东面，中间有大洋相隔，远离其他岛屿。它距智利大陆西海岸 3791 公里。距大洋洲的塔希提 4000 公里。面积约 180 平方公里，首府安加罗阿（Hanga-Roa）。1888 年 9 月 9 日归属智利。这个美丽而神秘的小岛，约居住着 2900 个波利尼西亚人，信仰天主教，讲西班牙语。岛民主要从事农业和渔业。农产品有甘薯、菠萝、西瓜、香蕉、番石榴、芒果等。当地人把这个岛称为"拉帕·努依"，在波利尼西亚语中是"地球的肚脐"或"地球的中心"之意。1722 年 4 月 5 日该岛被荷兰航海家雅可布·罗各宾发现，因为那天正是复活节，故命名为复活节岛。这个小岛远离喧闹生活、富于传奇色彩，是众多游客和考古学家向往的地方。

复活节岛略呈三角形，拉诺·卡奥火山、拉诺·阿罗伊火山和拉诺·拉拉库火山，分据在三角形的三个角上，估计在 3000 年前这些火山停止了活动；岛上还有无数小火山堆。小岛位于南温带的北边，四季分明，气候温和，冬天平均温度为 18℃，夏天平均温度为 23℃。岛上棵树不长的火山口上布满了野草和羊齿蕨。那些苔藓遍布的火山口宛如一个个硕大的杯子，昏沉沉地朝天张着，当年火山爆发时烈焰腾空的景象，早已消失得无影无踪了。随着岁月的流逝，一些大的火山口底部已变成蓝色的湖泊，湖边嫩绿的芦苇随风摇摆。整个小岛充满着一种神秘感。

岛上最有特色的要数那些著名的石雕像和祭坛。在这个被浩瀚无际的太平洋包围的小岛四周，耸立着近千尊用整块火山石雕成的巨大半身人像——毛阿依斯石人像，造型生动奇特。其中有的竖立在祭坛上，双唇紧闭一副永远“沉默是金”的模样，昂首挺立，默默地遥望波涛汹涌的大海，眼窝中流露出的目光若有所思；有的则屹立在绿草丛中，像守护神殿门口的盲神一样；有的横七竖八地翻倒在地，半身裸露在泥石和草莽之中；还有的被扔在山坡上，仰望着苍鹰翱翔蓝天。这些石雕像几乎都是长脸、长耳朵、高鼻子、深眼眶，浓眉、噘嘴、下巴凸出有力，两臂僵直地垂在没有脚的身躯旁，双手规规矩矩地摆在隆起的肚皮上，个个神情倨傲凝重。这些被海风琢蚀得斑斑驳驳的石像一般高 7~10 米，每个重 90 吨。有的整齐地排列在 4 米多高的长石座上，有的身上刻有类似文身图案那样难以理解的符号，有的头上还戴有红色岩石雕成的几米高的圆柱形的“帽子”。另外，还发现比这还要大一倍、但尚未完工的石雕像。这些石雕像，不仅是这个南太平洋海岛的象征，而且为这个岛的历史涂上了一层扑朔迷离的色彩。

复活节岛上，祭坛众多，已发现的至少有 300 座。“毛阿依斯”屹立的祭坛，大都在沿海地带。祭坛有好几种式样，有的是一座两边有侧翼的窄长石台，有的还有设计精美的其他石迹，如以石块砌成、形如履舟的祭师居室，洞顶和四壁砌石的洞穴，奥兰哥的祭祀场，以及各种各样的小石像。据专家们推测，早期石雕像原型，早在岛上有居民之前就已存在，这种石工技术是在复活节岛上独立发展而成的。这种推测使人们更加迷惑不解：早在远古时代就有人远涉重洋来到这个孤岛上？他们为什么要花这么大力气雕刻这些石像呢？毛阿依斯人像又代表什么，表达什么意思呢？……所有这些，至今仍然是一个谜。人们在岛上还发现了一批刻有奇怪的文字符号的木板，当地土著人称为“天书”

或"会说话的木板"。1806年，法国人艾德劳修士发现了这种木板，这是了解小岛历史的最好线索。在这种木板上密密麻麻地刻着细小的表意符号，这些符号有的像人，有的像鸟和鱼，有的像草木和船桨，还有的纯粹是一些几何图形。第一行刻完调头再刻第二行时，文字倒置，就像已耕田地上的犁沟一样。这些文字符号，至今未能破译，成为岛上又一个不解之谜。另外，在离奥兰哥鸟人村不远处，发现一尊鸟人像。据说，它是世世代代崇拜鸟神马基马基的信徒所雕，表示他们对鸟神的感谢。有些学者认为，这些木制图案、物像和石雕受到东方文化的影响。但是，令人惊讶的是，在航海技术不发达的古代，这种东方艺术又是通过什么途径，传到这个被碧波万顷的大海所包围的弹丸之地来的呢？这些历史文物给这个小岛赢得了"天然博物馆"的美名。

复活节岛的众多不解之谜，引起许多科学家的兴趣，他们进行了艰苦的探索，提出不少推测。甚至有人把它们解释成外星人的创作。但这种说法似乎缺少科学根据。从石像制作的浩大工程骤然停止、栽倒后的石像再未被扶起来这些迹象看，似乎岛上一夜之间曾遭遇毁灭性的灾难，制作石像的那个文明在瞬间消失了。复活节岛是火山从海底喷发形成的火山岛，会不会是火山与地震的结合湮灭了那个逝去的文明呢？年复一年，复活节岛上的奇特景色和人面巨像的魅力，吸引着越来越多的游客和科学工作者的到来。

马斯地岛（Mas a Tierra） 在烟波浩渺的南太平洋上，有几个属于智利的神秘岛屿。其中以马斯地岛和复活节岛最令人神往。

马斯地岛是胡安—费尔南德斯群岛中的一个岛屿，位于瓦尔帕莱索城以西600多公里的海面上。该岛长19公里，宽约11公里，它由智利北部的圣费利克斯岛和圣安布罗修岛的海底山脉形成。岛上山石林立，溪谷幽深，气候温和，灌木葱茏。附近海域盛产鳕鱼、贝类和大龙虾。这个岛屿与负有盛名的《鲁宾逊漂流记》的故事密切相关。16、17 世纪，当欧洲殖民者在加勒比横行的时候，英国的海盗船就在智利沿海活动，常对沿海港湾进行袭击、掠夺。1704 年，一个叫亚历山大·塞尔柯克的苏格兰水手，乘坐一只划艇，因迷失方向漂流到荒无人烟的马斯地岛。为了生活，他在岛上猎取飞禽，种植麦子、蔬菜和葡萄，度过了5 年与世隔绝的日子。据说当年塞尔柯克在岛上不断燃起烽火，试图引起过往船只的注意，盼望有人来搭救他。1709 年 2 月，他被"公爵"号军舰发现并被带回英国。后来，英国作家丹尼尔·笛福根据塞尔柯克的口述，写成了脍炙人口的《鲁宾逊漂流记》这部名著。今天，游人在马斯地岛仍可看到当年塞尔柯克居住过的山洞。这是一个深达 9 米的火山岩洞，曾是海盗藏身和储藏金银财宝的地方。它位于该岛坎伯兰海湾岸边海拔 900 多米处的埃尔·荣克山峰顶，这里云雾缭绕，神秘莫测。后人把这个山峰叫做"鲁宾逊·克鲁索瞭望台"。在这里，游人还可以看到 1868 年鲍厄尔司令率领英国海军"托伯兹"号全体官兵建立的塞尔柯克纪念碑。

奇洛埃岛（Chiloé）　奇洛埃岛离首都圣地亚哥约 1100 公里。它西临太平洋，北端与智利本土隔查考海峡相望，东面是科尔科瓦多湾，南边与艾森省隔古亚福海口相对。它与周围众多小岛组成奇洛埃群岛。奇洛埃省省府所在地卡斯特罗（Castro），面积 2 万多平方公里，人口 11 万多人，有少量印第安人。

奇洛埃岛属于第十大区，是智利的"木材之乡"。一踏上该岛，到处都是木房子，既有平房，也有楼房，别有一番风味。据当地居民介绍，他们先用木柱、木梁搭起房子的架子，然后在周围钉上两层木板墙壁，外层再用统一规格的木板整齐有序地装饰起来。房顶上先钉上木板，然后铺上一层油毡，上面再铺上小木板作为"瓦"，使雨水下流。屋内铺上木地板，外墙刷上主人所喜欢的颜色。这种木房既美观又耐用。这种房子就地取材，建造方便，造价便宜，而且还可以防震。除木房外，岛上还随处可见木船、木轮车，以及各种各样的木制日用品。

奇洛埃岛充满着浓厚的宗教色彩，大大小小的教堂遍布全岛，是智利教堂最多的地方。这些教堂大多是用木料建成，有悠久的历史，其中许多教堂已被宣布为国家文物加以重点保护。圣弗朗西斯科教堂就是其中一座，坐落在卡斯特罗市中心广场一侧，是20世纪初用木材建筑起来的大教堂。整个教堂长52米，宽25米，高32米。圣玛丽亚教堂是全国闻名的古教堂之一，于1730年建成，至今已有270余年的历史。全部是木结构，未用一根铁钉。教堂高25米，外表雄伟壮观。

岛上居民以捕鱼和放牧为主。星期日上午是岛民们赶集的日子。市镇集市上，人群熙熙攘攘，商品丰富。省府卡斯特罗的一些商店，开着货车到各个集市上销售日用百货和各种食品。当地居民出售他们自己生产的土特产品，其中有新鲜的海鱼和其他海产品，也有经过加工制成的鱼干、蛤蜊干等。岛上养羊业比较发达，羊毛制品也很丰富，有毛线、毛毯、羊毛斗篷、毛皮、毛衣和毛帽等，精制美观，结实耐用。

奇洛埃岛还有一件很有趣的事情。那就是岛上的一些地名和附近小岛的名字，发音同中国人名相似，例如，有叫阿桃、阿贵、谢林、林林、杨林、纪兰、丽兰，等等。据当地一些智利人认为，最早抵达这里的人可能是东方人或中国人。至今，当地土著居民的脸形也同亚洲人有些近似。

奇洛埃岛是西班牙殖民者在美洲最后撤出的一个据点。智利宣布独立后的16年，西班牙人最后才从这里撤离。如今，在岛上还有西班牙修女办的私立中学。

第四节　居民与宗教

一　人口

根据智利国家统计局的统计，截至 2000 年 6 月，全国总人口为 15211308 人，城市人口为 13018924 人，占 86%，是一个城市化程度较高的国家。其中首都圣地亚哥联邦区的人口高达 6102211 人，占全国总人口的 40%，集中了全国城市人口的 45.4%。从年龄结构看，智利是一个人口年轻化的国家。以 1998 年为例，智利全国总人口为 14821714 人，其中 15 岁以下人口为 4272572 人，占人口的 28.8%，35 岁以下的人口为 9173087 人，占总人口的 61.9%。智利全国人口平均密度为每平方公里 20.1 人，但各地区人口分布不均，状况很不平衡。圣地亚哥首都联邦区的人口密度为每平方公里 396.2 人，为全国人口密度最大的地方；北部的安托法加斯塔和阿塔卡马大区的人口稀少，人口密度每平方公里分别为 3.7 人和 3.6 人；南部的卡洛斯·伊瓦涅斯·德尔坎波将军艾森大区和麦哲伦—智利南极大区，更是人迹罕至，人口密度每平方公里仅分别为 0.9 人和 1.2 人。从科皮亚波到康塞普西翁的中部地区集中了全国 90% 以上的居民，而 60% 以上的国土却人烟稀少。北部矿区的面积占国土面积的 1/3，居民则占全国人口的 7% 左右，且集中在矿区和港口城市以及绿洲地带。南部地区的面积也占国土面积的 30.2%，居民则仅占全国总人口的 2% 左右。智利的人口自然增长率 1960~1970 年平均为 1.99%，1970~1982 年为 2.03%，1982~1992 年为 1.64%，呈下降趋势。1998 年，智利的出生率为 18.3‰，死亡率为 5.4‰，婴儿（不到 1 岁）死亡率为 10.3‰，新生儿（不到 28 天）死亡率为 6.0‰，人均寿命约 75 岁。

二 民族、语言和宗教

民 **族** 智利的居民基本上由印欧混血种人、白人和印第安人组成，以印欧混血种人为主。

16 世纪初到 19 世纪初，在西班牙人对智利进行殖民征服和统治的 300 年中，来到智利的西班牙人基本上都是男人，没有带眷属，他们与当地的原始土著印第安人通婚，繁衍后代，印欧混血种人就逐渐成为了今天智利的主要居民。但这些印欧混血人，大多数处于社会的下层。由于智利的征服者几乎全部来自西班牙的巴斯克地区，外界认为，智利人特别明显地继承了巴斯克民族的一些特点。西方人认为他们冷漠、埋头工作和墨守成规。但通过接触和了解，智利人是一个心态平和、勤奋努力、心地善良的民族。目前，印欧混血种人占全国总人口的 75%，白人占全国人口的 20%，居第 2 位。智利的白人大都是西班牙人的后裔或来自意大利、德国、南斯拉夫等欧洲国家的移民，以及少量阿拉伯人、犹太人等。智利一部分贵族阶层是英格兰人和爱尔兰人的后裔，人们把他们称为"南美洲的英国人"。有一家加拿大刊物这样描述智利人："智利人渴望不多，不列颠人的严肃、阿拉乌干人的不卑不亢以及西班牙人的高贵等成分均匀地分占着他们的心理。"印第安人是智利本土最早的居民，曾为智利的经济、社会和文化的发展做出过重大贡献。据估计，在西班牙人来到之前，居住在今天智利这块土地上的印第安人有 100 多万人。后来由于西班牙殖民者长期屠杀、奴役和发生疾病，印第安人口锐减，今天只剩下 50 万人左右，约占全国人口总数的 3%。其他人种占 2%，智利现有华侨和华裔约 4000～5000 人。

语言 智利的官方语言为西班牙语。在印第安人聚居区也使用马普切语，复活节岛上的居民使用拉巴努伊语，北部山区的艾马拉人讲艾马拉语。

智利人继承欧洲人的习惯，名字由名和姓两部分构成，名在前，姓在后。姓又分父姓和母姓，父姓在前，母姓在后。例如，智利前总统奥古斯托·皮诺切特·乌加特，奥古斯托是名，皮诺切特是父姓，乌加特是母姓。也有两个以上名字的，如米格尔·亚历克斯·施韦策·沃尔特斯。在这种情况下，一般省去第二个名，或将第二名省略为一字头。熟人之间一般直呼其名。在亲戚和熟人朋友之间称呼其昵称，以示亲热。对于所喜欢的人多称"奇诺"（chino）。在正式场合或一般人交往时，要以父姓称呼，并加先生、教授、博士、学衔或职称等，表示尊重。

宗教 智利85%的居民信奉天主教，基督教新教为第二大宗教，只有少数人信仰犹太教、希腊东正教和伊斯兰教。从1925年开始，智利实行政教分离，教会的政治影响逐步下降。智利教会组织包括1个大主教辖区；5个大主教区：圣地亚哥、拉塞雷纳、蒙特港、康塞普西翁和安托法加斯塔；14个主教区：伊基克、科皮亚波、瓦尔帕莱索、圣费利佩、兰卡瓜、塔尔卡、利纳雷斯、奇廉、特木科、瓦尔迪维亚、圣卡洛斯·安库德、蓬塔阿雷纳斯、洛斯安赫莱斯、奥索尔诺；2个罗马教皇代理辖区：阿劳卡尼亚和艾森。智利全国约有1188个教堂，386个礼拜堂，351个修道院。[①]

阿拉乌干人（araucano，又称阿劳科人或阿劳干人）是智利人数最多、最具特色的印第安民族，他们有自己崇拜的图腾和所信仰的神灵。阿拉乌干人信仰"皮利安"，认为他是最高的神灵、万物之主。在"皮利安"下面，还有"布塔亨"，是伟大的神；"塔皮科维"，是雷电神；"比洛库沃"，是万物创造者；"比尔佩皮洛奥"，是万能神；"莫利赫留"，是不死神，等等。上述神的下面又分战神（埃普纳努姆）；施恩神（特伦特伦），人类

---

① 朱伦编译《拉丁美洲各国民族概况》（下），第609页，内部资料，1981。

的好朋友；坏神（格库武），被阿拉乌干人视为万恶之源；"乌尔梅"，被印第安人当成一切事物的保护神。尽管受到几个世纪的西方文化影响，现代阿拉乌干人依然保持着先辈的许多习俗和迷信。过去，由于不断的战争，基督教难以在他们中间传播，所以对他们的影响很小。而今天新一代的印第安人，由于在学校受到教育，正一步步走向现代文明。

三　国旗、国徽、国歌、国花

国旗　智利历史上第一面国旗是在 1812 年 7 月 4 日制定的，后人称之为"早期国旗"。它自上而下由蓝、白、黄 3 种长宽相等的色条组成，象征智利由北至南 3 个互相平行的并列地带。1817 年 10 月 18 日起改用由蓝、白、红 3 种平行色带组成的新国旗，后来因为发现与法国的 3 色旗相混淆，所以在 1912 年 1 月 11 日决定改用由胡安·格雷戈里奥·德拉斯埃拉斯设计的新国旗：上半部靠近旗杆一侧的 1/3 处是一个蓝色的正方形，其中心部位有一颗白色五角星，其余 2/3 是一个白色长方形；下半部为一个红色长条。红色象征智利独立战争时期兰卡瓜战役中烈士和英雄们的鲜血，白色象征安第斯山终年不化的积雪，蓝色象征万顷碧波的太平洋。

国徽　智利的国徽创制于 1834 年 6 月 24 日，华金·普列托将军执政期间。国徽的正中是一颗白色五角星，其衬底是蓝、红横断圆面，顶端有一束红、蓝、白色羽毛。国徽左侧是一只鹿（"韦穆尔"），右侧是一只安第斯山秃鹰（"孔多尔"）。每只动物的头部都戴着一顶王冠。圆面底部装饰有花样图案，图案上有一条花带，花带中央写着"为了真理和力量"的词句。

国歌　智利的国歌名为《啊！智利》。其歌词歌颂了反抗西班牙殖民统治的英雄们的光辉业绩和智利大好河山。智利国歌是目前世界上各国国歌中最长的一首，由合唱和 6 段独唱组成。曲作者是拉蒙·卡尔尼塞尔（Ramón Carnicer），原歌词的作者是埃乌塞比奥·利略（Eusebio Lillo）。现在国歌的歌词是根据1909年8月12日3482号法令改写，并于1941年7月24日经3737号法令修订，原歌词收藏在国家历史博物馆内。

国花　智利的国花名叫科皮乌埃，又名红铃兰。它是一种野生百合花，为多年生草本植物，花期长达8～9个月，花朵的颜色大多为红色，也有白、蓝两种颜色。有关科皮乌埃花，还有一段传说。相传很久很久以前，科皮乌埃花只有白色和蓝色两种。16世纪中叶，智利南方的印第安阿拉乌干人不甘忍受殖民者的统治和压迫，在他们的领袖劳塔罗（Lautaro）的率领下揭竿而起，一度把殖民军打得落荒而逃。后来，由于叛徒告密，劳塔罗和他的将士们全部光荣战死疆场。就在起义失败的第二年春天，火红的科皮乌埃花突然开放在英雄们鏖战的战场上，漫山遍野，红红火火……智利人说：红红的科皮乌埃是英雄们的鲜血染红的，那是劳塔罗将士们的英灵。为了永远怀念他们，智利政府就把科皮乌埃作为智利国花。

除此以外，智利还有国舞和国鸟。国舞叫奎卡舞（Cueca）。这是一种男女二人对跳、欢快而优美的舞蹈。据说，舞姿和舞步是模仿雄鸡振翅向母鸡追逐求爱的动作设计出来的。一般智利人在欢度佳节、迎宾和家庭舞会上经常跳此舞。奎卡舞不但可以跳，而且还配有歌词，人们随着音乐边跳边唱。1979年，智利政府颁布法令，规定奎卡舞为智利国舞。这可能是因为它深受人民的喜爱和易跳的缘故吧。

智利的国鸟是安第斯山秃鹰——孔多尔（Condor）。这种鸟栖息在2000～4000米高的安第斯山上，属食肉猛禽类。孔多尔是世界上寿命最长、体积最大、飞得最高的飞禽。智利人把它作为国徽、军徽的图案，是捍卫祖国的力量、勇气和决心的象征。

43

第五节 民俗与节日

一 民俗

智利人拥有丰富多彩的民俗民风。他们的服饰、饮食和习惯都有自己的特征。

智利最具民族特色的服饰之一是斗篷，当地人称之为"蓬乔"（Poncho）。它是用一块四方的织物制成，中央留有一孔洞。穿着时，头从孔洞钻出，斗篷就披在肩上。这种斗篷一般用来御寒，但妇女进教堂时必须穿戴（现今已不完全如此）。斗篷大都用颜色鲜艳的毛料织成，上面饰有各种不同的图案。全套的智利传统服装则由宽长的斗篷、筒靴、宽腿裤、腰带、短上衣和不同式样的宽檐帽组成。衬衣是白色的，并有垂直皱纹。富人穿绸衬衣，穷人穿粗布衬衣。衬衣外面套穿露胸的坎肩并系有红色的腰带。现在，城市的上层人士以穿西服为主。职业妇女穿西服套裙，一般妇女大都穿裙装，很少穿长裤。在校学生穿着比较随便。在重大节日，智利人从总统到一般老百姓都穿上最好的衣服以示庆祝。

智利城乡在饮食方面存在很大差别。城市居民多以欧式和美式食品为主。早餐时间根据每个人的作息时间而定，一般食用水果、煎鸡蛋、牛奶、咖啡、面包夹香肠或火腿肉等。午餐多在12时半至15时之间，多数人在办公室或在家里食用快餐。晚餐一般比较正式，全家人聚在一起，用餐时间为晚9时左右，边吃边聊，主要食品有牛奶、汤、一盘肉或炸牛排、番茄酱、洋葱、菜豆、芹菜、色拉等品种；蔬菜一般生吃。农村因地而异，各有偏重。农业区居民多以蔬菜、马铃薯、玉米和豆类为主。牧区则以肉食为主。沙漠地区居民多吃香蕉、棕榈油和烤面包。智利人还有一种在下午 5 时至 7 时吃茶点的传统习惯，通常称之为"翁塞"（Once），主要是喝茶或咖啡，吃少许面包或甜点心。智利盛产海鲜，在宴会中主人经常用智利特有的海刺猬、鲍鱼等海产品来招待客人。智利被人们称为是一个"葡萄酒加美女"的国家，葡萄酒和一种用水果酿制的"契恰酒"（Chicha）是智利人餐桌上必不可少的饮料。除了葡萄酒外，还有各种美味水果。水果对皮肤保养很有利，这也许是智利出美女的原因吧。

父权家长制是智利传统的家庭结构。家庭中年纪最大的为家长，他在家庭成员中有绝对的权威。在智利还存在具有浓厚旧式家庭色彩的"大家庭"，一般是众多子女或亲戚几代同堂。随着城市化和工业化的发展，智利的传统家庭结构已发生变化。过去的"大家庭"已渐渐被由父母和未婚子女组成的"小家庭"所取代。但是，在最保守阶层及偏僻的农村边远地区，还保持着旧式的传统家庭结构，"大家庭"仍有较大的影响。现在，许多家庭的传统职能已由社会承担，家长的权威减弱，但智利法律明文规定后代要尊重家长。鉴于社会、经济和居住地的变化，传统"大家庭"的成员即使不在一起生活，仍然保持着成员之间的联系和经济、生活上的互助，并在一起庆祝宗教节日、参加某一家庭成员的生日或婚礼聚会。

在农村地区，人们经常用建立干亲关系的传统方式来扩大"家庭"的范围。这种干亲关系有两种含义：一是单纯的干亲关系；二是既是干爸干妈，又是教父母的关系。建立这两种关系既是宗教礼仪的需要，又具有强烈的感情色彩。目前，在城市里，干亲关系已慢慢地失去其重要性，但选择子女的教父母仍然是一件严肃认真的大事。教父母对子女负有一定义务，与孩子的父母之间一般只保留形式上的关系，没有过多的交往。

智利人很重视家庭教育，富家子女去欧洲进修或攻读学位的现象很普遍。同时，其父母和家人也前往陪伴。

在智利城市中等阶层中，人们往往把婚姻作为扩大自己经济势力和进入上层社会的手段。上层社会的父母则反对子女与社会地位低下的人结婚。传统做法是，上层贵族的子女一般都与本家族成员的子女尤其是同堂、表亲结婚，以继承和控制家中的财产。随着社会的发展，家长权威的衰落以及年轻人独立性的增强，这种有血缘关系的婚姻当今已极少见。智利人对子女特别是女孩子的管教很严格。在子女的婚姻问题上，父母的意见仍然起关键作用。在乡镇和农村中，未婚女子仍不能在家庭外单独与男子会面。

智利男子的婚龄一般在 24～26 岁，女子的婚龄在 18～22 岁。智利法律只承认世俗婚姻。宗教婚姻只是教徒表示信仰的一种方式，而不具有法律效力。因此，信奉天主教的智利人，一般要举行两次婚礼：第一天举行世俗婚礼，第二天举行宗教婚礼。但是，在下层居民中，既不举行世俗婚礼也不举办宗教婚礼的现象很常见。在农村和边远地区，由于条件的限制，如距离婚姻登记处较远或没有神职人员，青年男女经双方家长同意就可同居，结为夫妻，而不用举行婚礼。智利法律规定不允许离婚，但可以分居。

二　节日

智利有绚丽多姿的节日。它们大都反映了智利的历史、宗教、文化和风俗习惯。这些节日分为全国性节日和地方性节日。其中又有宗教性节日和非宗教性节日之分。以时间先后排列，主要节日有：

新年（1 月 1 日）

洛瓦斯戈斯圣母庆典节（2 月 2 日）　中部农业区农民举行的庆典活动。

葡萄收获节（3 月 10～18 日）　智利传统的民族节日。每年葡萄收获季节，姑娘们在一片欢声笑语和悠扬悦耳的歌声中采摘葡萄。人们从姑娘们中挑选出十几位漂亮女青年为"葡萄女郎"。在有关企业和组织策划下，她们乘着装满葡萄及其展品的大篷车，进城推销出售。在城内市场上，葡萄女郎宣读"葡萄令"，庆祝葡萄丰收。之后，她们品尝自备的美味肉汤以示喜庆。

国际劳动节（5月1日） 工人和其他劳动人民的节日。

海军节（5月21日） 海军传统节日，为纪念伊基克战役而定。

基督圣体节（6月18日） 天主教规定崇敬"耶稣圣体"的节日。始于13世纪的比利时，后推行到各地天主教会。届时，教堂内做弥撒时要把"耶稣圣体"供于祭台上，教徒们手执烛火或彩旗花束，边唱赞美诗或朗诵经文，边围绕教堂巡游。和所有信奉天主教的国家不同的是，拉美许多国家在庆祝这一节日时融进了许多印第安人的习俗和民间舞蹈。他们穿着自己民族的节日盛装，以各自的保护神像为先导，载歌载舞地举行宗教节日游行。智利的印第安人常常穿一种带有头饰的民族服装，头饰上插着三撮彩色的羽毛，还有银币、镜片、宝石等值钱的小镶嵌物作为装饰。头饰后面垂着一条尺把宽、一米多长的绣花披风。胸前和背后披挂着几块绣着彩色图案的帘布。脸上带着假面具，脚腕上挂着一串或数串叮当作响的小铃铛。歌舞游行一般在圣体节前一个星期便开始举行。各地的印第安人组织自己的民族乐队和舞蹈队，他们随着古乐和民间乐曲边舞边行。

圣佩德罗宗教水上游行节（6月29日） 主要在拉尔温泉区举行。这一天，以一艘载着圣佩德罗传教士偶像的小船为前导，后边紧跟着数艘装点着鲜花、彩旗和龙头的船队，在水上畅游。届时，来自全国各地的许多舞蹈演员在船上翩翩起舞，庆祝助兴。

蒂拉纳朝圣节（7月12～18日） 纪念16世纪抗击西班牙殖民者的印第安女英雄的节日。蒂拉纳是位于智利北方的一个小镇，虽然小镇人数不多，但是每年一次的蒂拉纳节却引来众多的参加者和旅游者。相传16世纪初，西班牙殖民者进入智利，印第安人乌纳和他的女儿尼乌斯塔遭到殖民者的关押。后来，乌纳和女儿逃了出来，组织了一支土著印第安人军队与殖民军英勇奋战，打得殖民者四处逃散。这支神奇的队伍被称为"塔马鲁加尔草原上的幽灵"。后来，女儿尼乌斯塔不幸遇害。当地人们为纪念她，在她遇难的地方修建了一座圣母殿，同时将村子命名为"幽灵之乡蒂拉纳"。7月12日这一天，人们都到女英雄尼乌斯塔遇难地的十字架前肃立致哀，然后列队进入圣母殿。殿中悬挂一幅圣母像，祭坛上坐着一名少女，她被当成"活的圣母"。人们入殿后，对圣母唱圣歌、做祷告、鞠躬致意、献供品是主要活动内容。16日这一天活动达到高潮，当日下午进行大型宗教游行。游行队伍由80人抬的圣母像为先导，然后是"活圣母"、基督像和一幅巨大的世界地图，游行一直进行到傍晚。夜幕降临后，蒂拉纳小镇点起无数蜡烛，燃起一堆堆篝火。在这灯火通明的夜晚，人们围着篝火欢歌，跳起假面具舞。一时间，镇内外到处游荡着面目可怕的"幽灵"。节日最后一天，进行商品交易活动，人们随意挑选，直到满意而归。

圣母升天节（8月15日）

国庆日（9月18日） 智利人称"18日节"。1810年9月18日，圣地亚哥人民举行公开市政会，选举产生第一届国民政府。1818年智利正式宣布独立，成立智利共和国，并把9月18日定为国庆日。每年的这一天，人们聚集在总统府前广场上举行有共和国总统参加的集会游行，以示庆祝。

建军节（9月19日） 这一天，在奥希金斯公园内的广场上举行有总统出席的阅兵式。

围牛节（10 月 11 日）　西班牙斗牛尽人皆知，但是智利的"围牛节"鲜为人知。围牛活动是智利人最喜爱的一种别开生面的传统体育活动，大都在农村和小镇农牧民中流行。这种活动是对牧民驾驭马匹、驱赶牛群能力的一次检验，也是对牧民们勇敢精神的一种考验。智利的围牛活动始于殖民地时期，当时智利的牧业十分发达，粗犷放牧牧场没有界限，牛群到处乱跑。于是有了一个不成文的规定：谁围到多少牛就拥有这些牛，这样便产生了围牛活动。围牛比赛要求骑手两人一组互相配合，将牛围堵在指定区域。比赛在一个称为"半月"的圆形木围栏中举行。骑手必须用马匹的胸部将牛卡在围墙上，卡住牛的前肋得 2 分，卡住牛的肚子得 3 分，卡住牛的臀部得 4 分。每对骑手每次出场要进行 3 轮比赛，时间不限，累计算分。比赛以得分高低决定胜负，得分最高者为最后胜利者。比赛间歇时，男女在吉他伴奏下唱歌助兴。

围牛作为智利民族文化传统活动，是节假日不可缺少的保留节目之一。每年 9 月至来年 3 月，在全国范围内进行大约 300 场预选赛，4 月初在智利中部城市兰卡瓜举行决赛。比赛场地为直径 45 米的圆形沙土场，共有 90 对选手参加。比赛对参赛牛的要求也很严格，一般为 400～500 公斤的牛犊，每头牛只被使用一次。

亡人节（11 月 2 日）　是智利人悼念已故先人的节日。

圣诞节（12 月 25 日）　在智利，除了其他国家通常举行的宗教仪式和家庭庆祝活动外，人们常常在圣诞宴席以后，举家前往街头、广场游逛，或在饮食店里合家欢饮玉米酿制的"猴尾酒"，或在布置成耶稣降生的场景中和圣诞老人合影"全家福"，或观看杂耍艺人的表演。

第二章

历　史

第一节　原始居民

　　智利是一个年轻的国家，独立至今还不到 200 年，但其历史却相当悠久。据文物考证，早在 1.2 万年以前，在今天智利领土上就有了人类的活动。大约在 6000 年前，智利西部沿海、中央谷地和北部地区出现了更为发达的社会群体，其文化带有很深的安第斯文化的烙印。[①] 考古学家们在这些地区发现了远古时代的房屋、坟地的遗迹，手工制作的石器、陶器、木器，古代动物的化石等。南部的麦哲伦地区，当时居住着以渔猎为生的游牧群体，他们是来自巴塔哥尼亚大草原的土著人。

　　西班牙殖民者来到智利以前，智利北部的大部分和中部的一部分领土，自古即居住着各种不同的印第安人。他们主要属于阿塔卡梅尼奥（Atacameño）、昌戈（Chango）和迪亚吉塔（Diaguita）等部族，已经掌握了初步的农业知识。从 15 世纪开始，他们被印加人征服，成为印加"帝国"的一部分。印加人在这些被征服的印第安人中建立了移民区，并向他们征收贡税。当地印第安人在很大程度上也受到了印加文化的影响。在智利中

---

① 智利驻中国大使馆提供的资料《智利》，中文版，1992。

部和南部一带，主要是阿拉乌干人，他们尚处在原始社会阶段。

16 世纪西班牙人来到智利的时候，分布在智利的主要是称为马普切人（mapuches）的土著印第安人，在印第安语中，mapu = tierra（土地），che = gente（人），意为"土地的主人"。其大部分居住在智利中部和南部，从乔阿帕河到奇洛埃岛，他们使用同一种语言，有着相似的习俗。马普切人是南锥休国家（阿根廷、智利、乌拉圭、巴拉圭）人数最多、最具有特色的印第安民族。马普切印第安人曾经是一个值得骄傲的民族，居住在南美的广袤沃野上。在过去的几个世纪里，人寡势弱的马普切部落为自己的生存先后抗击了许多强大的敌人，最初是印加人，然后是西班牙人，最后是智利人。任何入侵者都没有使他们屈服。但是，自从西班牙人到来之后，他们部族的土地越来越少了。在智利，根据马普切各个部落集团的不同地理位置和方言，其名称也各有不同。但智利各个印第安人集团都喜欢自称为马普切人，他们愿意把自己看成自己土地的主人。智利不同地区的马普切印第安人有：

皮昆切人（picunches） 意为"北方人"。居住在智利北方的印第安部落，大概是定居农业居民的后裔，属于莫卢切人族系，在文化上受印加人的影响较深。

昌戈人（changos） 生活在北方阿塔卡马省沿海地区。源于安第斯山秘鲁族，讲秘鲁语。主要以捕鱼为生。

佩文切人（pehuenches） 意为"松林人"。居住在智利南方。为了寻找食物，他们随着季节的变化而迁徙。主要以捕捉动物和采集松子为生。

火地岛人（fueguinos） 居住在智利最南部的火地岛，属地球上最原始的种族之列。现今人数约 1500 人。火地岛人又主要分为奥纳人（onas）、亚贡人或亚甘人（yagones 或 yaganes）和阿拉卡卢菲人（alacalufes）。

奥纳人 火地岛上分布最广、人口最多的印第安人。他们来自于巴塔哥尼亚中部，据说是特惠尔切人的一支。他们是火地岛上身材最高的土著人之一，平均身高在 1.73～1.83 米之间；他们黑头发、黑眼睛、头短脸长、颧骨有点突、细鼻子、眼睛稍斜。奥纳人肌肉发达，特别是妇女。他们主要靠打猎和捕鱼为生。在奥纳人中，妇女和奴隶一样，没有地位，干最苦的活。奥纳人的住房、衣服、武器和工具都是最简单和最原始的。他们分成不同的部落，每个部落都有自己的活动地域，为了各自的利益相互经常发生争斗。部落成员一般都是以家庭或小群体分开活动。因此，奥纳人过着完全流浪的生活，哪里有吃的，哪里有小山和可以过冬的地方，哪里就是他们的家。他们住的房屋就是在地上插几根棍，搭上几张骆马皮。他们穿的衣服基本上是用几张熟骆马皮做成的大衣，穿着时披在肩上，胸前用手抓着。奥纳人习惯赤脚走路，即使在雪地上也是如此。他们不戴帽子，装饰品很简单。妇女腕上戴的是骆马筋镯，在脸上和胸前交织画上红、白和黑色线条作为装饰。他们的食物主要是骆马肉、鸟、鱼、贝类和当地的一些野生植物。奥纳人有一个奇怪的习惯，就是晚上睡觉的时候，把孩子放在屋子中间，大人围在四周睡；为了保暖，把狗唤到跟前。奥纳人没有统一的政府，每个部落有自己的首领，其作用只是在战时指挥打仗。目前，奥纳人已不足 1000 人。

亚贡人 居住在火地岛南部海岸、附近岛屿和合恩角。亚贡人抗寒能力很强，尽管天气寒冷，经常是风雪交加，但他们仍然近乎裸体生活。他们的日常交通工具是船。居住的房屋十分简陋，是用树干和树枝搭起来的。亚贡人有自己的语言，词汇丰富且动词多。他们信奉神灵，认为疾病和死亡都与坏神灵有关，并相信在天地间有一个最高的生命。他们中的许多老年人都是巫师，负责给本部落的病人治病、预报天气或主持某些宗教仪式。

亚贡人以捕鱼为生，所以他们会制造小船和打鱼的工具。为防止外部侵略，他们经常进行战争演习和练武，使用的武器有长矛、箭、弹弓和石块。据说，亚贡人男青年喜欢和比自己年龄大的女子结婚，但女方要多带一些海豹和其他贵重物品做嫁妆。如果一个亚贡男人身体有某些缺陷，那他就会一辈子打光棍。今天亚贡人仅存 200 多人。

阿拉卡卢菲人 又叫阿利库利普人，他们生性好斗，是印第安人中有名的弓箭手。阿拉卡卢菲人身材矮小，其习俗与亚贡人相同，以捕鱼为生。现在人数不超过 300 人。

乔诺斯人（chonoses） 主要居住在智利乔诺斯群岛上，也有少数居住在南面其他岛屿或麦哲伦海峡。他们和火地岛人一样，过着野蛮的原始生活，以鱼类和海贝为生，住在地洞和茅屋里，并习惯把死者埋在住所周围。乔诺斯人的特点是：身高一般1.65 米左右，皮肤褐黄色，高颧骨，宽嘴巴，短腿呈弓形。

维利切人（huilliches） 在印第安阿拉乌干语中意为"南方人"。从前居住在智利托尔滕河以南至奥索尔诺周围，今天住在阿根廷南部潘帕斯草原。他们以饲养奶牛、绵羊和马为生，精于打铁业和毛皮业。维利切妇女从事编织鸵鸟毛地毯和羊毛衣。从前维利切人好战，常和阿拉乌干人结盟反对西班牙人和土生白人的统治。

阿拉乌干人 是智利土著居民马普切人中最杰出、反抗西班牙殖民统治最顽强、人数最多的土著居民。他们居住在智利南部伊塔塔河与托尔滕河之间，以体格健壮、善良朴实、英勇善战而有别于美洲其他土著人种。阿拉乌干人皮肤一般呈浅铜色，中等身材，平均身高 1.60 米，黑头发又长又硬，头大脸圆，高颧骨，窄额头，短宽鼻子，眼睛较小呈黑色。在奇洛埃岛也有阿拉乌干人，但叫他们昆乔人（cunchos）和帕约人（payos），他们的后裔叫奇洛特人（chilotes）。早先，阿拉乌干人以渔猎为生，乘坐用芦苇、谷草编制成的小船或独木舟在河中及近海钓鱼，用皮条系上石头的套索或木制弓箭到林中打猎。西班牙征服之前，阿拉乌干人还处在原始状态。他们赤身裸体，以野果、驼马肉、飞禽和鱼等动植物为食。农耕业尚不发达，只种植一些玉米、马铃薯、豆类等，饲养少量的羊驼。以茅草屋为家，居住在密林深处、山谷或河岸边。房子用木棍和树枝搭架，四周围上苇秆，糊上黏土当墙，顶棚上铺上野草并留有洞以排烟，房舍有数个门。阿拉乌干人使用的是粗糙的木制器皿，不能靠近火，于是他们想出了一个聪明的办法，先把鱼类、野味放在木桶里，再把烧热的石头放入水桶中。几块灼热的石头投进去后，水开了，鱼也就差不多煮熟了。但是，阿拉乌干人一般吃生食。后来，随着文明的发展，他们学会了使用陶罐、陶盆和铁锅做饭。阿拉乌干人衣着简陋且颇具特色。他们做衣服的材料是兽皮、植物皮、毛织物或草编等。每个人主要的外衣都是一件无袖的、长度至双膝的披肩。其缝制方法极为简单，用毛绳或细皮条将前后两片衣料缝在一起。他们还习惯于头戴兽皮装饰或插上羽毛，用植物染料在脸部涂上黑、红两色条纹。妇女的装束比男人稍微讲究些，一般在腰部系上一条腰带，肩上披一块方形大围巾，或者戴上念珠、蜗牛壳、海贝等做成的耳环、项链、手镯等饰物。

　　父权制家庭和以生活地域为基础的部落是阿拉乌干人最基本的社会组织。他们没有中央政府。每个部落由许多家庭组成。部落由"酋长"或称"古尔门"的人统治，他们是部落中最古老的家庭的家长或是最勇敢的人，所有权力都集中在他一个人身上。阿拉乌干人有自己的法律。据有关记载：部落的行政管理和对外联络方面，由在全部落最显要的家族中选出的4人来负责。后来就慢慢变成世袭的了。当需要几个部落联合对敌的时候，就共同推举一个名叫"托基"（toqui）的首领指挥军事行动，战争结束后他们的权力就中止了。阿拉乌干人打仗最初使用的武器是硬木尖头长矛、卵石、棍棒。后来自从他们得到西班牙人的马匹后，学会了骑马，具备了与西班牙骑兵在旷野里作战的能力，同时也学会了放炮。阿拉乌干人作战非常勇猛，对被战胜者从不宽容。同样，任何毒刑拷打也不能使那些被俘的阿拉乌干人屈服。他们认为，在敌人面前表现出大义凛然、视死如归才是勇敢和自豪的明证。阿拉乌干人好战，由于不同的原因，在他们内部或同其他土著人之间经常发生战争。通过战争，他们可以获得战利品和妇女。阿拉乌干男人主要是打仗、捕猎和制造武器。

阿拉乌干人的婚姻制度是一夫多妻制，它是建立在买卖婚姻基础上的。女孩犹如父亲手中的商品，可以任意支配。男子用各种物品把新娘买来成亲。一个男子拥有妻子的数目，取决于他的财产多少，财产越多妻子就越多。一些较大的酋长往往有一二十个妻子，并以此为荣。今天的阿拉乌干人最多仍有五个妻子，买卖的价格由双方的父亲来商定。婚礼实行抢婚，因为人们认为用暴力来抢才体面。婚礼的晚上，新娘和新郎双方经过一番生动热烈的争夺后，新郎把新娘从茅屋里拉出来，两人共骑一匹马，钻进森林度蜜月。蜜月过后回到丈夫家里。如果妻子摈弃丈夫又回到父亲家中，只要不再嫁，就无须归还夫家的财礼；但如果再婚，那么第二个丈夫就要赔偿第一个丈夫当初送给女家的那些财礼。阿拉乌干人妇女的地位比男人低，她们是家中的主要劳动力，不仅要耕种土地，还要制作日常使用的简单器皿、纺织、做饭、抚育儿女等；有时还得和丈夫一同参加战争，替丈夫背粮食。她们受丈夫虐待或被卖掉是司空见惯的事。孕妇不能在家分娩，这是阿拉乌干人的风俗。分娩前几天，孕妇就得只身一人搬到河边去住，直到孩子出生。孩子生下后，用河水洗干净，再用布包好，背在身后回家。

阿拉乌干人的宗教信仰体现出原始居民的共同特点。例如，他们信奉的诸神中的最高神叫"皮利安"（pillán），它居住在火山顶上，是风、雨、雷、电等自然现象的最高主宰；他们懂得用草药治病，但除病去灾的主要方法是巫术，巫师一般都是妇女；他们崇敬死者，相信鬼魂，等等。阿拉乌干人是智利南部地区唯一把死者埋入坟墓的印第安人。他们在墓旁立一块木牌以示墓地所在位置。酋长的坟墓与众不同，墓旁的木牌上有一个粗刻的头颅。阿拉乌干人的葬礼由牧师主持且仪式很庄严。

由于生活在偏僻的乡村和生产水平低下，阿拉乌干人除较早学会用香蕉叶造纸外，他们既没有创造出较高的文化，也不曾受到南美洲古代印加文明的影响。他们虽有自己的语言，但没有留下真正意义上的文学作品。他们会烧制陶器，制作石雕及木雕，但这些还称不上是艺术品。

除上述土著居民外，智利还有数十个土著民族，如阿利胡利贝人（alijulibes）、昆卡人（cuncas）、昆乔人（cunchos）、马波乔人（mapochos）、阿塔卡梅尼奥人（atacameños）、奥卡人（aucas）、乔克人（chauque）、兰克尔人（ranqueles）、比利切人（viliche）、莫卢切人（moluches）、艾马拉人（aimará）等。

在西班牙征服前，智利的印第安人在氏族公社制度下生活。他们主要从事农业、畜牧业、狩猎和捕鱼。居住在比奥比奥河以北的智利中、北部地区的印第安人，他们的文明程度要高于比奥比奥河以南的阿拉乌干人。从 11 世纪到 15 世纪，阿根廷的迪亚吉塔人、来自秘鲁的印加人（原叫克丘亚人，成立印加帝国后改叫印加人）曾先后入侵这个地区。其中印加人在 16 世纪中叶以前，对智利中、北部地区的统治曾延续了 200 多年。有关印加人对智利的入侵，在阿拉乌干人中间还流传着一个有趣的传说：在远古的时候，有一块"乐土"。一天，突然有一个强大的部落来到了这块"乐土"上。有两个陌生、强悍的青年先后出现在人们的面前，并告诫人们停止作恶，否则，即刻就要受到惩罚。但是，这两个青年的忠告没有被人们接受。不久，大地发怒了，顿时裂开许多深沟，好像要陷下去似的并从深沟里流出大量水来，把这块"乐土"淹没了，居住在"乐土"上的人全被溺死。据说，现在的塔瓜塔瓜湖就是那些地下水流出形成的。印加人在他们来到智利以前，就已经创造了较为先进的物质文明。入侵智利后，他们把这种较为先进的文明带到了智利中、北部地区，使住在那里的部落进入了半文明社会。当地的土著居民从印加人那里学会了种植马铃薯、玉米、豆类、各类蔬菜和烟草，驯养骆马，织布和印染毛织品，因而有了衣食之源。他们沿途设置邮政驿站，并与邻近部落通商。他们修建桥梁和交通干道，建筑堡垒、庙宇和房屋，修建水渠灌溉农田。他们学会开采金、银、铜矿，以贵重金属向印加王进贡；能制作各种木器、金属器、烧制陶器等。居住在比奥比奥河以南的阿拉乌干流浪部落的状况，与北方各部落形成了鲜明的对照。据历史资料，在印加人统治下，智利印第安人虽然要承担纳贡的义务，但似乎没有发生过因迫害和战争所造成的流血冲突。所以，到15世纪末和16世纪初，智利中、北部地区印第安人的生活有了明显的进步，人口有所增加。玉米、马铃薯、豆类等农作物的普遍种植丰富了他们的食物。陶器制造、金属开采和冶炼、对骆马毛的利用等技术，得到广泛传播。大部分人都有毛织的衣服，并用植物染料染上颜色。脚穿有带的皮鞋，头戴一种名叫"丘帕利亚"的草帽。他们喜欢踩着高跷走过溪流与沼泽，给人一种诙谐与幽默的感觉。

16世纪初期，西班牙征服者踏上了智利这片遥远的土地，打断了土著居民和平、安宁的生活。从此，历史掀开了新的一页。

第二节　美洲的发现和对智利的征服

14 92年8月，热那亚水手克里斯托瓦尔·哥伦布（Cristóbal Colón）在西班牙王室的支持和帮助下，首次带领由 3 艘轻帆船组成的船队，驶离西班牙的帕洛斯港，开始了举世闻名的远航探险。哥伦布率领的船队在茫茫的大海上拼搏了 2 个多月，于 10 月 12 日凌晨发现并登上美洲的一个小岛——瓜纳哈尼岛，升起西班牙国旗，并将该岛命名为"圣萨尔瓦多"，意为"救世主"。后来哥伦布在 1493~1496 年、1498~1500 年以及 1502~1504 年先后几次航行到美洲，但直到 1506 年他本人离开人世时，还以为他到的地方是东方的印度，而不是一个"新大陆"。也正是由于当时的这个误会，在美洲才有"西印度群岛"、"印第安人"等这些源于"印度"一词的名称。直到后来人们的探险航行才证明，他所发现的幅员广阔的神秘大陆并不是印度，而是一块新大陆；居住在新大陆上的人不是印度人，他们属于不同的文化群体。其中最主要的有：墨西哥及中美洲的阿兹特克人和玛雅人，加勒比地区的加勒比人，哥伦比亚的奇布查人，厄瓜多尔、秘鲁和玻利维亚的印加人，智利的阿拉乌干人，巴拉圭的瓜拉尼人及巴西的图皮人。

哥伦布对美洲的新发现，在伊比利亚人和土著印第安人之间产生了极大的好奇心。伊比利亚人试图从圣经和古典作品中找到解释印第安人的答案；而印第安人，至少是阿兹特克和奇布查这两个印第安人的社会，则认为欧洲人的出现是他们预言的实现。阿兹特克人曾预言一个满脸胡须的白人将从海上出现；而奇布查人的传说中提到"太阳的子孙"即将到来，他们误认为西班牙征服者就是传说中的"太阳的子孙"。

美洲的发现是偶然的，是伊比利亚人在寻找新的水上通商航路、渴求与东方进行直接贸易以获得更多财富的探险过程中意想不到的发现。从哥伦布发现美洲第一个小岛起，不到半个世纪，西班牙殖民者在美洲建立起了庞大的殖民帝国，他们从美洲带回欧洲大陆大量黄金等财富和印第安奴隶。殖民者用"剑与十字架"对美洲土著居民进行征服，以极端野蛮的方式摧毁了印第安人的古老文明。西班牙的殖民统治在美洲持续了整整三个世纪。

　　智利位于美洲南端的太平洋沿岸，西班牙人到达智利的时间相对较晚。最先到达智利的欧洲人是葡萄牙航海家费尔南多·麦哲伦（Fernando de Magallanes）。据史书记载，麦哲伦在进行人类第一次环绕地球航行的过程中，于 1520 年 3 月 1 日，从美洲南部的大西洋水域向西进入一条较为宽阔的海峡，当时被称为"万圣海峡"，后人把这个海峡命名为麦哲伦海峡。麦哲伦和他的水手们看见海峡北岸有身材高大的土著居民，感到很新奇。这些土著人的平均身高约有 1.75 米，脚上穿着一种有带的皮鞋，行走在雪地上留下很大的脚印。水手们把这些"巨人"称为"巴塔哥尼亚人"，意即"大脚汉"。今天智利和阿根廷南部的"巴塔哥尼亚"高地即由此得名。同年 11 月，当麦哲伦一行人在海峡探险时，发现海峡南岸的土著奥纳人燃起的篝火，火光在黑夜里闪烁，引起了麦哲伦和他的水手们的注意，从而称那里为"火的土地"，即今天的火地岛。麦哲伦发现了可以进入太平洋的海峡，但并没有给智利及其居民带来任何直接的影响。他们的兴趣不在海峡而在于通过海峡开辟通往亚洲的新的海上航道。

　　我们今天所称的智利这片领土，是当时西班牙美洲帝国中最为遥远的领域之一。西班牙殖民者对智利的征服活动始于 1535 年。在麦哲伦海峡发现后 16 年，迭戈·阿尔马格罗（Diego de Almagro）率领西班牙远征队由秘鲁进入智利北方领土。这年年中，阿尔马格罗在秘鲁进行了一系列远征前的准备工作，在印第安人的帮助下，率领 400 多人的队伍从秘鲁的库斯科（Cusco）出发，向玻利维亚高原行进，一路上遇到许多艰难险阻，并遭到沿途各地土著人的抵抗，随队的土著仆役纷纷逃跑。远征队穿过玻利维亚高原后，沿着的的喀喀湖抵达胡胡伊和萨尔塔地区（今天阿根廷的部分领土）；由此向西，从海拔 4000 米的圣弗朗西斯科穿越安第斯山，于 1536 年初到达智利北部的科皮亚波。一路上，阿尔马格罗和他的远征队历经千辛万苦。由于气候寒冷、缺衣少粮、挨饿受冻，无数的印第安人和黑人的尸体留在了荒凉高寒的安第斯山麓，不少西班牙人的手和脸也受到冻疮的折磨，甚至有的人失去了手指和双脚。阿尔马格罗在科皮亚波谷地稍作休息后，继续率队向南推进，直至在阿空加瓜河河谷安营扎寨，并以此为基地对智利展开探察活动。阿尔马格罗从这里派出几支探察队到智利各地探察情况。其中一支由戈麦斯·阿尔瓦拉多率领的队伍继续向南进发。当时正值智利的冬季，天下着大雨，河水泛滥，探察队克服了重重困难，到达伊塔塔河。在这里遭到了印第安人的英勇抵抗，这是西班牙人与印第安阿拉乌干人之间的第一次冲突。探察队员们所到之处，看到的是印第安人衣不遮体，家徒四壁，而不是他们垂涎已久的大量黄金，令他们大失所望。阿尔马格罗和队员们感到，智利并不是他们所幻想的盛产黄金的国家。"智利有堆积如山的黄金"，这是印加人对他们的欺骗，其目的是想让他们离开秘鲁。这时探察队员们充满了绝望，认为智利不可久留，产生了立即返回秘鲁的想法。这支探察队随即回到科皮亚波谷地。最后，阿尔马格罗决定率部经过阿塔卡马大沙漠返回到秘鲁。阿尔马格罗于 1537 年回到秘鲁后占领了库斯科城。不久，在一场西班牙人的内部斗争中被弗朗西斯科·皮萨罗（Francisco Pizarro）杀害。

自阿尔马格罗在智利一无所获、无功而返后，没有人再对智利领土感兴趣。后来，一个名叫佩德罗·德瓦尔迪维亚（Pedro de Valdivia）的西班牙人决定再次前往征服智利。瓦尔迪维亚是一名西班牙军人，1500 年生于西班牙埃斯特雷马杜拉的拉塞雷拉，曾参加过意大利战争。1534 年他参与了对委内瑞拉的征服活动，次年到秘鲁。1538 年在萨利纳斯战役中，参加指挥皮萨罗军队打败阿尔马格罗。1540 年 1 月皮萨罗又派瓦尔迪维亚第二次前往智利。瓦尔迪维亚率远征队离开秘鲁库斯科，选择阿尔马格罗返回秘鲁时走过的印加人之路，穿过阿塔卡马沙漠，经受了饥渴和土著人的反抗，于 1541 年初到达智利中部马波乔（Mapocho）河流域，此时远征队的人数已达 152 人。瓦尔迪维亚在一座被印第安人称为乌埃伦山的小山（征服者称之为圣卢西亚）下安营扎寨。1541 年 2 月 12 日，在这里建立了智利第一座城市，即今天智利的首都圣地亚哥城的前身。建城后不几天，瓦尔迪维亚在这里成立了市民的代表机构——市政会（Cabildo），负责地方的行政管理和参与政府及社区重大事务的决策。市政会由 2 名负责司法的市长和 6 名市政会议成员组成。圣地亚哥是西班牙人征服智利的基地，西班牙人很快就统治了圣地亚哥的周边地区。西班牙人在征服过程中大肆烧、杀、抢、掠，强迫当地的印第安人去淘金和服劳役。印第安人不堪忍受，经常发动起义，杀死西班牙人并偷袭圣地亚哥城。1541 年 9 月，当地印第安人在酋长米奇马隆科的领导下发动起义，趁瓦尔迪维亚带领部分士兵远离圣地亚哥城之机，袭击了圣地亚哥城，并将建城不到 7 个月的圣地亚哥付之一炬，完全摧毁。守城的西班牙士兵进行了一天的顽强抵抗，损失惨重。最后，殖民者只剩下身穿的衣服、随身携带的武器和马匹。西班牙人在残酷地镇压了印第安人起义之后，重建了圣地亚哥城。圣地亚哥城的毁而重建表明，西班牙人对智利的征服绝不是件轻而易举的事。1546 年，瓦尔迪维亚终于征服了智利的北部和中部。从此，这一带的智利领土便变成了西班牙殖民地。

瓦尔迪维亚所征服的只是智利的北部和中部。他对于比奥比奥河以南的阿拉乌干人，却一点办法也没有。阿拉乌干人非常坚强和勇敢，一次次地摧毁西班牙殖民者所建立的城市和居留地，给西班牙侵略军以沉重的打击。为了保护自己的权利，他们始终不与殖民者妥协。1553 年 12 月，阿拉乌干人在其首领劳塔罗的指挥下，在一次预先计划好的战争中，把西班牙人打得落花流水，溃不成军。劳塔罗是西班牙征服美洲时的智利民族英雄，被誉为"智利民族之星"。关于劳塔罗的英雄事迹，由于诗人埃尔西利亚（Ercilla）的记载，流传很广。

1535 年，劳塔罗生于智利南方库里尼安卡部落酋长之家。在一次同西班牙殖民军作战中，这个强悍的部落战败了，年少的劳塔罗引起了西班牙人的注意。临走时西班牙殖民者瓦尔迪维亚对酋长说："我喜欢你的儿子，我要把他带走。他会在我们当中学会如何为我们朝廷效劳，如何尊重我们的上帝。在他学会我们的文明以后，我们把他送回来领导你们大家。"酋长答道："白种人，你不必把他送回来。到了他能领导我们的时候，他自己会回来的……"于是劳塔罗被征服者带走作为人质。在西班牙军中，劳塔罗照管战马并学会了骑马、击剑和使用火药，懂得如何摆弄火枪和大炮。长大后曾任殖民者瓦尔迪维亚的侍从，他私下细心研究敌人的战略战术。他目睹殖民者的暴行，认识到征服者只有一个目标——金子，只有一种刺激——贪婪。这一切增强了他复仇的决心，他在等待时机解放自己的人民。

劳塔罗 18 岁那年逃回家乡，统一了南方阿拉乌干各部落，并被推举为众酋长之首。他率领众人发誓，为自由而战，一定要杀死强占他们土地、奴役他们兄弟姐妹的西班牙殖民者。就在劳塔罗率领阿拉乌干人烧毁了图卡佩尔城堡后，瓦尔迪维亚带领一小部分士兵离开康塞普西翁城，前往图卡佩尔城堡地区追击镇压起义的印第安人。1553 年 12 月 25 日圣诞节这一天，瓦尔迪维亚与劳塔罗率领的阿拉乌干人展开激烈的战斗。在战斗中劳塔罗鼓励士兵们说："让我们用双臂来证明，这里仍然是自由的土地。阿拉乌干士兵们，为我们的独立，为保卫我们的土地，冲啊！"图卡佩尔战役是西班牙征服智利史上最血腥、最残酷的战斗之一。据西班牙史书记载，劳塔罗使用的战术原则是：保存自己，消灭敌人；看准目标，出敌不意；避敌锐锋，攻敌后翼。他还针对敌军装备精良但人数较少的特点，采用分兵布阵、轮番出击的车轮战术，虽然付出了惨重的代价，但终于把殖民军拖得精疲力竭，最后连瓦尔迪维亚本人在内全部被俘，无一生还。据说，劳塔罗抓获瓦尔迪维亚后，曾对他说："你来这儿是为了获得金子，现在我就来满足你的愿望，将所有你能用的金子都给你"。接着，他就用熔化的金子灌进瓦尔迪维亚的喉头，把这个屠杀印第安人的刽子手活活烫死。此后，在一个长时期内，智利并不是殖民主义者发财致富的地方，而几乎成为他们的葬身之所。图卡佩尔战役大捷，给阿拉乌干人带来了巨大鼓舞。劳塔罗的英名传遍智利，威震四方。殖民军闻风丧胆，称劳塔罗为"印第安之虎"、"马普切战神"。印第安人则虔诚地念叨他的名字，默默感谢神灵终于为他们派来了智利的救星。

瓦尔迪维亚死后，由弗朗西斯科·德比利亚格拉（Francisco de Villagra）领导对智利的征服活动，1555 年又被劳塔罗彻底击溃。就在劳塔罗及其将士们北上攻打圣地亚哥城的途中，1557 年 4 月的一天黎明，劳塔罗军营中的印第安人还在沉睡，殖民者德比利亚格拉在一个印第安人叛徒的帮助下，向劳塔罗军营发动了突然袭击。劳塔罗手抓一把短剑走出帐篷，站立在半明半暗的晨曦中，好像一尊战神。他对迎面前来的殖民军吼叫道："在这儿，西班牙人，劳塔罗在这儿……"大约 400 名亚纳科纳（Yanacona）人[①]投枪射箭，挥舞着重棒向他扑过去。这时，一支箭射中了他的胸窝，青年英雄未吭一声栽倒在地，嘴角上还带着对死神永不服输的藐视神态，数百名阿拉乌干战士也血染马塔基托河畔。劳塔罗阵亡的悲剧，标志着智利印第安人的光复事业大势已去。但是，劳塔罗永远是智利人民酷爱独立、自由、英勇

---

① 屈从于西班牙殖民者的一支土著人。

不屈的象征，人民深深地怀念他。劳塔罗的精神永远鼓舞着智利人民。

劳塔罗牺牲后不久，南方的印第安人在新的领导者考波利坎（Caupolicán）指挥下坚持反抗斗争。但是，他们的力量日渐衰微，最终在南部的一个山谷中遭到西班牙人的突袭而失败，考波利坎被俘。殖民者把这位阿拉乌干人领袖带到卡涅特城，处以酷刑。他们在公共广场上竖起一根削尖的木桩，然后将考波利坎按坐在尖桩上，让尖桩穿过他的内脏，同时一队弓箭手向他乱箭齐发，直到他死去为止。考波利坎的牺牲意味着西班牙人对智利的征服基本完成，但阿拉乌干人并没有屈服，在以后的日子里仍然与殖民者进行顽强的斗争。1598年，智利南方阿拉乌干人的一次大暴动，在鲁潘科湖边突袭西班牙远征军，全歼敌军，杀死了都督。然后沿着劳塔罗走过的道路，攻占了南方所有的城市。此后，西班牙人换了四届都督，但无一能收复失地。1602年，西班牙殖民者不得不同阿拉乌干人订立协议，以比奥比奥河为界，河的南面属于阿拉乌干人所有，河以北为西班牙秘鲁总督管辖。至1773年，西班牙殖民者还被迫正式承认阿拉乌干人的独立。阿拉乌干人的斗争差不多延续了三百年，直至1887年才最后被征服。

阿拉乌干人为捍卫自由所表现出来的英雄主义和坚忍不拔的精神，在印第安人反抗西班牙殖民者斗争的历史上是罕见的。在整个征服时期，与智利其他地区土著人相比，阿拉乌干人的斗争最为英勇，持续的时间最长，其原因有以下几个方面：

一是印第安阿拉乌干人是智利土著民族中人数最多的民族，西班牙人到来的时候，阿拉乌干人的总数约有50万人。

二是阿拉乌干人占据的地方都是山区、分散的原始森林、湍急的河水和沼泽地区，有利的地形便于他们与西班牙人作战。

三是阿拉乌干人生活的地方土地肥沃，长有70多种可食用的野生植物，另外还可狩猎，衣食有保证。

四是复杂的环境不利于骑兵作战。西班牙人的骑兵部队在原始森林、山地和沼泽地区无用武之地。

五是南方的气候不利于征服者的军事行动。南方的雨季给西班牙殖民者的征服活动带来极大的困难。潮湿的气候使敌人的武器生锈，无法使用火药，也难以点燃火炮。

16 世纪，智利征服时期的社会特点主要是西班牙人与土著人之间的矛盾和冲突。对土著居民来说，西班牙人的到来意味着他们失去土地、自主权和屈从于一种陌生的劳动制度，土著人成为最基本的劳动者。智利中部的许多土著人面对被征服后的生活和劳动环境，他们宁愿遗弃自己的土地而移居到比奥比奥河以南地区。由于西班牙人的奴役和疾病的流行，土著居民的人口急剧下降。同一时期，智利南方阿劳卡尼亚地区的土著人坚持抗击殖民者的入侵，相比之下，他们比智利中部的土著人遭受的痛苦和不幸要少些。

智利征服时期的主要经济活动是淘金。此外，在西班牙人的小庄园里，也种植日常所需的玉米、小麦以及生产麻绳和纱布需要的大麻，饲养少量的山羊和绵羊。商业活动很有限，只是在市中心的广场和小的集市上出售各类家庭剩余产品。

第三节　西班牙殖民统治时期

从 1561 年开始到 1810 年独立，在智利历史上被称为西班牙殖民统治时期，历经两个半世纪。

西班牙征服智利以后，殖民者逐渐在智利北部和中部定居下来。西班牙国王对殖民地拥有至高无上的统治权，他不仅拥有殖民地全部土地和公共财产，而且还常常对大小事务行使最终决定权。在西班牙殖民统治下，智利被划为都督辖区，由都督（或督军）统治。智利都督辖区独立于秘鲁总督辖区，但在一些紧急和重要的事务上，总督有决定权。都督由国王任命，他是西班牙国王在这个殖民地的代表，掌管殖民地的行政、军事、财政、宗教等事务。都督有权任命管辖区的地方官和教会负责人，参与审理重大司法案件等。都督通过城市的市政会及其他地方行政机构行使行政管理职能。殖民地的司法比较复杂，市政会的成员是初级法庭的法官，负责审理民事和刑事案件。都督的顾问和地方长官也拥有司法权。

殖民地的一个重要机构是检审法庭，是兼有行政和立法职能的司法机关。它是新大陆最高王家法庭，有时也制定法规。检审法庭开庭审讯的法官组成人数因时间和地点而异。智利的检审法庭由4个法官或必须有法学学位的高级行政长官组成。王室赋予检审法庭干预不同机构事务的职能，并作为都督的咨询机构，在一些重大事情上与都督共同决策。智利的检审法庭于1605年建于圣地亚哥。

市政会是西班牙殖民者在美洲建立的地方行政管理机构，由2位市长或法官和6位地方长官、国王的高级官员组成。市长和市政会成员每年由市政会选举产生。

包括智利在内的所有西班牙美洲殖民地，由于受西班牙王室所尊奉的君权神授观念的影响，天主教会的权力是很大的，不仅设有宗教裁判所一类的机构，而且还拥有民事审判权等多种特权。西班牙殖民政府近乎于一个教会国家，使印第安人皈依天主教给征服活动披上合法的外衣。教会是扩大王室统治的一个有效机构，教会劝诫印第安人要忠于国王和殖民政府。

西班牙王室就是通过一系列的行政机构、教会和军队维持对美洲殖民地的统治，掠夺殖民地的财富。

西班牙在美洲殖民地实行"委托监护制度"（Encomienda），即把大片土地授予在征服活动中有功的人。这些人在获得领地的同时，生活在这块土地上的印第安人就被委托给他们进行监护。实际上，这些印第安人就变成了土地所有者也就是领主的奴隶。委托监护制是西班牙剥削印第安人并使他们皈依基督教的一种手段。委托监护主打着向印第安人传授基督教义和欧洲文明的幌子，强迫印第安人给他们提供贡物和劳务。1503 年，西班牙女王敕令对新大陆上的委托监护制予以合法化和制度化。敕令说：据报，由于印第安人享有过多自由，他们回避同西班牙人接触和相处，以致不愿为挣工资而劳动，宁可无所事事。同时，基督教徒也无法使这些印第安人改信神圣的天主教教义……我命令你，我们的总督，从你接到此信开始，你必须强迫印第安人同岛上基督教徒交往，为基督教徒建造房屋，采集黄金和其他金属，耕种土地，并为岛上基督教居民生产粮食。① 据智利史书记载，1544 年，瓦尔迪维亚首次在阿空加瓜省到比奥比奥省之间分配土地时，把这个广大地区划分为 60 个范围极大的领地。领地上的印第安人，不论是妇女、儿童还是老人，都被迫去给主人耕种土地、饲养牲畜、采矿和从事家务劳动等，繁重的劳役使他们喘不过气来。一位历史学家在描述智利印第安人为其主人淘洗金沙时这样写道：监工挥舞着鞭子监视并指挥他们劳动，稍有怠慢鞭梢就会马上打在他们的肩上，鲜血染红了河水。劳动了整整一天的印第安人没有得到一文钱的工资，他们每天的全部口粮也只不过是一份炒玉米。面对殖民者的奴役，印第安人的命运十分悲惨，他们反抗过，逃跑过，但最终总是失败。为防止印第安人逃跑，领主像对待牲畜一样，在他们的肩上或脸部用烙铁打上各家的印记。委托监护制在西班牙美洲殖民地的推广，成为印第安人死亡人数日益增加的重要因素。在委托监护制下，印第安人被集中劳

---

① 〔美〕E. 布拉德福德·伯恩斯：《简明拉丁美洲史》，王宁坤译，涂光楠校，第 51 页，湖南教育出版社，1989。

动和居住，使各种源自欧洲的疾病蔓延，如天花、斑疹、伤寒、麻疹和流行性感冒等，这些疾病对没有免疫能力的土著居民来说具有致命危害。仅仅在殖民统治的头 50 年内，智利的印第安人就减少了一半。与此同时，西班牙殖民者也开始在智利建立一些城市，进行某些经济上的开发工作；但是，直至 17 世纪末，智利的经济还很落后，首府圣地亚哥还只有 8000 居民。

征服时期西班牙人在智利没有发现重要的金矿，银和其他贵金属矿也没有他们想象的那样多，从而他们的黄金梦破灭了。在智利北方有丰富的铜矿，且容易开采，但在殖民初期，开采量很小，并没有引起西班牙人的注意。智利的自然条件优越，很适合于农牧业生产。在整个殖民统治时期，智利的主要经济基础是农业。16 世纪末，农业成为智利经济中的主要部门，生产活动主要集中在种植业和畜牧业，属于一种自给自足的自然经济。当时主要农作物有小麦、马铃薯、玉米、豆类、辣椒、南瓜等。到 17 世纪末期，由于秘鲁和西班牙对粮食的需求，智利的小麦、稻米等粮食生产有了巨大发展，不但自给，而且大量出口。征服时期，西班牙人把马、骡、驴等牲畜引进美洲。16 世纪末和 17 世纪初，智利开始大规模饲养牛、羊、马、猪等牲畜及家禽。在此基础上逐渐出现面粉、羊毛、皮革、酿酒、榨油等简单的加工作坊，为加工业的发展打下了基础。由于地理上比较孤立、阿拉乌干人的顽强抵抗，以及未能发现丰富的金银矿藏，所以在殖民初期，智利没有像其他南美洲某些邻国那样，吸引大量的西班牙移民，经济的发展也比较缓慢。

从 18 世纪后半叶起，情况逐渐有所改变。由于拉丁美洲各地区的贸易有所增长，智利又是巴拉圭的马黛茶和烟草运往秘鲁的必经之路，所以智利的商业逐渐活跃起来。加上西班牙对智利商品进口的垄断被废除，为了同外国进行贸易，智利港口实行开放。与此同时，国内出现资本主义生产关系的因素，产生了土生白人经营的商业和工业资产阶级。但是，担心同宗主国进行竞争的西班牙当局竭力阻挠智利经济的发展。在殖民地时期，智利经济对西班牙并不重要，它的农业和畜牧业发展程度无法与其他西班牙美洲殖民地相比。对西班牙王室来说，智利倒是一个负担，它不能向王室上缴大量钱财，而王室却将大量税收花在当地的行政管理和公共工程上。

　　尽管智利特别是中部地区土地肥沃，气候温和，利于发展农业和畜牧业。但在殖民地时期，因受到诸多不利因素的制约，智利的经济活动并没有像其他西班牙殖民地那样发展和繁荣。其原因如下。

　　西班牙对美洲殖民地实行贸易垄断，严重阻碍了殖民地经济的发展。西班牙规定殖民地的产品只能跟宗主国和邻近的殖民地进行交换。同时规定殖民地只能生产宗主国所需的产品和原料，也就是发展单一经济。初级原料产品在海外的销售决定了殖民地经济的发展。当时在西班牙皇家海军的枪炮保护下，每年派两支舰队从西班牙的塞维利亚和加迪斯出航，把欧洲商品运到美洲巴拿马的贝略港和墨西哥的维拉克鲁斯等少数几个指定的港口，同殖民地产品进行交易，然后满载中南美洲的产品而归。智利地处美洲南部，离殖民地中心城市较远，几乎与世隔绝，没有商船队到这偏僻的地方来，所以这里的产品只有运到巴拿马的贝略港才能参与上述交易，而这在当时缺少交通工具的情况下是很困难的。秘鲁总督辖区是当时南美最富裕并拥有较大的商船队，它可到巴拿马直接与西班牙进行贸易，同时还控制着与周边殖民地的贸易。因智利远离巴拿马，所以智利商人往往不得不把当地产品，如农牧产品和金银等矿产品运往秘鲁的卡亚俄（Callao）港，在那儿间接交换从西班牙运来的家具、纸张、工具和武器等商品。这样一来，贵买贱卖的情况就很严重。智利与其他殖民地的贸易很少，仅仅用铜和普通布料去换取巴拉圭的牲口及马黛茶。直到 1740 年，西班牙商船才第一次抵达智利。

与阿拉乌干人的战争连绵不断。在整个殖民地时期，智利印第安阿拉乌干人反对殖民者的斗争从来没有停止过。不论是残酷的战争，还是和平手段的引诱，或是由教士们去宣讲福音，都未能使阿拉乌干人就范。直到殖民地末期，殖民者也没有能进入10 万阿拉乌干人居住的智利南方地区。因此，殖民当局始终保持着一支有相当力量的常备军，不断修筑城堡和工事，购买武器，为这场旷日持久的战争付出了巨大的人力与物力，这样也就无暇顾及发展生产。

经常受到海盗的袭击。当西班牙殖民者在智利建立统治关系时，欧洲的其他列强，主要是英国，也开始染指智利。英国著名的海盗德雷克在加勒比海劫掠了由美洲运往西班牙的满载金银的船只之后，往往便从合恩角逃跑。他们沿着智利海岸航行，经常袭击智利港口，然后再躲到海岛上去。除英国海盗外，荷兰人也企图占领智利。但荷兰人的命运也如西班牙殖民者第一次入侵时一样，当他们在智利南部的瓦尔迪维亚城登陆后，即被英勇善战的阿拉乌干人驱逐出去。这个时期，荷兰、英国等国猖獗的海盗活动，干扰了智利正常的生产活动。

严重的自然灾害。智利是一个地震、海啸等自然灾害比较频繁的地方，其中地震造成的损失最为严重。1647 年的一次地震几乎把圣地亚哥城彻底摧毁。1730 年和 1751 年，又先后发生两次强烈地震，并伴有巨大海啸，所有沿海城市及圣地亚哥等内地城市都遭到很大破坏。南方的康塞普西翁城在这两次地震中两度被夷为平地。穿越圣地亚哥城的马波乔河水患频仍，1748 年和1783 年的两次河水泛滥，不仅冲垮了圣地亚哥城市的无数房屋，而且多年修建起来的防洪工程毁坏殆尽。这些自然灾害给经济带来了很大影响。

印第安人口减少。印第安人是殖民地经济的主要劳动力。由于西班牙殖民者对印第安人采取种族灭绝政策，使印第安人口锐减，造成对劳动力资源的极大破坏，这是另一个制约经济发展的因素。这不论在智利，还是在其他美洲殖民地，都是普遍存在的现象。到殖民地末期，除南方阿拉乌干人控制的地区外，智利其他地方的印第安人已不足 3000 人。在殖民地经济受到各种因素制约的同时，西班牙王室对殖民地横征暴敛，殖民官吏不择手段地聚敛财富，西班牙和欧洲富裕发展起来了，而拉丁美洲殖民地却变得日益贫困。在这种状况下，智利经济发展是很缓慢的。直到殖民地后期，来自西班牙的移民有所增加，铜矿开采得到发展，交通运输和基础设施相应改善，与阿根廷、秘鲁的贸易增多，这些在一定程度上推动了智利生产的发展。

在智利，殖民地时期建立的社会结构，不过是西班牙的伊比利亚式封建制度的外延，是一种按家长制庄园形式组织起来的等级森严的社会。这种社会包含了一种依次排列的等级制度。18世纪末，除南方的 10 万阿拉乌干人外，智利在从科皮亚波河流域到奇洛埃岛的西班牙人控制区内约有 50 万居民。在这个社会中，纯粹的西班牙人不超过 2 万人，他们是来自西班牙的军人、官员和商人，掌握着殖民地政府的公共权力，在政治、经济和教会中占据要津，是一个特权统治阶层。在当地出生的西班牙人，即克里奥尔（Criollo，土生白人）人，约有 15 万人。他们是智利中央地区大庄园和领地的主人，是殖民地社会中最富有的阶层。他们享有最好的文化教育并对公共事务施加强大的影响。他们不但拥有财产，而且是当时各种经济活动中的主要人物。他们虽然有相当大的经济影响，但没有政治权力。上述两种人构成殖民地社会的上层阶层，也就是贵族阶层。高级手工艺者、大管家、商人、低级官员等是殖民地社会的中间阶层。他们绝对附属于贵族阶层，没有自己的声音，在公共生活中也没有自己的代表。异族通婚后，梅斯蒂索人（Mestizo，印欧混血种人）人数最多，约有 30 万人，主要散居在农村。他们是社会的主要劳动力，同时受到西班牙人和克里奥尔人的歧视。穆拉托人（Mulato，白人与黑人的混血儿）和桑博人（Sambo，印第安人与黑人的混血儿），他们比梅斯蒂索人的处境差得多，没有社会地位，过着屈辱的生活。他们中的黑人或带有黑人血统的人都是奴隶。土著印第安人在"委托监护制"下，他们被牢牢禁锢在领主的土地上，并受到严密的监视。到殖民地后期，土著印第安人已很少，几乎没有纯印第安人了。西班牙的征服和殖民对印第安人来说是一场"劫难"。

在文化方面，智利一直很落后，文化生活极其贫乏。殖民统治的 200 多年间，没有一所公共图书馆和印刷所；学校也很少。书报刊物完全靠进口并受到严格控制。在 17 世纪以前，智利每个教区只有一所初级学校。此外，还有教会和传教士分别开设的 4 所神学院。这些学校和学院的教学目的只是为了培养教士；课程的主要内容也只是神学。它们的共同特点是：同样虔诚的教规，同样对上帝和国王的忠诚宣誓，以及同样的正规语言——拉丁文。1758 年建立了圣费利佩大学（Universidad de San Felipe），该校虽然开设了法律、医学、哲学、神学、拉丁文和数学等课程，但实际上只注重法律，变成一所法律学校。18 世纪最后几年，在圣地亚哥建立了圣路易斯专科学校。这些学校只供贵族子弟上学，绝大部分人民没有受教育的机会。至于印第安人、梅斯蒂索人和后来由非洲运来的黑奴，几乎个个都是文盲。

第四节　独立战争

18 世纪末期，西班牙在美洲的殖民统治开始发生危机。西班牙对智利长达 250 年的殖民统治，使智利人民遭受残酷的剥削和压迫，阻碍了智利经济的发展，引起了智利各阶

层人民的怨恨和不满。远在 1651 年、1655 年、1723 年和 1766
年，智利人民就先后掀起反抗西班牙殖民者的起义。18 世纪末，
这种由广大群众参与的反抗运动便大大地加强了。殖民地人民的
不满情绪，首先是从殖民地与宗主国之间的利益冲突引起的。随
着新大陆居民人口的增加，殖民地经济活动有所发展。但是，殖
民统治已成为殖民地经济进一步发展的羁绊。宗主国长期的贸易
垄断严重阻碍了智利的生产发展，以及与外部的联系。宗主国强
制征收名目繁多的捐税更是直接压在当地居民身上的沉重负担。
18 世纪末一首流传在美洲殖民地的歌曲反映了这种不满情绪：

　　　　我们所有的权利
　　　　遭到侵犯：
　　　　沉重的苛捐杂税
　　　　使我们无法抬头。
　　　　如果有人问起，为何我无蔽体之衣，
　　　　是国王的税哟，
　　　　害得我赤身裸体。
　　　　地方行政长官积极协助暴君，
　　　　共同携手暴饮
　　　　美洲人民的鲜血。①

　　人们对宗主国剥削殖民地表示不满，对征税过多、施加种种
限制及垄断的抱怨日益增多，这一切使殖民地和西班牙王室之间
的隔阂加深。著名的南美解放者西蒙·玻利瓦尔（Simón
Bolívar）1815 年曾说过："半岛人（指西班牙人）在我们心中激

① 〔美〕E. 布拉德福德·伯恩斯：《简明拉丁美洲史》，王宁坤译，涂光楠校，
　　第 104 页，湖南教育出版社，1989。

起的愤恨比隔离我们的大海还大。"① 随着殖民地人民对宗主国的怨恨不断加大，西属美洲的许多城市反对征税的示威此起彼伏，不断恶化的经济状况激起了民众起义。在文化教育方面，宗主国推行的是典型的愚民政策。殖民地的绝大多数居民，不但没有受教育的机会，而且几乎是生活在一种文化荒漠之中。在政治方面，殖民地的各种官职和公共权力，始终由为数极少的西班牙人所垄断，使广大土生白人对这种体制的憎恨也日趋强烈。克里奥尔人经常发出这样的怨言："西班牙人不但不允许我们参与国家的管理，而且抢走我们所有的钱财。"智利历史上一位名人曾劝告西班牙国王，如果王室能起用克里奥尔人，一切会收效较好。他总结道："克里奥尔人的地位因此成为一个谜：他们既非外国人，也非本国人……他们很体面但无希望，效忠但无继承权……"此外，殖民地司法制度的残暴，殖民官吏的腐败，加上文化教育的极端落后，造成了道德水准的低下和社会秩序的混乱，也引起人们的不满。经过两个多世纪的历史变迁，"智利人"和"西班牙人"逐渐成为两个不同的概念，反映出一种新的民族意识日趋形成。因此，在智利也和其他西属美洲殖民地一样，上层土生白人与宗主国及殖民地特权集团之间的矛盾不断尖锐。18 世纪后半期欧洲启蒙运动思想在美洲的传播，1776 年美国宣布独立，1789 年法国大革命爆发，这些事件对西属美洲殖民地人民革命思想的形成产生了重要影响，给他们树立了榜样。一些在欧洲留学的土生白人知识分子更直接地受到欧洲先进思想的启迪，他们纷纷回到拉丁美洲，组织各种秘密社团，宣传革命思想。

19 世纪初期，拿破仑战争动摇了伊比利亚半岛上两个国家君主政体的基础。1807 年，拿破仑一世的军队越过西班牙，侵入葡萄牙，

---

① 〔美〕E. 布拉德福德·伯恩斯：《简明拉丁美洲史》，王宁坤译，涂光楠校，第 106 页，湖南教育出版社，1989。

占领了首都里斯本后，立即将注意力又转向西班牙。1808 年，拿破仑出兵占领西班牙。西班牙国王费尔南多七世被迫退位后，拿破仑任命其兄约瑟夫·波拿巴为西班牙国王。到 1810 年，西班牙本土已大部分被拿破仑军队占领。由于国王被囚禁，西班牙出现了政治真空，中断了与美洲的联系。上述重大事变的消息传到西属美洲后，各殖民地人民受到极大鼓舞，西属美洲的独立运动就此拉开帷幕。

拿破仑占领西班牙的消息传到智利引起强烈反响，社会上层人士中出现了捍卫王权和谋求独立两种不同的政治倾向，形成两个集团。以圣地亚哥市政会为代表的土生白人主张，智利应利用这一机会脱离宗主国而独立，这些人被称为爱国者或爱国派。以都督弗朗西斯科·安东尼奥·加西亚·卡拉斯科（Francisco Antonio García Carrasco）为代表的殖民政府高级官员和宗主国白人，则是效忠西班牙国王的保王派，他们采取一切手段严厉镇压爱国者的活动。1810 年 5 月 25 日，保王派下令逮捕了几个从事革命宣传活动的头面人物，这一行动立即引起广泛的社会抗议。圣地亚哥人民群情激昂，掀起规模浩大的起义。恰在这时，阿根廷的布宜诺斯艾利斯人民发动起义（也称五月革命），解除了当地总督的职务，成立中央政府"洪达"的消息，传到了圣地亚哥，激发了智利爱国者的斗争热忱。包括奥希金斯在内的许多革命者四处奔走，不知疲倦地从事爱国宣传活动。7 月 11 日，圣地亚哥市民集会游行，抗议都督的镇压，并和爱国者一起要求建立智利的"洪达"。与此同时，安东尼奥·何塞·德伊里萨里（Antonio José de Irisarri，1786～1868，生于危地马拉，在本国和欧洲受教育。1809 年到智利，并很快投入革命运动。除了从事文学活动外，还担任过内政和外交部长等职，出使美洲和欧洲各国）发表了《基督教的政治问答》，他在书中向智利人民大声疾呼：

　　……由于一种邪恶的程序和永久的不公正，直到今天所有的权力、威望、荣誉和收入都是欧洲人的世袭财产……母国每年派出来像昆虫似的一大群公务人员，他们到这里狼吞虎咽地吃掉我们的资产，并且用难以忍受的傲慢与专横来对待我们；而且派出来像羊群似的一大群愚昧的、贪婪的、懒惰的、不公正的、野蛮的与报仇心切的总督，他们大肆劫掠而毫无忌惮……我们不欢迎那些想随便闯进来的国王，我们不要德国人，我们不要英国人，不要卡洛塔之流，不要葡萄牙人，不要任何外国的统治。我们宁可死为美洲人，也不愿意遭受或者忍受外国的奴役！①

他呼吁召开一次公开的市政会议，尽可能迅速地组成一个临时的洪达来接管最高权力，并制定一部宪法。在人民群众的压力下，智利都督同意召开公开的市政会议。1810 年 9 月 18 日，在圣地亚哥市中心商业法庭大厦，召开了由 400 多位代表组成的市政会议。市政会议在"我们要洪达"的呼声中成立了由 9 人组成的第一届智利洪达政府，标志着第一个由智利人选出的政府机构的诞生。智利人民为了纪念这个伟大的日子，把 9 月 18 日定为智利的国庆日。

在布宜诺斯艾利斯洪达的支持下，智利第一个政府洪达进行了卓有成效的改革，立即掌握了所有的公共权力。为了保卫自己的政府和防备来自外国列强特别是法国的威胁，组建了新的军队。1811 年 2 月，洪达宣布实行贸易自由制度，免除对书籍、地图、武器、出版物、体育器材、纺织机械等征税。4 月，爱国武装镇压了一次保王派的叛乱，并解散了王室最高法庭。1811 年 7 月 4 日，召开了第一次国民大会，洪达与国民大会合为一体，至此洪达政府的使命已完成。在国民大会中温和派和保守派占据多数。同年 9 月 4 日，智利国民大会在爱国武装的逼迫下进行改组，爱国派在

---

① 李春辉：《拉丁美洲史稿》上卷，第 715 页，商务印书馆，2001。

国民大会中占多数。随后，国民大会通过了一系列进步法令：宣布废除奴隶制，规定在智利土地上出生的奴隶的子女应得到自由；所有以后从外国来到智利的奴隶，也应在住满 6 个月后获得自由。尽管这些措施并不彻底，但却是西属美洲殖民地中最先采取解放奴隶的措施；关闭智利宗教裁判所；废除洗礼税、结婚税、丧葬税等苛捐杂税；扩大国民教育的范围，等等。由于民族独立运动的广泛开展，爱国主义宣传的普遍进行，在智利人民群众尤其是在土生白人知识分子中，摆脱西班牙殖民统治的思想已经深入人心。

1811 年 9 月至 11 月间，爱国派的代表之一何塞·米格尔·卡雷拉（José Miguel Carrera）先后发动了 3 次兵变，终于达到了独掌政府权力的目的。1812 年，卡雷拉政府颁布了智利的第一部宪法。这是一部临时法典，只有 27 个条款。宪法规定：建立一个 3 人组成的洪达政府（每年更换其中一人）以及一个由 7 人组成的参议院；没有参议院的同意，洪达不能决定任何重大事情，如制定税收、签订条约、宣布战争、调动军队、制造货币、派遣外交官和任命行政高级官员等；保障个人自由、出版自由。宪法规定智利实行共和制，但依然承认西班牙国王的合法主权。

1814 年，由于镇压南方保王党人不力，洪达政府剥夺了卡雷拉的军事指挥权，任命贝尔纳多·奥希金斯（Bernardo O'Higgins）为爱国军总司令。

奥希金斯是智利独立运动领袖、智利独立后第一任最高执政官、智利近代史上卓越的政治家和军事家。奥希金斯是一位土生白人，1778 年 8 月 20 日生于智利南部的奇廉（Chillán）城。其父安布罗西奥·奥希金斯（Ambrosio O'higgins）曾任智利都督和秘鲁总督，是西班牙高级殖民官吏。其母多尼亚·伊莎贝尔·里克尔梅（Doña Isabel Riquelmen）是奇廉城的名门闺秀。奥希金斯在奇廉城受初等教育，12 岁在秘鲁利马神学院就读，4 年后去西班牙，17 岁到英国伦敦接受高等教育。在学习期间，深受欧洲资产阶级思想的影响。他通晓英语和法语，阅读了许多英、法资产阶级革命时期的著作。1798 年，年轻的奥希金斯在英国结识了拉丁美洲独立运动先驱者弗朗西斯科·德米兰达（Francisco de Milanda），并加入了为争取拉美独立而斗争的"劳塔罗"社。1799 年，奥希金斯来到西班牙，与拉美爱国者和著名人士交往甚密，进一步增强了他为争取智利独立而斗争的信念。1801 年，其父死后回国，继承其父在奇廉的庄园，并在康塞普西翁积极投入政治活动。1804 年任奇廉市市长。1810 年圣地亚哥爆发革命后，于 1811 年他被选为第一届国民大会代表，并成为激进派领导人之一。同年年底成为 3 人洪达政府成员。

奥希金斯受命担任爱国军总司令后，立即前往南方作战，成功阻止了保王党人军队向北方推进，在紧急关头保卫了圣地亚哥。由于他在战斗中表现了非凡的机智和勇敢，被人们誉为"能干的将军"。此后，爱国军和保王党人军队曾一度议和，但和约未得到认真执行。1814 年 9 月，西班牙殖民军以 3 倍于爱国军的兵力进攻兰卡瓜（Rancagua）要塞。10 月 1~2 日，在著名的兰卡瓜保卫战中，爱国派军队遭到重创，奥希金斯在弹尽粮绝的情况下突出重围。兰卡瓜的陷落，为西班牙殖民者打开通向圣地亚哥的大门，使圣地亚哥再次落入殖民军手中。于是，整个智利又回到保王党人的统治之下。圣地亚哥失陷后，奥希金斯和卡雷拉率领余部，越过安第斯山撤往阿根廷的门多萨（Mendoza），投奔到何塞·德圣马丁（José de San Martín）将军麾下。在那里，奥希金斯和圣马丁将军一起，用 2 年多的时间积聚力量，编练举世闻名的"安第斯军"，为解放智利和秘鲁做准备。

1817 年初，在奥金希斯协助下，南美解放者之一的圣马丁将军指挥 4000 人的安第斯大军，翻越安第斯山进入智利。2 月 12 日，在圣地亚哥北部查卡布科（Chacabuco）一役中大败西班牙军。2 月 14 日，圣马丁和奥希金斯率领的爱国军进入圣地亚哥。

1818 年 2 月 12 日，即查卡布科战役一周年之际，奥希金斯在塔尔卡（Talca）签署宣布智利共和国正式成立的法令，同时出任这个新生共和国的第一任最高执政官。但是，西班牙殖民军和保王势力并没有罢休，他们伺机反扑。3 月 19 日，由圣马丁任总指挥的爱国者军队与敌军在塔尔卡东北的坎查·拉亚达（Cancha Rayada）平原上形成了正面交战之势。在这次战役中，爱国军遭到严重挫败，奥希金斯右臂负伤，被迫退回圣地亚哥。在圣地亚哥，圣马丁对民众发表了简短有力、激动人心的演说。他说："我们 4000 多全副武装的士兵仍然存在，我们的祖国仍然存在，而且必将取得胜利。我以自己的名誉保证，南美光荣的日子很快就要到来！"为了抗击保王军的进攻，奥希金斯和圣马丁及时整顿了爱国军。在圣地亚哥市民的支援下，一支斗志昂扬、训练有素的爱国部队又重新组织起来，再一次战胜了殖民军。4 月 5 日，爱国军和殖民军在圣地亚哥南面的迈普（Maipú）平原，展开了决定智利命运的战役，即历史上著名的迈普战役。这场战斗进行得异常激烈，圣马丁亲自指挥爱国军英勇奋战，打退了敌人的多次进攻。最后，彻底击溃了西班牙在智利的军队。当时，尽管奥希金斯发着高烧，还是架着负伤的右臂率领 1000 余人，在群众的欢呼声中离开圣地亚哥城奔赴战场。据说他在离开首都之前说过这样的话："我虽然只有一只手臂，但我将用这一只手臂来决定国家的命运。"当保王党人被击溃的时刻，奥希金斯到达了圣马丁的指挥所，他拥抱着圣马丁喊道："光荣属于智利的救星！"圣马丁回答说："智利将永远不会忘记今天亲自来到战场的那位卓越的负伤战士的名字。"[1] 迈普战役宣告胜利结束，它在拉美独立史上具有重大意义。首先，它是拉美人民反对西班牙保王军的第一次伟大胜利，歼灭了

---

① 〔智利〕路易斯·加尔达梅斯：《智利史》上册，第 390 页，辽宁人民出版社，1975。

西班牙殖民军的大批精锐部队，给予殖民当局以沉重打击，极大鼓舞了拉美各国人民的斗志，推动了拉美独立运动的发展。其次，迈普战役摧毁了西班牙在智利的殖民统治，巩固了智利的独立。同时，也为最后解放秘鲁创造了十分有利的条件。第三，迈普之战对玻利瓦尔所领导的南美北部的独立战争是一个有利的支援和鼓舞；并使西班牙军不能南侵，从而进一步巩固了阿根廷的独立。

智利人民经过长期艰苦的斗争，在战场上付出大量鲜血和生命的代价，才打碎了西班牙的殖民枷锁，赢得了国家的独立，建立了共和政体。这场独立运动，虽然使政治权力由西班牙殖民统治集团转移到智利的土生白人社会集团之手，但并没有触动大封建地主的经济基础。它没有根本触动财产、家庭、劳动、宗教与法律等赖以建立的社会基础。大部分人民，特别是印第安人，仍然处于被奴役的悲惨境地。因此，对智利来说，要真正建立起民主共和制度，还需要经历长期的斗争。

第五节 从独立初期到 20 世纪 30 年代

一 奥希金斯执政时期

独立初期，智利的政局比较动荡。奥希金斯领导下的新国家（Nueva Patria）正处于立足未稳、百废待兴的艰难时刻。这位开国元勋毫不留情地清除了革命营垒中某些觊觎国家最高权力的对手，逐步平定了南方保王党人的军队，使国内局势趋于稳定。同时，他下令没收了保王党人的财产，实行了新的税制，以增加国家收入。为了给新生的共和国奠定社会基础，奥希金斯实行了进步的社会改革，如大力发展文化教育事业，恢复曾经关闭的国民学院，创立了采用兰开斯特教学法（即学校中成绩优良的学生应该辅导学习不好的学生）的公立学校，鼓励外国书籍和杂志进口，建立公共图书馆，出版书报，用健康的文化生活取代各种愚昧落后的社会陋习。为了扫除封建旧习，政府曾下令取缔贵族爵位，禁止出卖官职并试图废除长子继承权（未成功）。在城市建设方面，他对国内一些比较重要的城市进行了局部改善，如在圣地亚哥修建了林荫大道，开辟了新的市场，铺砌了一些街道，改进了街道的照明，使圣地亚哥的市容大为改观。此外，他对智利的一些不良社会传统风尚如斗鸡、赌博以及一些经常引起酗酒、斗殴的娱乐活动，也采取了一些限制。同时还设立城市警察，打击匪盗。为了发展农业，政府修建了当时拉美最大的水利工程之一———迈普运河。对教会神职人员采取区别对待的政策：凡是顽固维护西班牙殖民统治、反对独立运动者，一律撤职和驱逐；凡是支持独立运动者，政府则委派他们继续从事教会事务。所有这些，都在一定程度上促进了独立后智利的发展。但是，这些改良措施，并没有从根本上动摇智利的封建制度，也没有摆脱外国人对智利经济的控制。奥希金斯政治上的独裁及推行的改革，却引起了大庄园主、军队和天主教会等保守势力的不满和反对。1823 年 2 月 28 日，奥希金斯曾试图说服反对他的正在集会的人们。面对喧闹声，奥希金斯喊道："煽动的叫喊也罢，威胁也罢，都吓不倒我。我今天藐视死亡，就像我曾经在战场上藐视过它一样。"但是，当他发现形势已不可逆转时，不得不交出权力，他说："我感到遗憾，我必须辞职而没有使那些制度成为永久的，那些制度对于这个国家来说一直被认为是适当的，并且是我曾宣誓要加以保护的。但是我感到安慰的是，至少使智利从一切外国的统治下获得了独立，使它受到国外的尊敬，并使它以其战功而享受荣誉……我现在是一个普通公民了。"① 奥

---

① 〔智利〕路易斯·加尔达梅斯：《智利史》上册，第 435 页，辽宁人民出版社，1975。

希金斯从辞职到 1842 年 10 月在秘鲁逝世之前，一直居住在秘鲁利马的庄园里，过着类似流亡者的生活。1869 年他的遗体被送回智利，安葬在圣地亚哥大公墓的中心。奥希金斯一生忠诚于智利和南美的独立事业，对公共事务具有不屈不挠的献身精神。人们概括他的一生是：1810 年的爱国者，1813 年的将军，1823 年的独裁者，1823 年以后的一位"伟大公民"。

奥希金斯去职后，这个新生的共和国便被国内各个对立的地主集团之间争夺政权的激烈斗争弄得混乱不堪，内战频起，政变迭出。如在 1827～1829 年间，就爆发了 5 次政变或暴乱。19 世纪 20 年代，智利上层社会分化为自由派和保守派倾向的两大阵营。奥希金斯辞职后，他的继任者是独立战争中的一位重要将领、自由派人物拉蒙·弗莱雷（Ramón Freire），因握有兵权而上台实行独裁统治。在他执政期间，自由派阵营提出"在殖民地的废墟上建立共和国"。接着，智利于 1823 年颁布了彻底废除奴隶制的法令，开始发展工艺专科教育，制定了实行三权分立的 1823 年宪法。1826 年夺取了保王党人盘踞的最后的殖民据点——奇洛埃岛，最终完成了国家独立事业。弗莱雷在其执政期间，因下令没收教士的财产引起与教会的矛盾加剧，还面临国内政治谋反的挑战。因他是个军人，缺少治国思想，1826 年，他召集立法会议并将权力交给曼努埃尔·布兰科·恩卡拉达（Manuel Blanco Encalada），他是智利历史上第一位被称为总统的共和国执政者，执政时间却不到一年。

在联邦主义和地方分权思想影响下，智利议会于 1826 年制定了联邦组织法，并在智利实行联邦制。全国分为 8 个省，每个省都有自己的议会，省长从市政府成员中推举产生，法官和教区神甫由普选产生。但由于联邦制脱离当时智利的实际，很快就失败了。1828 年，在智利政治舞台上正式形成了自由党和保守党两大势力。前者主要受欧洲尤其是法国革命思想的影响，以改良主义和民主主义为旗帜，主张维护共和制度；后者以教会、地主、贵族为主，主张维护上层社会的特权和某些旧制度。1828年的制宪会议通过了一部体现自由党人思想的宪法。1829～1830年间，智利自由党同保守党之间爆发了一场内战。1829年，智利先后举行议会和总统选举，自由党均获胜。自由党人弗朗西斯科·安东尼奥·平托（Francisco Antonio Pinto）再次当选总统。但在选举副总统时遇到了困难，没有一名候选人获绝对多数票。议会在决定副总统时，未选不属于自由党但得票占第一和第二位的鲁伊斯·塔格莱和华金·普列托，而选得票占第三位的自由党人华金·比库尼亚。此举被保守党指责为违宪，宣布选举无效。平托总统以健康原因辞去总统职务，由自由党人比库尼亚任总统。保守党人普列托于1829年11月7日在康塞普西翁策动起义。政府军与起义军于同年12月14日在圣地亚哥南郊奥查加维亚进行了首次激战，双方不分胜负，最后签定了和约，决定把国家和军队的临时指挥权交给自由党人拉蒙·弗莱雷将军。但保守党军队并未履约。1830年4月17日弗莱雷率军与保守党军队在利尔卡伊（Lircay）河附近决战，弗莱雷大败，内战宣告结束。自由党人失利，从此开始了长达30年的保守党人执政时期，又称专制共和国时期。

二　专制共和国和自由共和国时期

从1830年到1891年的60年，是智利历史上的一个重要时期。在这个时期中，智利经历了两个政治色彩鲜明的时期，即保守党人的专制共和国和自由党人的自由共和国。

专制共和国（1831～1861）初始，有过一个短暂的但对智利历史发展产生重要作用的波塔莱斯独裁阶段（1830年4月～1831年8月）。

迭戈·何塞·维克托·波塔莱斯·普拉萨苏埃洛斯（Diego

José Víctor Portales Plazazuelos，1793～1837），智利保守党领导人，生于圣地亚哥，早年在瓦尔帕莱索市经商。1824 年获烟草等专卖权。1826 年专卖权被剥夺后，组织所谓"专卖店老板党"反对自由党政府。1829 年入阁，1830～1831 年何塞·托马斯·奥瓦列（José Tomás Ovalle）总统执政期间，他兼任内政、外交和陆海军部部长，利尔卡伊战役后，他掌握国家的实权，实行独裁统治。这期间他解除了军队中具有自由党倾向的领导人的公职；建立民团和国民警卫队；开办军官学校培养贵族子弟；对反对派的政治活动、舆论宣传及新闻严加控制和镇压，或将反对派流放国外，不允许奥希金斯分子回到智利；在各省会设立战争委员会来审判政治犯，等等。上述措施相对稳定了国内局势，为保守党人的统治创造了较好的条件。1832～1833 年，波塔莱斯任瓦尔帕莱索总督，对制定 1833 年宪法有很大影响。1835 年重任陆海军部长和内政、外交部长。1836 年促成智利对秘鲁—玻利维亚联盟宣战。1837 年 6 月在基略塔巡视时，被反叛部队逮捕，后被处死。

在 1831～1861 年，由保守党执政，他们主要代表大庄园主、大资产阶级、多数高级军官以及天主教高级教士的利益。这期间先后有三位保守党人任总统。每个总统连任一次，各执政 10 年。他们是：华金·普列托（Joaquín Prieto，1831～1841）、曼努埃尔·布尔内斯（Manuel Bulnes，1841～1851）和曼努埃尔·蒙特（Manuel Mont，1851～1861）。在此期间，1833 年 5 月 25 日，由普列托总统颁布了体现智利保守党政治倾向的 1833 年宪法。这部宪法特别强调总统拥有广泛的权力，如任命权，对司法、公共行政和议会的控制权等。1833 年宪法大大巩固了以共和国形式为招牌的地主寡头统治，但受到自由派的抨击。为了击败秘鲁当时在商业上的竞争，1837 年智利发动了对秘鲁—玻利维亚（秘玻联盟）的战争，智利派舰队突然袭击秘鲁的卡亚俄港，捕获了秘鲁 3 艘舰船。战争持续了两年，1839 年 1 月 20 日，曼努埃尔·布尔内斯将军领导的智利军队，在云加伊（Yungay）① 战役中取得了战争的最后胜利，秘玻联盟瓦解。1843 年，曼努埃尔·布尔内斯政府期间，为了把智利的国境扩大到太平洋南岸，政府派军队占领了麦哲伦海峡，并在那里升起了智利国旗，表示智利已对该地实行有效的管辖；颁布了以自由贸易为基础的新的关税条例，即降低进口税以鼓励外国商品的输入；通过了度量衡法；1845 年政府出台了移民法，1850 年开始在瓦尔迪维亚安置德国移民。布尔内斯当政的 10 年，是智利国内安定和生产发展的时期。他的政府把更多的力量用在提高智利在国际上的声望、增加财富和发展文化，以及整顿行政机构上，而不是用在政治斗争上。曼努埃尔·蒙特总统执政初期，爆发了反政府的内战。1851 年 7 月 25～26 日，智利举行大选，保守党人蒙特当选总统，自由党候选人克鲁斯落选。9 月 7 日，自由党人在北部的拉塞雷纳、南部的康塞普西翁城同时发难。首都圣地亚哥也有两个营军队反叛。同年 12 月 8 日，政府军在隆科米利亚同克鲁斯指挥的军队激战，结果后者失败投降，北部叛军也在同年年底被打垮，至此内战结束，保守党统治更加巩固。

　　由于保守党的政权比较稳定，有了 30 年的相对和平，智利经济也出现了比较繁荣的局面。从 19 世纪 40 年代起，工农业都开始向前发展。特别是铜、硝石与银等采矿业发展较为迅速。铜的生产以阿塔卡马和科金博省为中心，在 40 年代以前，智利就是世界上产铜最多的国家。19 世纪 60 年代末期，智利共有 1663 个矿场，其中铜的开采量几乎占全世界铜开采量的 50%，70 年代铜矿业成为智利经济的重要部门。同期，采煤工业和硝石开采业也开始发展起来。1860 年，智利的硝石出口已增至 56000 吨。

---

　　① 秘鲁安卡什郡的一个小镇。

从 1840 年起，由英国利物浦到智利各港口有了定期的轮船往来。自这时起，英国资本开始向智利渗透，1849 年大约有 50 家英国公司在智利活动，他们控制着智利的对外贸易业务，其中有 8 家公司垄断了铜的开采。1851 年开始修建铁路，铺设电线，个别大城市还装上了自来水。1852 年，智利建设的南美洲第一条铁路投入运营，扩大了对外贸易。1860 年，银行、信贷等行业也开始出现。在农业方面，扩大了耕地面积，改良了种子和牲畜，使农牧业产品有所增加。国民教育也有所发展，1843 年，在殖民统治时期已开设圣费利佩大学的基础上，建立了智利大学（Universidad de Chile）。随后又开办了一些师范学校、艺术学校、矿业学校。至 1860 年，智利已有公立学校 900 多所，在校学生 45000 多人。同期人口的增加尤为迅速，特别是欧洲移民的急增。殖民统治末期，智利全国居民只有 50 万人，1830 年增至 100 万人左右，1860 年增加到 150 万人，1900 年更增到 300 万人，其中有一大部分系来自欧洲各国的移民。

随着工业和交通运输业的发展，智利的对外贸易也增加了。1845~1860 年，智利的矿产品出口值由约 450 万比索增加到 1900 万比索左右，农产品的输出总值在 40 年代从未达到过 100 万比索，到 1860 年就超过 450 万比索了。与此同时，国内出现了如瓦尔帕莱索和圣地亚哥等重要城市，后者成为全国大部分工商业的集中地。由于经济的增长，新兴的资产阶级和无产阶级也逐渐形成，开始走上智利的政治舞台。

保守党的专制政权于 1861 年结束。此后的 30 年（1861~1891）成为自由党当政时期，史称自由共和国时期。虽然自由党人与保守党人的政权都代表剥削阶级的利益，但是，两者相比，自由党人较多地倾向于资产阶级，主张实行一定程度的社会改革。在自由党执政期间，先后担任总统的有何塞·华金·佩雷斯（José Joaquín Pérez）、费德里科·埃拉苏里斯（Federico

Errázuriz)、阿尼瓦尔·平托（Aníbal Pinto）、多明戈·圣玛丽亚（Domingo Santa María）、何塞·曼努埃尔·巴尔马塞达（José Manuel Balmaceda）等人。在这 30 年中，自由党限制了天主教的势力，扩大了选举权的范围，举办了一些公益事业，如改进城市卫生，兴办教育，扩大邮电线路，增建铁路、桥梁、港口等，使智利的经济文化得到一定的发展。在政局方面，与当时邻国情况比较，也要稳定一些。如总统的更换比较正常，这在拉美大多数国家内是不多见的。这也部分地说明：智利从 19 世纪 40 年代起至 19 世纪末，受考迪罗主义者的危害是比较少的。

自由党人佩雷斯继保守党人执掌政权（1861～1871），开始了自由共和国时期。佩雷斯政府实际上执政的是由自由党和保守党组成的执政联盟。当时，以曼努埃尔·安东尼奥·玛塔（Manuel Antonio Matta）和佩德罗·莱昂·加略（Pedro León Gallo）为首的激进的自由党人，反对与保守党结成联盟，于 1862 年组建激进党（后在智利的政治生活中发挥着持久的作用）。该党主要宗旨是改革宪法，实行选举自由、行政分权和世俗教育。在他执政期间（1865～1866），智利与秘鲁、玻利维亚、厄瓜多尔结成同盟，共同进行反对西班牙复辟的战争。

从 19 世纪 60 年代开始，智利国家政治进入了重要的改革阶段。1868 年，由改良主义者特别是青年人成立了"改革俱乐部"（Club de Reforma），来促进国家的政治改革。在这期间，政府还通过了新的商业法。佩雷斯政府时期，由于农业、矿业、商业和南方伐木业的发展，国家财政状况明显好转，从首都通往南方及北方的铁路和公路建设都有了很大进展，加上农村治安力量的加强，形成了交通便利、邮政安全的局面。南方的电报发送已延伸到纳西缅托等地。在国民教育方面，以增设物理、化学、生物等自然科学课程为中心的改革取得了重要进展。由于经济发展，物资丰富，智利人口不断增加。据 1865 年人口普查，全国有

181.9 万多人，其中 78%（141.8 万人）的人口居住在农村，其余 40 万人口生活在城市，圣地亚哥就有 17 万人。[①] 佩雷斯执政末年，在激进党、民族党等反对党要求下，实行了一项政治改革，规定共和国总统在宪法规定的 5 年任期届满后，不得立即再度连任，从而结束了到佩雷斯为止先后 4 位总统都连任两届的历史。

埃拉苏里斯出任总统期间（1871～1875），在反对派的要求和压力下，在政治、民事法律、政教分离等方面进行了一些改革，特别是 1874 年对宪法的修改，则使政府部长对议会负有更大的责任，从而强化了立法权。同时总统和教会权力得到缩小。此外，政府还完成了从库里科到安戈尔的铁路、瓦尔帕莱索的林荫大道、国会大厦、大学校舍等重要的工程建设。同期，首都圣地亚哥的城市建设也取得了重大进展，城市在逐步现代化和更富有朝气。智利私人企业积极参与对卡拉科莱斯银矿、塔拉帕卡硝石矿（当时属于秘鲁），以及安托法加斯塔鸟粪层（当时属玻利维亚）的开采，为国家带来了可观的财政收入。但是，到埃拉苏里斯政府的后期经历了一场经济危机，政府面临严重的财政困难。原因是：政府债台高筑，还本付息负担日益加重；卡拉科莱斯银矿等一些矿山开采殆尽，部分矿业公司倒闭，秘鲁、玻利维亚两国则分别把硝石矿和鸟粪资源的开采权收回；一些大型工程以及上层社会的奢侈生活消耗了大量钱财。政府虽然采取了许多紧急措施，但未能缓解财政经济上的困境。

平托总统执政期间（1876～1881）最重大的事件是，在英国资本家的唆使和支持下，智利为争夺位于太平洋沿岸盛产硝石矿的阿塔卡马沙漠地区（原属于玻利维亚和秘鲁），与秘鲁、玻

---

① Carlos Aldunate etc：*Nueva Historia de Chile：Desde los Orígenes hasta Nuestros Días*（《新智利史：从起源到现在》）*ANUAL*，Instituto de Historia de la Pontificia Universidad Católica de Chile，ZIG-ZAG，1996，p. 310.

利维亚进行了"太平洋战争"（Guerra del Pacífico, 1879 ~ 1883）。1879 年 2 月智利出动军队占领玻利维亚的安托法加斯塔城，并在公共建筑物上升起智利国旗。"太平洋战争"就此拉开序幕。3 月 1 日，玻利维亚向智利宣战。同月智利军队在卡拉马（Calama）打败玻利维亚军队，完全占领了玻利维亚的阿塔卡马地区。智利的行动引起玻利维亚的同盟国秘鲁（为了共同对付智利，1873 年两国订有秘密攻守同盟）的反对。同年 4 月 5 日智利正式向秘、玻两国宣战。交战双方军力的对比，从数量上看，同盟国方面占优势；但无论是陆军还是海军，从素质和战斗力方面看智利却远远胜过同盟军。战争以智利获胜而告终。1883 年 10 月 22 日，秘鲁临时总统米格尔·伊格莱西亚斯（Miguel Iglesias）代表秘鲁与智利签订《安孔条约》（Tratado de Ancón），持续 5 年的战争终于结束。

根据该条约，秘鲁将塔拉帕卡省永远割让给智利；塔克纳和阿里卡两省由智利管辖 10 年，期满后由当地居民投票决定该两省的最终归属。1884 年 4 月 4 日，在瓦尔帕莱索，玻利维亚与智利签订了停战协定，规定位于安第斯山脉与太平洋之间的全部玻利维亚领土即现在的安托法加斯塔省，归智利所有。此战使智利夺取了太平洋沿岸的全部硝石产区，成为世界上最大的硝石出产国，出现了智利历史上的硝石繁荣时期。1879 ~ 1883 年的太平洋战争结束后，智利成为当时南美的军事强国；由于北部采矿业的发展，工人阶级队伍得到壮大；英国资本蜂拥而入，在智利发了横财。

圣玛丽亚（1881 ~ 1886）和巴尔马塞达（1886 ~ 1891）出任总统期间，适逢智利取得太平洋战争"胜利后的有利时期。智利的领土增加了 1/3 以上，取得了有巨大经济价值的矿藏，矿产品的出口以惊人的速度发展起来。此后 30 年，硝石成为智利最重要的矿产品。智利垄断了全世界的硝石市场，进入了所谓"肥料时代"。1892 年，智利硝石出口量只有 30 多万吨，1896

年达到 100 万吨，1906 年则已超过 1160 万吨。采矿业的兴盛刺激了智利的对外贸易。1891 年，智利进口总额为 2900 万比索，1896 年超过 1.4 亿比索，1906 年则增至 5.8 亿比索左右。[①] 到 1913 年第一次世界大战爆发前夕，智利矿产品出口占全部出口的 88%，其中硝石占 80%，铜占 7%；而农产品的出口只占出口总额的 12%。[②] 智利的硝石矿大部分掌握在英国资本家手中。19 世纪 80 年代号称世界"硝石大王"的英国资本家约翰·托马斯·诺思（John Thomas North），即因开采智利硝石而成为当时世界上最大富翁之一。与此同时，英国在智利的投资大幅度增长，由 1880 年的 847 万英镑增加到 1890 年的 2435 万英镑，1913 年的 6394 万英镑。[③] 由于矿产品出口兴旺，智利的国库收入也有了增长，从"太平洋战争"前的 1500 多万比索，增加到 1886 年 3700 多万比索，1890 年的 5850 多万比索（见表 2 - 1）。因此，这两届政府尤其是巴尔马塞达政府利用当时有利的财政形势，从事国家的建设，发展生产，扩大基础设施，增加就业，提高政府雇员的工资，开办技术教育，改善人民的物质文化生活，鼓励外国移民，加强国防建设，提高进口关税促进民族资本主义的发展，实行反对外国资本特别是英国硝石公司的措施等，智利开始了一个经济发展的新时期。同时，政府还给那些在战争中牺牲的人的家属或成为残废的人支付抚恤金和提供补助。在"太平洋战争"期间，南方的阿拉乌干人曾利用政府兵力空虚的机会，于 1880 年再次发动起义。战争一结束，政府就立即派军队去镇压。根据 1833 年政府颁布的法律，将阿拉乌干人严格地限制在保护区内。

---

① 李春辉：《拉丁美洲史稿》上卷，第 723 页，商务印书馆，2001。

② Carlos Aldunate etc: *Nueva Historia de Chile: Desde los Orígenes Hasta Nuestros días* (《新智利史：从起源到现在》) *MANUAL*, Instituto de Historia de la Pontificia Universidad Católica de Chile, ZIG-ZAG 1996, p. 340。

③ 李春辉：《拉丁美洲国家史稿》下册，第 629 页，商务印书馆，1983。

表 2 - 1   1861 ~ 1891 年智利主要经济指数

年 份	银产量 （公斤）	铜产量 （吨）	小麦产量 （公担）	政府财政收入 （百万比索）
1861	90600	33600	663500	5. 85
1862	118000	37200	391400	6. 29
1863	105300	31700	438100	6. 70
1864	85300	42700	719300	6. 58
1865	78500	41200	1213600	7. 30
1866	77800	33100	1444600	6. 20
1867	115200	43200	1454300	9. 76
1868	122700	42100	1600000	10. 70
1869	124500	51800	1043600	11. 49
1870	114300	41200	943900	11. 54
1871	121900	39500	1534900	11. 68
1872	117700	48800	1406700	13. 59
1873	109700	42200	1450400	15. 27
1874	142600	48200	2069300	15. 66
1875	149000	47700	1159200	16. 35
1876	109500	52300	1028500	15. 36
1877	124500	43600	900000	13. 69
1878	104300	48500	531300	14. 03
1879	138500	46400	1600000	15. 40
1880	151800	39600	1530500	25. 24
1881	116600	40000	1133400	36. 44
1882	156400	45100	1485900	40. 10
1883	128800	39600	1360200	44. 25
1884	133300	44600	996400	39. 91
1885	197600	39800	1778400	36. 08
1886	193400	37800	1307500	37. 12
1887	227600	29700	1283500	45. 89
1888	205500	34200	968300	50. 18
1889	211700	24900	536200	54. 81
1890	191100	26600	316300	58. 57
1891	129500	20900	1851600	55. 72

资料来源：Sergio Villalobos R. ：*Chile y su Historia* （《智利及其历史》），Editorial Universitaria, 1997, p. 252。

在巴尔马塞达总统执政期间，议会一直要求确立它在宪法结构中的权威性，而巴尔马塞达则强调总统权力，反对议会体制，总统与议会的矛盾日益尖锐。在他执政的最后一年即1891年，在英国的挑唆下，智利发生了议会与总统争夺权力的内战。反对党在议会中取得了多数，在总统候选人和拨款法案问题上，指控巴尔马塞达总统违宪，双方的政治斗争激化。1891年1月，在参议院副议长瓦尔多·席尔瓦（Waldo Silva）和众议院议长拉蒙·巴罗斯·卢科（Ramón Barros Luco）等议会派的支持下，海军上校豪尔赫·蒙特（Jorge Montt）发动了反政府起义。双方经过激战，结果迫使巴尔马塞达于1891年8月29日交出权力，躲到阿根廷使馆避难，于同年9月19日自杀身亡，自由党政权从此宣告结束。这场内战是智利历史上最血腥的战斗，死亡万人，耗费了一亿多比索。议会派之所以能取得胜利，主要是巴尔马塞达实行的经济政策损害了大地主、寡头的利益并得到英国等帝国主义国家的支持。此后至1920年，议会掌握国家大权，总统权力受到钳制，史称议会共和国时期。

一些历史学家指出，保守党人主张以政治权威和宗教教义作为社会进步的条件。而自由党人则认为，政治自由、信仰和思想自由是社会进步的必要条件。然而，从专制共和国到自由共和国，社会本身需要经历一番改造，以便能自觉地运用自由的权利。因此，或许可以认为，从波塔莱斯的独裁到保守党人30年的专制，使智利没有像其他一些拉美国家那样陷入国内政治派别之间的长期纷争以致内战，也较少受到当时的军事考迪罗的危害，从而为自由共和国时期的到来创造了条件，也使智利从19世纪40年代起就形成相对稳定的政治局面和政治体制。

三 议会共和国时期

18 91年内战在智利政治生活中是一个重大事件，巴尔马塞达总统被赶下台，不但结束了长达30年的自由党政府统治，而且对智利政治体制产生了很大影响，具体表现为国家的政治权力从总统转到议会。这种变化的原因，一是1833年宪法授予共和国总统的权力过大。总统不仅指挥国家行政机关，而且控制议会选举，并任命他的继承人。法院、军队和所有的国家官吏都直接依附于他；省长和郡长（总统在各省的直接代表）连同他们管辖区的警察和市政会主席组成一个权力网，控制着全国。无论是保守党执政还是自由党执政，都没有剥夺总统干预国家事务的最大权力，以致60年来从中央到地方的政治权力，基本上由总统所操纵。二是历届政府对选举进行干预，引起在野各派政治力量的不满。

从1891年巴尔马塞达下台到1920年为止，政治上的权力便由总统转到议会手中，由议会对国家进行统治，也就是以"全能的议会"代替了"全能的总统"。但议院中的议员，是由各种不同党派的成员所组成的，其中有保守党、自由党、国民党、激进党、自由民主党、民主党和自由独立党等，名目繁多，不一而足。这些政党都各自代表不同阶层、不同集团的利益，彼此意见很不一致，力量对比也时涨时落，没有任何一个政党有单独执政的力量。议会中的多数只能通过各党之间甚至是相互对立的政党之间的暂时联合而形成。代表不同利益集团的议员们，对政府官员的好恶各有各的标准。在内阁中，代表不同政治派别的部长，总是想把他们本派的利益置于其同盟者之上。这种情况，势必造成内阁的不协调、不稳定，甚至陷于紊乱和瘫痪。因此，短命内阁成为司空见惯的现象（见表2-2）。通常不到3个月，内阁就得变动，有的内阁甚至只存在一天。当然，这种变动一般都是通过选举与其他和平手段进行的，这与同时期大多数拉美国家在考迪罗制度下主要通过军事政变的政局变动有所不同。由于内阁的动荡不定，政府的职能受到严重损害。与此同时，担任议员成为政治热门，花钱买个议席或贿赂选民等腐败现象蔓延滋长。例如，花 2 万 ~ 10 万比索可以买到一个众议员；花 10 万 ~ 100 万比索可以买到一个参议员。在这种局面下，1891 年以来的豪尔赫·蒙特（1891 ~ 1896）、费德里科·埃拉苏里斯·埃乔伦（Federico Errázuriz Echaurren，1896 ~ 1901）、赫尔曼·列斯科（Germán Riesco，1901 ~ 1906）、佩德罗·蒙特（Pedro Montt，1906 ~ 1910）、巴罗斯·卢科（1910 ~ 1915）、胡安·路易斯·圣富恩特斯（Juan Luís Sanfuentes，1915 ~ 1920）等几任总统，由于权力很小，一般只是政权的装饰品，在政治上不可能有太大的作为。所幸的是，智利的资产阶级民主体制尚能在这种局面中维持下来。

表 2 – 2　1891 ~ 1920 年间政府内阁变更情况

执政总统	执政年数	内阁变动数目	部长更换人数
豪尔赫·蒙特	5	10	40
费德里科·埃拉苏里斯·埃乔伦	4	17	59
赫尔曼·列斯科	5	17	73
佩德罗·蒙特	4	11	43
拉蒙·巴罗斯·卢科	5	15	55
胡安·路易斯·圣富恩特斯	5	15	78

资料来源：Sergio Villalobos R.：*Chile y su Historia*（《智利及其历史》），Editorial Universitaria，1997，p. 338。

1920 年，自由同盟（由激进党、"空谈家"自由党、国民党、民主自由党组成）的总统候选人阿图罗·亚历山德里（Arturo Alessandri）由于提出了一些笼络人心的资产阶级民主口号，如实行政教分离、男女平等以及制定保护劳动者的法律等，得到广大小资产阶级和一部分工人群众的拥护，于 1920 年 12 月 23 日当选为总统。亚历山德里政府实质上是代表亲英派地主的利益的。因此，他在统治期间并没有履行诺言，只是在人民群众的压力下，被迫采取了如实行 8 小时工作日等少数对工人阶级有利的措施。地主寡头仍然拥有广大的庄园和经济势力。1924 年 9 月的政变中，亚历山德里政府被推翻，他本人流亡国外。

随后，阿尔塔米拉诺将军作为副总统掌握了行政权力。1925 年 3 月，亚历山德里回到圣地亚哥重新掌权后，为改变议会共和国时期行政受制于议会的状况，他积极推进民主化，致力于宪法改革。同年 7 月公布新宪法草案，9 月经公民投票通过生效。1925 年宪法是一部全新的政治宪法，它标志着曾经实行了 33 年的议会制度的结束和总统制的恢复。这部宪法一直实施到 1973 年 9 月军事政变。1925 年 10 月 1 日，亚历山德里总统因与当时的陆军部长卡洛斯·伊瓦涅斯（Carlos Ibáñez）在总统候选人是否担任公职问题上的矛盾，提前 3 个月辞职。由副总统巴罗斯·博尔戈尼奥执政，亚历山德里再次流亡国外。在当年年底的大选中，埃米利亚诺·菲格罗亚当选为新一任总统，但他只执政了 1 年零 3 个月，于 1927 年 5 月 4 日辞职。

四　伊瓦涅斯军事独裁时期

19 27 年 5 月 22 日，与美国垄断资本有勾结、代表大地主利益的陆军部长卡洛斯·伊瓦涅斯上校从政治动乱中脱颖而出，夺得政权出任总统。他的独裁政权延续到 1931 年。他上台后，完全投靠美国，出卖民族利益，对美国资本打开方便之门。他执政期间，向美国银行大举借款，让美国的资本源源不断地流入智利工业。从此，美国资本在智利的势力大大增强了。在对内政策方面，伊瓦涅斯对人民完全采取高压手段。工人运动和一些进步的民主活动都遭到严厉镇压。许多进步人士被关进监狱或流放到太平洋岛屿。伊瓦涅斯具有与他的专制政治相配合的积极的经济思想。政府大力推动政府机关和国家制度的改革，扩大了国家对各方面事务的干预。1929 年世界资本主义经济危机爆发后，智利的经济几乎陷于破产的境地。在智利所有的经济部门中，以采矿业遭受世界经济衰退的打击最早和最为沉重。1927～1932年铜和硝石的出口值下降89%。其中硝石的出口量急剧下降，从1929年的289.8万吨降至1932年的25万吨，下降了90%。全国出口总额从1929年的2.765亿美元下降到1932年的3500万美元，3年之间减少了87%。1932年矿业生产下降50%；在矿业部门就业的人数，从1929年12月的9.3万人减少到1931年12月的4.1万人，仅仅在矿业部门的失业人数就达6万人。[1] 经济衰退从矿业部门波及农业部门。从1929～1931年，智利农业产品价格下跌近50%。1929～1932年，实际工资下降约40%，全国有1/5的人处于饥饿的边缘。[2] 面对这种状况，反对政府的抗议在增强，一个前所未有的大规模的社会力量加入了反对独裁者的斗争。伊瓦涅斯政府为了平息对它的反抗，竟置法律于不顾，肆意压制舆论，采取监禁、流放和驱逐出境等手段镇压群众，最终酿成一场政治危机。1931年7月26日，伊瓦涅斯被迫辞职，逃往阿根廷。

从19世纪90年代到20世纪20年代期间，智利经历了一些重要的外交事件。1891年10月中旬，美国军舰"巴尔的摩"号（系借口"保护"美国大使馆开来的）上的一部分水兵，在瓦尔帕莱索港口与当地人发生冲突，两名美国水兵死亡，多人受伤。这一事件成为智、美两国间一场严重的外交纠纷的导火索。最后为避免两国关系恶化，智利向被杀害者和受伤者赔偿7.5万比索而了结。

智利和阿根廷为解决南部地区边界争端，曾于1881年签订

---

① Carlos Aldunate etc: *Nueva Historia de Chile : Desde los Orígenes Hasta Nuestros días*（《新智利史：从起源到现在》）*MANUAL*, Instituto de Historia de la Pontificia Universidad Católica de Chile, ZIG-ZAG 1996, p. 420。

② 李春辉：《拉丁美洲史稿》上卷，第730页，商务印书馆，2001。

一项边界条约，规定在安第斯山中以划分河流的界线，即"分水"线，来作为两国之间的边界。但该条约关于双方边界划分的问题措辞含糊，再次引起争论，一度达到要诉诸武力的地步。1902 年 5 月，双方终于达成两项协定。一是同意把双方有争议的地区交由英国国王仲裁；二是双方同意在 5 年内保持军备特别是战舰的均衡。在一项补充协议中还规定，智利不干涉阿根廷在大西洋沿岸的事务，同样，阿根廷对智利在太平洋沿岸的事务也保持中立。英王爱德华七世于同年宣布仲裁意见，将双方争议地区划分成基本相等的两部分。智、阿双方都接受这一仲裁，从而结束了长达半个世纪的边界争端。

1904 年，智利和玻利维亚在圣地亚哥签订一项和平友好条约。根据这一条约，玻利维亚承认智利对安托法加斯塔的拥有权。作为补偿，玻利维亚有权在阿里卡和拉巴斯之间修一条铁路。智利和秘鲁之间，未能按照 1883 年安孔条约所规定的 10 年后解决因太平洋战争而出现的领土归属问题。1929 年 6 月，双方才在秘鲁利马签订最后条约，规定塔克纳的主权归秘鲁，阿里卡的主权归智利。此外，作为补偿，智利支付给秘鲁 600 万美元。

从太平洋战争到 20 世纪 20 年代，智利的采矿业飞速发展，并成为智利经济的支柱。1914～1918 年第一次世界大战期间，智利宣布中立。由于以德国为首的同盟国方面增加了对硝石与铜等作战原料的需要，智利的硝石出口迅速增加。到 1917 年，硝石的产量已达到 300 万吨，创造了历史上的最高纪录。其他如化学、水泥、纺织、肉类、面粉等一类的工业，也得到了一定程度的发展。智利经济一度出现了繁荣景象。同时，智利从国外得到了充足的资金来用于国内的经济建设。那时，到过智利首都的外国游客都很赞赏圣地亚哥的市容洁净、繁华和发展快。当时一位名叫 W. C. 博伊斯的游客惊叹道：

世界上没有任何城市的位置有如此之理想。有许多美丽的大街。……阿拉梅达·德利西亚大街是圣地亚哥的林荫大道，60 英尺宽，与整个城市等长。在阿拉梅达大道上有许多最精美的私人住宅。最大的是西班牙式建筑，围绕着庭院或院落建成。……圣地亚哥有许多教堂，面临宽大的阿尔马斯广场的大教堂位于市中心，是世界上最漂亮的建筑之一。公共建筑结构精致而且很坚固。[①]

到 20 年代初，首都和几乎所有大城市都有了电灯、电话、有轨电车，有覆盖的下水道，具有各种装饰的公园，以及反映法国建筑风味的新建筑。1920～1930 年，经济的繁荣吸引了大批外国移民，其中除早在 1900 年之前就来到这里的阿拉伯人、南斯拉夫人、意大利人外，还有西班牙人、德国德犹太人、波兰人、白俄罗斯人和一部分中国人（在智利北方）。到 19 世纪末期，德国移民在智利南部已拥有很大的经济力量，德文商标遍布该地区城市的商店。这个地区的中心城市瓦尔迪维亚（Valdivia），其居民的风俗习惯，至今还保持着德国原有的风格，所以有"南德意志"之称。

第六节　20 世纪 30 年代以来的智利

一　人民阵线执政时期

伊　瓦涅斯下台后，智利的局势并没有稳定下来。短短时间内，权力几经移交。1931 年 8 月 23 日智利全国发

---

① 〔美〕E. 布拉德福德·伯恩斯：《简明拉丁美洲史》，王宁坤译，涂光楠校，第 202 页，湖南教育出版社，1989。

生了工人总罢工。9 月，停泊在科金博港口的"拉托雷海军上将"号军舰水兵发动起义，并波及其他舰艇。后被陆军和空军镇压下去。同年 10 月，胡安·埃斯特万·蒙特罗（Juan Estebán Montero）当选总统。1932 年 6 月 4 日，马马杜克·格罗维（Marmaduke Grove，空军司令）、卡洛斯·达维拉（Carlos Dávila）、欧亨尼奥·马特·乌尔塔多（Eugenio Matte Hurtado）等发动政变，推翻蒙特罗政府，成立以达维拉为首的洪达政府，宣告建立"智利社会主义共和国"。并宣布由国家垄断对外贸易，取消美国对硝石的特权，对大资产增税，大赦政治犯，免除佃农欠地主的债务。颁布了一系列法令，下令人民信贷银行必须把抵押品全部归还给借贷人；在 30 天内暂停支付尚未解决的商业债务；国家储蓄银行给予小商人和企业主借贷，帮助其应付债务；向失业者发放救济金等。然而，政府在具体的措施上缺乏统一的目标和一致的意见，同时遭到保守势力和上层社会的反对，达维拉辞职，格罗维控制了政府。6 月 16 日，格罗维政府被一次军事政变推翻，达维拉被拥立上台，建立新政府，历时仅 12 天的"智利社会主义共和国"宣告结束。随后，达维拉以临时总统名义独揽大权。9 月 13 日，执政不到 100 天的达维拉被迫辞职，把政权交给巴托洛梅·布兰切（Bartolomé Blanche）将军。

　　1932 年 10 月，阿图罗·亚历山德里在地主与资产阶级的支持下第二次当选智利总统，在议会选举中，人民阵线获得两院的多数议席。这样，便结束了从伊瓦涅斯总统辞职以来，近一年半的动乱时期，智利开始了政治稳定的新时期。

　　由于 20 世纪 30 年代世界资本主义经济危机的冲击，以及前一段政治动乱的影响，亚历山德里政府面临着严峻的局势。国家积欠内债 9 亿多比索、外债 40 亿比索，货币贬值，工商业活动萎缩，硝石矿场瘫痪，失业人数高达 16 万，人民卫生状况恶化，伤寒病流行，社会秩序混乱，人们的不满情绪日益高涨。亚历山德里总统认为，要保证国内政治稳定，必须有一个拥有广泛权力的强大政府，并有能力阻止和粉碎各种政变企图。因此，亚历山德里按照1925年宪法巩固和扩大了总统权力，削弱了议会的影响。从而，智利内阁获得了半个世纪以来从未有过的稳定。1933年，政府建立共和国民兵（1935年解散）以加强政府地位。这是一支由训练有素的志愿兵组成的正规队伍，其人数超过5万。它的宗旨是，用武力保卫合法秩序，为按宪法原则正常选出的政府服务。在经济方面，政府千方百计鼓励农业、采矿业和工业生产，以便吸纳失业者。政府实行财政税收改革，加强国债管理，成立"硝碘销售公司"促进生产和扩大出口，增加公共预算（从1934年的10亿比索增加到1938年的20亿比索），以推动公路、灌溉系统和卫生设施的建设。这些措施虽曾一度引起通货膨胀，但使国内生产得到较快的恢复和发展，到1937年失业已基本消除，还偿还了一部分外债。

亚历山德里执政后期，与美国垄断资本的关系密切，并且公开表示同情西班牙佛朗哥政权，欢迎德、意、日等法西斯势力渗入智利，并扩大了与他们之间的贸易。从而，法西斯势力在智利日益猖狂起来。1934年亚历山德里政府还残酷镇压了罢工和农民运动。面对亚历山德里日益反动的法西斯统治，智利人民感到民主和生存的权利受到了严重威胁，必须联合起来共同反对法西斯的进攻。1936年4月，由社会党、共产党、激进党、民主党和劳工联盟等组成反法西斯人民阵线（Frente Popular），共同进行反法西斯斗争。该阵线主张实行民主政治、推动工业化、重新分配使用不足的农田。人民阵线要求"智利人为智利人"，主张减少对外债的偿还、限制外资、改善收入分配等。在1938年、1942年和1946年3次大选中连续获胜。激进党人佩德罗·阿吉雷·塞尔达（Pedro Aguirre Cerda）、安东尼奥·里奥斯（Antonio

Ríos）和冈萨雷斯·魏地拉（González Videla）相继担任总统，对国家的政治发展产生了长远影响。这些立足于多阶级联盟的多党制政府同时推行工业增长和社会改革。他们在执政期间，建立"生产开发公司"（Corporación del Fomento de Producción, CORFO，1939 年 4 月 29 日），加强国家对经济的干预，逐步发展国营的电力、石油、钢铁、甜菜糖等企业，开始在国家计划指导下的替代进口工业化进程；提高农业机械化程度；发展交通运输和国民教育，将 2 条铁路收归国有，1947 年创办了国立工业大学。对外关系上，人民阵线政府在与美国保持紧密合作的同时，于 1944 年和苏联建立外交关系，1945 年向法西斯轴心国宣战。这期间，人民群众通过斗争，政治地位得到了某些改善。如某些公民权利（如集会权、组织权、出版权及罢工权等）恢复了，工会组织的数目增加了。但是，人民阵线组成的政府有其资产阶级的局限性，其领导权主要掌握在激进党和社会党人手中，他们不可能用革命的办法实现彻底的改革，不可能依靠和发动人民群众。因此，他们的改革是不彻底的，大部分只是停留在口号与宣传上，并没有做出较明显的具体成就。人民阵线的纲领中，也没有提到要废除封建土地所有制和消灭外国垄断组织的剥削。这样，人民阵线政府就不可能对智利进行根本改造。由人民阵线组成的政府虽然有上述局限性，但当时它毕竟还是击退了法西斯反动派的进攻，实现和满足了人民的一部分要求。第二次世界大战结束后，世界形势发生了重大变化。美国成了世界霸主，并推行反苏反共政策，世界进入冷战时代。魏地拉总统在国内外反动势力的诱逼下，政治上逐渐向右转，1947 年将共产党人部长赶出内阁，并逮捕共产党领导人，与苏联、南斯拉夫、捷克斯洛伐克等国家断交；1948 年，他又批准了"保卫民主法"，建立比萨瓜集中营和镇压罢工和民主运动，人民阵线瓦解。

二　20 世纪 50 年代和 60 年代弗雷的改革

魏地拉在 1952 年 11 月总统选举中，因遭到人民的唾弃而下台，反对派领袖前独裁者卡洛斯·伊瓦涅斯东山再起，出任智利总统。伊瓦涅斯在竞选之前曾提出一些比较进步的政纲，如废除智美军事协定，实行主要矿业（如铜）国有化，给予一切政党自由活动权等。但是，这些诺言只是骗取选票的空头支票，他上台后并未履行他的竞选许诺，而是继续实行镇压政策，对外追随美国，激起人民的严重不满。伊瓦涅斯统治期间，智利的经济日益艰难，人民的负担加重，生活困苦。在朝鲜战争结束后，智利铜的出口大幅度下滑，外国投资也明显下降，国家财政陷入困境。为扭转这种状况，减轻财政负担，伊瓦涅斯政府被迫削减进口 30%，造成国内商品短缺和通货膨胀。1956 年智利的通货膨胀达 86%，比 1952 年上涨了 589%，创历史最高记录。同年，智利的财政赤字达到 700 亿比索。商品的短缺和生活水平的下降，更激起智利人民的反抗情绪。各阶层人民包括工人、农民、小资产阶级与民族资产阶级在内，都对伊瓦涅斯政府极为不满。1957 年 4 月，圣地亚哥爆发大规模群众示威，给伊瓦涅斯政权造成了极大的冲击。与此同时，1956 年由社会党、共产党、工党、人民社会党和民族民主党等左派政党组建的"人民行动阵线"（Frente de Acción Popular），随着斗争的开展不断壮大，在人民群众中的政治影响越来越深。面对高涨的民族民主运动，伊瓦涅斯政府被迫在 1958 年废除"保卫民主法"，恢复共产党的合法地位，并修改选举法。

1958 年，代表保守党和自由党势力的豪尔赫·亚历山德里·罗德里格斯（Jorge Alessandri Rodríguez）以微弱优势当选总统。亚历山德里曾经在魏地拉政府时期担任财政部长，是智利右翼势力的代表，他坚决维护大资产阶级、大庄园主的利益，大力扶持私人企业，尽量减少国家对经济的干预。在其执政时期，国际形势又出现了新的变化，亚、非国家民族独立运动的不断高涨，古巴革命的胜利，有力地推动了拉丁美洲地区民族民主运动的发展。美国为了遏制古巴革命的影响，以及缓和与拉美各国政府在经济援助问题上的矛盾，在拉美推行"争取进步联盟"计划。在智利国内，左翼势力的影响继续扩大，人民要求民主改革的呼声日高。亚历山德里也不得不采取一些改革措施，如1962年颁布土地改革法，规定征收100万公顷土地，允许大庄园主把不能耕种的土地卖给政府，等等。亚历山德里政府的土改根本没有触动大庄园所有制，从颁布土改法到1963年8月，总共才征收了11个庄园中的61620公顷土地。加上大庄园主、大土地所有者的反对，土改的成效不大，引起社会广泛的不满。所以，到20世纪60年代末期，智利在政治上和经济上都已形成强大的要求改革的潮流。在政治上，以保守党和自由党为代表的右翼势力每况愈下。在1961年的议会选举中，执政的保守党和自由党未获得超过1/3的席位，从而失去了对议会的控制。而代表民主改革势力的人民行动阵线和基督教民主党，在议会中的力量则显著增强，在城市和农村的影响日益扩大。这种趋势反映出保守党和自由党这两个传统政党正在走向衰落。随着时代的变化和国家社会经济的发展，一些新兴的政治力量登上政治舞台，并逐步在国家政治生活中扮演重要角色。

人民行动阵线和基督教民主党，在1964年的大选中形成两党争雄的局面。双方的总统候选人分别为社会党领袖萨尔瓦多·阿连德（Salvador Allende）和基民党领袖爱德华多·弗雷·蒙塔尔瓦（Eduardo Frei Montalva）。基民党在大选前提出了一整套改良主义纲领，宣称要走一条非共产主义也非资本主义的道路，在智利进行一场"自由革命"，其核心内容是实行"铜矿智利化"和进行土地改革。在当时的历史背景下，基民党这种主张改革的中间势力颇受青睐。在9月举行的大选中，基民党领导人弗雷以获56.09%（140多万张）的多数票当选总统，从而成为智利和拉丁美洲第一位基督教民主党人总统。社会党人阿连德获97.8万张票，占38.93%。弗雷获胜的主要原因：首先，智利的右翼势力转向弗雷。在大选中人民行动阵线和基民党势均力敌、不分上下。右翼势力认为阿连德若当选对他们更为不利，所以把选票投给了基民党。其次，美国的支持。古巴革命胜利后，美国不愿意左派在智利掌权，认为弗雷是稳住智利政局的合适人选，他提出的"自由革命"可替代古巴革命的模式，使智利不致成为第二个古巴，同时，美国也能保住在智利的经济利益。再次，教会站在弗雷一边。智利的天主教势力很大，教会赞同基民党的纲领，支持该党执政。

爱德华多·弗雷·蒙塔尔瓦1911年生于圣地亚哥，青年时代曾就读于圣地亚哥天主教大学。1933年取得律师资格，并成为青年保守党主席。1937年，他脱离保守党，另组国家长枪党，后出任该党主席。1944～1946年担任里奥斯政府的公共工程部长，1949年当选为参议员，翌年任智利驻联合国代表。1957年他又被选入参议院，亲手创建了基民党并任主席。第二年被该党提名为总统候选人。弗雷信仰基督教民主主义，主张削弱帝国主义的统治，在国内实行资产阶级民主自由，适当改善劳动群众处境，提出以"自由革命"来解决智利存在的严重问题。弗雷执政后，便开始实施他称之为"自由革命"的资产阶级改良主义纲领。

1965年，议会通过了政府提出的"铜矿智利化"法案，其基本精神是通过购买美国资本控制的铜矿公司股权并通过建立合资公司的途径，来取得这些公司的部分所有权和经营权。根据这项法律，1967年弗雷政府从特尼恩特、安迪纳和埃索蒂卡等几家美资铜矿公司，分别购得51%、30%和25%的股权。1969

年，弗雷政府宣布对美资控制的丘基卡马塔铜矿实行"契约国有化"，智利政府购买51%的股份，并有权购买其余部分。在实行"铜矿智利化"的同时，弗雷还采取了许多吸引外资的措施。他放宽在智利的外资公司的进口限制，保持关税的稳定，从而使跨国公司增加了在智利经济部门特别是工业部门的投资。如美国1964年在智利的投资为7.89亿美元，到1968年增加至9.63亿美元，1970年在智利投资的美国公司已达100多家。

弗雷改革的第二个内容是土地改革。1967年7月，弗雷政府颁布了新的土地改革法，规定征收拥有80公顷土地以上庄园的土地，为10万农户重新分配土地，后来又把数字缩小到4万~6万户。但最后并未完全兑现。到弗雷政府末期，1970年，政府共征收了1406块地产、350万公顷土地。[①] 弗雷执政府在公共福利和教育方面也做了一些工作。如新建住宅，增加教育经费，1964~1967年间教育经费增加了66%，各类学校学生入学人数大幅度上升。弗雷执政的初期和中期智利保持了比较好的经济形势。到后期，智利出现经济停滞，国内生产总值下降，失业人数激增，通货膨胀加剧，消费品匮乏。弗雷政府为解脱困境，不得不采取冻结工资、提高税收的措施，把经济危机转嫁到智利人民头上，从而引起人民的普遍不满。

在对外关系方面，弗雷主张和世界所有国家发展关系。在他执政期间先后与苏联和东欧国家建交或复交，与中国建立了贸易关系。弗雷对美国的政策有一定的独立性，就职后不久出访了西欧4国，打破了拉丁美洲国家元首上任后首先访问美国的传统惯例，并反对美国武装干涉多米尼加共和国，拒绝参加泛美部队。

① Carlos Aldunate etc：*Nueva Historia de Chile：Desde los Orígenes Hasta Nuestros días*（《新智利史：从起源到现在》）*MANUAL*，Instituto de Historia de la Potificia Universidad Católica de Chile，ZIG-ZAG 1996，p. 478。

他主张实行拉丁美洲经济一体化，在建立安第斯集团过程中发挥了重要作用。

基民党作为崛起的中间力量，在1965年的议会选举中赢得了众议院的多数席位，打破了智利政坛上原来左、中、右三派势力"三足鼎立"的局面。基民党凭借其政治上的优势与议会的多数，能够比较顺利的执政，无须像以往的执政党那样去谋求与在野党议员之间的妥协和交易，从而也逐渐削弱了各政党之间的交流和沟通。弗雷政府实行比较宽松的劳工政策，取消了不许在农业部门建立工会的禁令，使20世纪50年代受到压制的工会运动再度活跃起来，使得基民党在工会和其他社会下层居民中的影响迅速扩大。这些现象自然引起其他政党的不安，使政党之间的矛盾和斗争在大选前夕更加激化。与此同时，弗雷的改革越来越遭到来自右翼和左翼的反对。尽管弗雷开展的是一场温和的、改良主义的运动，然而智利的右翼势力对触及他们本身的经济利益仍感不满，处处阻挠弗雷的改革措施。而左翼力量则嫌弗雷的改革过于保守，未能解决根本问题。贫富悬殊的现象依然存在。下层劳动群众对弗雷的"自由革命"的兴趣日益淡薄，希望通过更加激烈的社会变革来彻底改变贫富悬殊、收入不均的现实，这为后来阿连德在大选中获胜打下了深刻的社会基础。

弗雷执政的最后一年，智利已呈现民心不稳、政局动荡的局面。退役将军罗伯托·比奥斯（Roberto Viaux）率领塔克纳团和云盖团发生哗变。社会党支持了这次兵变。虽然这次事件最后被平息，但大大震动了弗雷政权。在军队不稳的同时，城市工人罢工、怠工和农村农民夺地的现象增多，游击队也频繁开展活动，社会动荡加剧。在复杂的局势下，基民党内部发生了分裂，形成了意见相左的三派。1969年8月，一批党员退出了基民党，另组统一人民行动运动党。基民党内部派系的争斗，削弱了自己的力量，使它继续执政的前景愈发暗淡。

三 阿连德"向社会主义和平过渡"的政府

在基民党处于窘境的时候，智利社会党和共产党的力量都大大增强了。1970年大选前，以智利社会党和共产党为主，联合激进党、人民行动运动、社会民主党和独立人民行动共同组成了人民团结阵线，阿连德再次被推选为人民团结阵线的总统候选人。人民团结阵线在其竞选纲领中指出："智利是一个资本主义国家，它依附于帝国主义国家，并被资产阶级集团所控制。"基督教民主党政府不过"是为国内外资本主义服务的资产阶级政府"，它所进行的改革"只造成了经济停滞、生活费用上升和严厉镇压群众"。要根本解决智利存在的问题，必须要走"和平过渡到社会主义"的道路。[①] 人民团结阵线提出的施政纲领是：摆脱外国资本的控制以获得经济上的独立；加强和扩大人民的民主权利；进行全面的土地改革；减轻工人阶级的负担；重建智利的经济和政府，以便过渡到社会主义。1970年10月大选的结果是，第一轮中没有人超过半数，基民党候选人拉多米罗·托米奇得票占27.8%，人民团结阵线的社会党候选人阿连德得票36.2%，民族党（由保守党和自由党于1966年合并成立）的候选人豪尔赫·亚历山德里得票34.9%。根据智利宪法规定，在没有人获得半数以上选票的情况下，在得票最多的两人中由议会通过投票选举来决定总统人选。这时基民党便向阿连德提出了"宪法保证条例"，作为在议会选举中支持他的条件。其主要内容是：阿连德政府执政后一切活动必须严格遵守宪法，必须尊重军队和国家警察的原有体制、等级制度，不得建立同国家军队和警察相平行的武装组织。阿连德接受了"宪法保证条例"，智利共产党也保证要在资产阶级法制范围内行事。在议会

---

① 李春辉等主编《拉丁美洲史稿》第3卷，第536页，商务印书馆，1993。

投票中，基民党支持人民团结阵线的阿连德，从而保证了阿连德的胜利。

阿连德 1908 年生于智利瓦尔帕莱索的一个中产阶级家庭。就读于瓦尔帕莱索爱德华多·巴拉中学，1926 年进入智利大学医学系学习，并积极参加和领导学生运动。1933 年获医学博士学位。同年参与创建智利社会党。1937～1945 年为众议员。1938～1941 年任社会党副总书记，1942～1943 年为该党总书记。1939～1942 年任人民阵线政府卫生部长。1945～1970 年为参议员。1952 年作为社会党候选人、1958 和 1964 年作为人民行动阵线（被称为"马克思主义左派"）候选人 3 次参加总统竞选，但均告失败。1970 年大选胜利后，他成立了左翼党派的联合政府，由社会党、共产党和激进党掌握政府各重要部门。阿连德提出"智利将以争取议会多数代替暴力革命"，使智利成为"第一个按照民主的、多元化的和自由的模式建立起来的社会主义社会"。为此，他在智利进行了一场声势浩大的改革运动。其主要内容有：

第一，大规模实行国有化。阿连德政府为了摆脱外国垄断资本对智利的剥削和控制，大力加强国家对经济的干预，将基本资源收归国有，对外国和本国企业实行了国有化；改变经济结构，建立国营、公私合营和私营三种所有制。政府把原美国资本控制的铜、硝石、铁矿和本国私人资本经营的煤矿等企业收归国有，政府控制了 90% 的金融业，80% 的出口和 55% 的进口贸易，到 1973 年国家已控制了 500 多家企业，掌握了国家的经济命脉。

第二，提高生产，扩大工人的参与权。阿连德政府下令工厂全日开工，把一班 8 小时制生产改为三班制生产，并扩大工人的参与权；加强了工会在计划、经济和社会机构中的地位，同时参与领导国有化企业。

第三，深化土地改革。阿连德政府加快土地改革进程，先后从 4000 多个大土地所有者手里征收 800 多万公顷土地，建立国营农场，集体性合作社，或直接把土地分给农户。

第四，提高人民的收入和改善社会福利。为消灭贫富悬殊、收入不均的现象，政府大幅度提高工人工资，发放各种补贴，改善医疗与妇幼保健待遇，降低生活必需品价格等，改善基层群众的多种社会福利。

第五，加强外交方面的独立性。阿连德政府坚持反对帝国主义，支持第三世界国家捍卫民族独立和国家主权的斗争，扩展与这些国家的外交关系；支持中国恢复在联合国的合法席位，并于 1970 年底和中国建交；恢复了同古巴的外交关系（豪尔赫·亚历山德里执政时断交）。

人民团结政府的改革具有重要的进步意义，它大大削弱和沉重打击了帝国主义和本国大地主大资产阶级势力，为争取智利在经济上获得独立做出了一定的贡献。在阿连德执政初期曾受到人民群众的拥护和支持，进一步激发了人民群众的革命热情。在国际上，也有人把智利的改革作为向社会主义"和平过渡"的样板而大加宣扬。随着人民团结政府改革的步子越来越大，打击面也愈来愈宽，政府忽视了组织生产和迅速恢复必要的社会经济秩序。因此，智利不久就出现了生产滑坡、商品奇缺、财政拮据、通货膨胀等不利局面。

国内外反动势力本来就对阿连德政府怀有敌意，政府在政策上的失误、经济形势的恶化和人民团结阵线内部意见分歧，再加上阿连德政府没有掌握军队等重要国家机器，政府受到左、右两面夹击，政局开始动荡，阿连德政府面临政变的危险。阿连德在几个月前便预感到政变，他的朋友曾劝他出国，但他坚定地回答："让他们拽着我的双脚，把我拉出莫内达宫！"政府与反对派势力经过激烈较量之后，酝酿已久的军事政变终于在 1973 年 9 月 11 日发生。这天早上阿连德在总统府内，其空军副官通知他，空军参谋长加夫列尔已为他准备了一架飞机让他流亡国外。阿连德却坚定地对空军副官说："你去转告加夫列尔将军，智利总统决不逃跑。他知道怎样履行一个战士的职责！"8 点 30 分，以皮诺切特为首的三军司令和警察局长组成的军政府委员会发表公告，勒令阿连德立即辞去总统职务，并把政权交给军警当局。阿连德在总统府两次向全国发表广播讲话，强烈谴责军事政变，断然拒绝辞职。11 点 30 分，皮诺切特向阿连德发出最后通牒，如不投降就轰炸莫内达宫。阿连德拒不投降。12 点，政变部队的飞机向总统府投掷炸弹，建筑物顿时浓烟滚滚，火光冲天。13 点 45 分，政变部队攻占总统府，阿连德以身殉职，人民团结政府垮台。人民团结政府的失败，给人们留下了深刻的历史教训。国内外右翼势力的联合进攻（美国前总统尼克松在 1977 年承认美国曾卷入智利政变。他说："对于美国的安全来说，智利的右派独裁要强于左派民主。"①）是人民团结政府失败的重要原因，而政府本身政策与策略的失误，则是一个严重的教训。

四　皮诺切特军政府时期

军人政变上台，标志着从 20 世纪 30 年代起智利文人执政历史的中断。

领导政变的奥古斯托·皮诺切特·乌加特（Augusto Pinochet Ugarte）将军，1915 年生于瓦尔帕莱索市。1936 年毕业于贝尔纳多·奥希金斯军事学校，1949～1952 年在陆军军事学院学习，1954 年在该学院任教。1969 年任第六师师长并升为陆军少将，翌年又晋级为中将，1971 年任首都圣地亚哥卫戍区司令。次年任陆军总参谋长，成为陆军中第二号人物。1973 年 8 月，普拉

---

① Revista：*Cambio España*（西班牙《变革》杂志），15 de septiembre, 1986, p. 65。

茨将军辞职后，他当上陆军司令，同时晋升为陆军上将。著有
《智利地理大纲》、《地缘政治学杂文集》、《1879 年太平洋战争》
等书。1973 年 9 月政变后，皮诺切特出任军政府主席，1974 年
6 月为国家元首，同年成为智利总统。

皮诺切特执政后，在全国范围内实行戒严和宵禁，终止实施
宪法，解散议会，禁止政党活动，限制集会与新闻自由，并对持
不同政见者严加镇压。据不完全统计，先后有 13 万人被捕，6.5
万名政治犯失踪，上万人流亡国外。1980 年颁布新宪法，规定
皮诺切特执政到 1988 年，届时举行公民投票，如获得多数支持，
可继续执政到 1997 年；如得不到多数支持，则于 1989 年 12 月
举行总统和议会选举。

军政府执政期间，启用芝加哥学派经济学家治理国家经济，
实行自由市场经济。这些经济学家不仅全面否定了人民团结政府
的经济政策，而且抛弃从 20 世纪 30 年代以来实行的进口替代模
式；主张实行出口导向型发展模式，充分发挥市场机制和私人企
业的积极性，减少国家对经济的干预。于是，军政府率先在拉美
进行经济改革，其改革的主要内容有：

第一，私有化政策。把阿连德政府征收的私人企业和银行全
部交还原主，将绝大部分国营企业拍卖给私人；将前两届政府在
土改中征收的土地归还原主，或加以拍卖。

第二，降低关税。长期以来，智利是个高关税保护国家，
1973 年智利平均关税率为 94%，最高关税率为 500%。1974 年，
放弃了长达 40 年的高关税保护政策，用 5 年的时间完成了降低
关税的计划。1979 年 6 月，智利采用 10% 的统一关税。同时，
取消优惠兑换率、进口限制、进口预付款等。

第三，吸引外资。1974 年，军政府颁布了以对外资开放和
非歧视政策为特点的新外资法，即"600 号法令"。1976 年 10
月，智利退出了安第斯集团，从而可以不执行该集团关于限制外

资的"第24号决议"。1985年5月，又颁布了关于债务资本化的"第19号条款"，鼓励通过外债资本化途径吸收外国投资和减少外债。

第四，实行对外开放的"贸易自由化政策"。军政府大力鼓励出口特别是非传统产品的出口，并在关税、税收、金融政策等方面提供各种优惠。

第五，颁布劳工政策。军政府要求工会"完全脱离党派政治"，解散了一批"具有马克思主义倾向"的工会组织。1979年1月颁布的新劳工政策规定，政府只允许以企业为单位组织工会；劳工合同谈判只能在本企业内进行；政府有权用强制仲裁解决劳资纠纷；企业主在罢工期间有权关闭企业或雇人顶替罢工工人等。这个劳工计划大大削弱了工人的合法权利。

军政府的经济改革力度大、涉及面广，在执行中往往顾此失彼，经济运行几度大起大落，加上20世纪80年代初期，智利又陷入债务危机之中，广大中下层人民付出了很大的代价。尽管如此，这场改革为以后智利经济的稳定增长和更有效地参与国际竞争奠定了基础。

20世纪80年代，美国和西方主要资本主义国家转而强调资产阶级多元化民主的价值观，拉美地区出现了一股民主化的潮流。许多国家当政的军人"还政于民"，维持军人统治的只剩下智利和巴拉圭等国家。在这种形势下，智利人民群众要求恢复国内民主的呼声日益高涨，反政府的斗争不断深入，军政府在国内外的处境日益孤立。进入80年代后，智利各党派积极消除积怨和分歧，在反对军政府的旗帜下团结起来。1983年8月，基民党、社会民主党、激进党和社会党等党派成立了民主联盟，发表《民主宣言》，动员智利各阶层人民为争取恢复民主制度而斗争。1985年，包括全国绝大多数反对党在内的11个政党第一次采取联合行动，签署了"全国协议"，要求军政府取消非常状态，恢复政党活动和制定选举法。

从 70 年代后期开始，美国转而采取支持智利民主化进程的策略，不断向皮诺切特施加压力，停止军援，减少财政支持，甚至指名批评军政府，敦促皮诺切特建立代议制民主政体。1985 年 12 月，美国负责美洲事务的助理国务卿艾拉姆斯表示，美国政府希望皮诺切特下台，由一个民主政府取而代之。[①] 他还支持 11 个反对党签署的"全国协议"。美国驻智利大使加强同政府反对派的接触和联系，公开放弃对智利军政府的支持。1986 年 3 月在日内瓦召开的联合国人权会议上，美国一改常态，反对智利军人破坏人权的做法，提出一项呼吁智利军政府结束"一切形式的肉体和精神折磨"的决议草案。

在智利民主化运动高涨的形势下，西欧国家也逐渐转变对智利军政府的态度。1983 年 9 月，智利军政府举行纪念政变 10 周年大会时，法国、联邦德国、英国等 10 个欧洲国家的使节拒绝出席。

在智利人民争取民主斗争和国际舆论的压力下，皮诺切特不得不做出加速国内"民主化进程"的姿态。他在 1986 年底发表的除夕文告中，宣布允许大部分政治流亡者回国，取消国内戒严状态；1987 年 1 月，下令释放大批政治犯，3 月又宣布开放党禁，恢复中断了 13 年的政党活动，但仍禁止马克思主义政党的活动。

1988 年 10 月举行全国公民投票前，军政府宣布皮诺切特是唯一的总统候选人。智利反对派原想抵制公民投票，但在权衡利弊后，决定采取动员群众投反对票的策略。包括基民党和共产党在内的 16 个政党组成了"争取投反对票全国指挥部"，提出 21 点纲领，为协调各反对党的行动提供了组织上和思想上的保证。

---

①　1985 年 12 月 7 日《圣保罗州报》。

在投票前夕，反对党组织了全国"希望大进军"，在首都举行了百万人参加的集会，显示了反对派的强大力量。在反对派和军政府的紧张角逐中，迎来了10月5日的公民投票。智利750万选民在全国2万多个投票站参加投票。世界各国约200多名议员实地观察了投票情况。10月6日投票结果揭晓，有54.68%的人反对皮诺切特继续执政，而赞成票为43.04%。皮诺切特接受了表决结果，因为他知道，宪法保证他将继续担任陆军总司令，直到1998年。在1989年12月举行的大选中，基民党领导人帕特里西奥·艾尔文（Patricio Aylwin）获胜，执政4年。

五 民主政府的恢复

19 90年3月，艾尔文领导的基民党与社会党、激进党、争取民主党等组成民主联盟上台执政，完成了由军人政权向文人政府的和平过渡，从而结束了智利长达17年的军人统治。艾尔文总统采取比较稳健的政策，凭借他丰富的从政经验，较好地处理了与在野和在朝的各政党特别是与军队之间的关系，保持了国内政局的稳定。在经济方面，艾尔文政府继续推进市场经济和出口导向发展模式，同时注重保持宏观经济的平衡，扩大对外开放，增加非传统产品出口，增大社会投入以缓解贫困，使经济保持持续稳定增长的局面。积极开展一系列外交活动，改变了国际形象，提高了智利的国际地位。

在1993年12月举行的大选中，以基民党为主体的民主联盟再度获胜，基民党人爱德华多·弗雷·鲁易斯—塔格莱（Eduardo Frei Ruiz-Tagle，爱德华多·弗雷·蒙塔尔瓦之子）出任总统，任期6年。弗雷政府执政期间，除继续保持宏观经济稳定以外，积极推进贸易自由化，大力吸引外资，加速智利经济国际化进程。军政府在推行自由市场经济改革的过程中，社会状况不断恶化。文人政府执政以来，政府十分注重解决社会问题，改善广大人民的生活条件。弗雷政府加大扶贫力度，提出"坚持经济增长、消灭贫困"作为政府的两大目标。为此，制定了几十个脱贫计划，宣布到 2000 年时，智利将消灭极端贫困，把贫困人口降到占全国总人口的 18%。

自智利文人接管政权之后，文人政府与军队之间的关系相对比较稳定，但皮诺切特执政期间侵犯人权的问题一直是国内政治的焦点。应西班牙法官加尔松等人的要求，智利前总统皮诺切特于 1998 年 10 月在英国伦敦就医时被英国警方扣留。加尔松指责皮诺切特在军政府期间杀害了数百名西班牙人，拟将其引渡到西班牙受审。弗雷政府曾多次与英国和西班牙交涉，并利用出席联合国大会等国际会议机会表明，智利维护国家司法主权、反对外来干涉的坚定立场，要求英国放皮诺切特回国并由智利司法机关审理。2000 年 1 月，英国政府以皮诺切特身体状况恶化，不宜将其引渡至西班牙受审为由，3 月 2 日将皮诺切特释放回国。回国后，智利议会通过取消皮诺切特终身参议员资格的决议，并交由司法部门审理。2002 年 7 月 1 日，智利最高法院裁定皮诺切特的"老年痴呆症"已经"无法医治"，因此终止了对他的审判。之后，皮诺切特辞去终身参议员职务，终于退出了智利的政治舞台。

2000 年 1 月 16 日，民主联盟候选人社会党的里卡多·拉戈斯·埃斯科瓦尔（Ricardo Lagos Escobar），在举行的智利第二轮总统选举中获胜，任期至 2006 年。拉戈斯 1938 年 3 月 2 日生于首都圣地亚哥。从小就受到传统的激进思想的影响，逐渐成长为一名社会民主主义者和左派进步人士，加入了智利社会党。拉戈斯曾就读于智利著名的国民学院（中学），1955～1959 年在智利大学法律系学习，毕业后获律师资格。1960～1962 年就读于美国北卡罗来纳州杜克大学，并获经济学博士学位，成为一名对资本主义市场经济颇有研究的经济学家。1963～1972 年任智利大

学教授，并兼任该校经济学院和政治管理学院院长。1973 年智
利发生政变后，他逃往阿根廷，70 年代中期又流亡美国。1978
年回到智利，从事社会调查研究，积极开展争取民主的社会活
动，并成为当时反对军政权斗争的主要领导人之一。1987 年，
他创建了争取民主党，后来该党成为执政联盟中仅次于基督教民
主党的第二大政治力量。拉戈斯曾担任艾尔文政府的教育部长和
弗雷政府的公共工程部长。他在当选总统后表示，将建立一个
"既要发展，又要公正"的社会。他强调民主、尊重人权和机会
均等，推崇拉美特点的"第三条道路"，认为社会平等、增加就
业及发展教育等是新政府须优先解决的课题。他曾出版过多本政
治、经济、社会类专著，如《经济权力的集中》、《转折中的智
利》、《迈向民主》和《过渡之后》等。

现任总统社会党人米歇尔·巴切莱特（Michelle Bachelet）
在 2005 年 12 月 11 日总统大选中，凭借"我会在乎你"的竞选
口号和"社会和谐"的执政理念，以 45.87% 得票率拔得头筹进
入第二轮选举。2006 年 1 月 15 日，智利举行第二轮总统选举，
她以 53.51% 的选票当选智利历史上首位女总统。2006 年 3 月 11
日宣誓就职，任期 4 年。

单身母亲巴切莱特，1951 年 9 月 29 日出生于智利首都圣地
亚哥的一个军人家庭。其父是忠于社会党阿连德政府的空军准
将，母亲是一位人类学家。巴切莱特父母深厚的人文素养和民主
精神给了她深刻影响。巴切莱特也继承了父亲军人的特质，为人
豪爽坦诚，做事果断干练。她思想解放，在天主教盛行的智利选
择了不信教。1973 年 9 月 11 日当巴切莱特正在智利大学医学院
学习时，皮诺切特发动军事政变，推翻了当时的阿连德民选政
府。巴切莱特的父亲时任空军准将，由于拒绝与皮诺切特合作，
从而被捕并死于狱中。巴切莱特本人也曾被监禁拷打，后被驱逐
出境，流亡澳大利亚及前东德等国。早在大学期间，巴切莱特就

在父亲的影响之下加入了社会党，开始了她早期的政治生涯。1979 年，随着智利政治形势的缓和，经过 5 年多流亡生活的巴切莱特获准回国。回国后，她一边从事儿科医生的职业，一边参与左翼力量的政治运动，努力推动智利的民主化进程。上世纪 90 年代，巴切莱特进入智利政治和战略研究院学习，后又赴美国华盛顿泛美防务学院进修。2000 年拉戈斯总统执政期间任命巴切莱特担任卫生部长，2002 年转任国防部长，成为拉美第一位女国防部长。在担任部长期间，她为解决群众看病难和协调政府与军队的关系作出了贡献。

2004 年，巴切莱特辞去国防部长职务准备参选总统。她在竞选中强调政策的连续性和重视社会领域的工作。在同僚们眼里，巴切莱特是一位坚强有魄力、工作不知疲倦、具有亲和力和诚信度的女性。评价一个政治家最重要的标准之一就是民意。从这一点来看，巴切莱特的成功毋庸置疑。最新的数据显示，尽管任期进入第四年，她依然有 58.5% 的支持率，高过她当选总统时的得票率。

2010 年 1 月，智利右翼领导人塞巴斯蒂安·皮涅拉（Sebastián Piñera）当选总统，结束了 1990 年智利"民主化"以来执政联盟持续当权 20 年的政治格局。2010 年 3 月 11 日皮涅拉正式宣誓就职，任期 4 年。

第三章

政　治

第一节　宪法

智利是资产阶级共和国，实行总统制。

自独立以来，智利先后制定过八部宪法，其中 1833 年宪法和 1925 年宪法执行时间最长，对智利中央集权制国家的形成和资产阶级代议制民主体制的建立起了重要作用。这八部宪法分别是：

1812 年宪法　智利第一部宪法。1810 年 9 月 18 日，智利首都圣地亚哥举行起义，推翻西班牙殖民统治，成立第一届国民政府。1812 年，国民政府最高执政官何塞·米格尔·卡雷拉批准了该宪法。宪法规定智利实行共和制，同时承认西班牙国王的合法主权。根据宪法，设立一个由 3 人组成的委员会"洪达"（Junta）作为最高行政机构。这 3 人分别代表智利当时所包括的圣地亚哥省、康塞普西翁省和科金博省，并设立一院制议会，由议会掌握政权，洪达执行议会的命令。后独立运动遭到保王党军队的镇压，这部宪法也随之被废除。

1818 年宪法　1818 年 2 月智利共和国正式宣告成立，时任最高执政官的奥希金斯曾宣布了一部临时法令，这一法令从颁布之日起就被通称为 1818 年宪法。该法规定建立一个由 5 人组成的、具有立法权的参议院，与奥希金斯一起行使行政统治权。同时设立一个掌管高级司法权的最高审判法庭。但奥希金斯为自己保留了极大的权力，仍对国家实行集权统治。

1822 年宪法　1822 年制宪会议批准了智利的第三部宪法。规定将奥希金斯的集权统治再延长 10 年，后因国内发生反政府暴动，奥希金斯于 1823 年初被迫辞职。这部宪法未能付诸实施。

1823 年宪法　1823 年拉蒙·弗莱雷执政期间，制定了实行三权分立的新宪法。该法规定，行政权力归最高执政官。立法权归参、众两院，参议院为常设机构，众议院只在特别情况下才起作用。司法权归属法院。该宪法只实施了半年，后因一次政变而终止。

1828 年宪法　1828 年 8 月 6 日，由制宪会议通过了一部代表自由党人利益的宪法，执行至 1833 年。该宪法共 134 条。宪法规定，共和国总统由选举人团间接选举产生，任期 5 年，不得连选连任，但可在隔一年后再度当选。副总统产生方式与总统相同，在总统患病或死亡时，可接替总统职权。司法权属于最高法院。部长由总统任免。立法权至高无上，由参、众两院组成的议会行使，议会休会期间由常任委员会行使权力。参议员每省各选 2 名，任期为 4 年；众议员由直接选举产生，每 1.5 万居民选 1 名，任期为 2 年。议会有权编制预算，规定公务人员的薪金，决定军人的晋升和任命最高法院法官。当没有一个总统候选人在选举人团投票中获得绝对多数时，议会可以决定总统的人选。

1833 年宪法　由华金·普列托总统主持制定，1833 年 5 月 25 日颁布，后经部分修改，一直实施到 1925 年，历经 92 年，是拉丁美洲国家宪法实施时间较长的一部宪法。该宪法首先确定了智利的疆界"北起阿塔卡马沙漠，南到合恩角，东起安第斯山脉，西至太平洋，包括奇洛埃岛及其附近所有岛屿和胡安·费尔南德斯各岛"。宪法规定，智利政府是"人民的和代表人民的"，国家主权属于国民并由依法组成的当局行使；罗马天主教为国教，"任何其他教派不得举行公众集会"；公民在法律面前一律平等；除国家有权因公征用外（事后应补偿），私有财产不可侵犯，并确定永久性的长子继承制度；只要符合法律要求，公民有担任公职和受雇佣的平等权利，有出国和在国内自由迁徙的权利，有向当局请愿及在报纸上发表个人意见的自由，以及依法纳税的义务等。1833 年宪法对公民选举权做了限制性规定，即只有年满 25 岁（已婚者 21 岁）、有阅读和书写能力并有一定收入或拥有一定财产的男性公民才有选举权。国家实行三权分立。行政权由共和国总统行使。总统由间接选举产生，任期 5 年，可连任一届。总统享有广泛权力，除领导内阁外，还有一个国务委员会作为咨询机构。总统任命最高法院法官和地方行政长官，并可在征得国务委员会同意后，宣布任何一个省或全国戒严，停止宪法保障。各省和地方的行政权由省长、郡长和民选的市政当局执掌。立法权属于由参、众两院组成的议会。众议员任期 3 年，由民选产生；参议员任期 9 年，由间接选举选出，每 3 年改选1/3。议会拥有重要的权力，如批准或否定国家预算；在特殊情况下授权总统行使非常权力和停止人身保护。司法权属于最高法院，最高法官实行终身制，其产生办法是由国务委员会提名，总统任命。宪法还规定，没有有关当局的命令不得逮捕任何人，除依法成立的法庭外，不得审判任何人；军队必须绝对服从政府，任何武装力量都不能过问政治。此外还宣布国民教育应受到"国家极大的重视"。

主持制定这部宪法的普列托总统曾经指出，这部宪法是结束自独立战争胜利以来的革命和混乱局面的一种手段，宪法把极大的权力集中在总统手中，因此，共和国实行的是"专制的"政府制度。尽管人们对这部宪法持有不同意见，但事实证明，普列托的上述观点是符合智利当时的历史实际的。1833 年宪法促成了全国和睦及共和国体制的确立，给智利带来了近 60 年的政治稳定时期。但是，专制的政府制度的弊病也逐渐显现出来。由于总统权力不断膨胀，形成从中央到地方的一切权力由总统一手控制的局面；行政当局对选举横加干涉，从而引起各派政治势力特别是在野党的强烈不满。1891 年在野党在议会选举中获胜，使智利进入议会共和国时期。后来，反对派就利用议会多数不加区别地削弱总统和政府的权力，又造成政治上软弱涣散的局面。

1925 年宪法 1925 年 9 月 18 日由阿图罗·亚历山德里政府颁布。该法指导思想是要恢复政府的权力和权威。宪法重新明确规定，智利为总统制国家，确认了行政机构的充分权力；剥夺了参、众两院利用谴责办法罢免内阁部长的权力，同时授权众议院就总统和内阁部长滥用职权的行为向参议院起诉，使政府和议会相互制约。宪法规定，实行政教分离，宗教信仰自由；承认私有财产不可侵犯，但规定国家为了公共利益可以摊派各种义务。宪法规定：年满 21 岁，有一定文化水平并经选民登记的公民都有选举权，现役军人、牧师和修女无选举权；总统由直接选举产生，任期为 6 年，不得连任；不设副总统，总统空缺时，由选民重新选举产生；政府各部部长由总统任命，不对议会负责；由参、众两院组成的议会行使立法权，参、众议员均由直接选举产生，任期分别为 8 年（每 4 年改选 1/2）和 4 年；议会拥有弹劾部长和总统的权力；修改宪法提案需经参、众两院出席会议议员的绝对多数批准，总统无权否决议会通过的法案，但可提出修改意见。如总统与议会之间对修改宪法问题有争议时，则由公民投票决定。宪法重新规定军人不得干预政治。这部宪法的颁布与实施，结束了 34 年的"议会共和国"时期。1925 年宪法实施了 48 年，直至 1973 年 9 月军事政变时为止。

1980 年宪法 现行宪法。由皮诺切特领导的军政府主持制定，1980 年 9 月 11 日由全民投票通过，1981 年 3 月 11 日起正式生效。宪法共 14 章 120 条，另有 29 条临时条款。宪法继承了 1925 年宪法的基本原则和内容，同时也反映了军政府领导集团的某些意志。宪法规定，智利是一个民主共和国，主权为全民族所有；其权力由人民通过定期公民投票和选举以及本宪法确定的当局来行使。人民中的任何一个阶层或个人都不能独揽行政权；在宪法面前人人平等，宪法保障公民的基本自由，每个人都享有同样的尊严和权利，任何个人或集团都不得享有宪法或法律规定以外的权力或权利；公民享有人身自由和个人安全的权利，有居住、迁徙、出入国境、受教育、获得医疗保健和社会保险、劳动及生活在没有污染环境下的权利，有不携带武器举行和平集会、结社、请愿的权利，有思想、言论、出版和表达各种信仰及依法建立和参加工会的自由，有在不影响社会公德、公共秩序或国家安全，遵守法律有关规定的情况下，开展任何经济活动的权利，但个人或集团宣扬破坏家庭、鼓动暴力，或鼓吹专制主义和阶级斗争的行为都是非法的，都是违背共和国的体制原则的；反对任何形式的恐怖主义，这类罪行一律被视为普通刑事罪而非政治罪，对恐怖分子不大赦，不免罪，不减刑，将制定特别法来对他们严加制裁；禁止国家和市政机关官员以及国营企业工作人员罢工；公民应尊重国家及国家象征物，要为保卫国家主权，维护国家安全及智利传统价值做贡献；每个人必须按照法律确定的条件和方式服兵役及承担法律规定的其他个人义务。宪法规定，年满 18 岁的公民有选举权和被选举权；年满 21 岁的公民有资格当选为议员；总统由直接选举产生，任期 8 年，不得连任。总统候选人必须在大选中获得绝对多数票才能当选，否则，由第一轮选举中得票最多的两位候选人参加第二轮选举，从中选出一位；如总统因患病、出国或其他重要原因，暂时不能行使职权时，则由一名内阁部长（按法定顺序排列，第一是内政部长）以副总统名义接替，如所有部长都不在，则由参议院议长、最高法院院长、众议院议长依次代替。

智利国民议会是国家最高权力机构，行使立法及宪法规定的其他权力。议会由参议院和众议院组成，参议院有 35 个席位，其中 26 席为选举产生，9 席由总统、最高法院、三军及警察当局任命，任期为 8 年；此外，连续任满 6 年的共和国前总统为终身参议员。众议院共有 120 个席位，由直接选举产生，任期为 4 年。宪法规定，设立由总统领导的国防委员会，其成员有参议院议长、最高法院院长、陆海空军司令及警察部队司令组成。司法独立，最高法院及上诉法院的法官和检察官均由总统任命，另设宪法法院和选举法院。根据总统或议会议员的提议，可以对宪法进行修改。修正案须经参、众两院 3/5 议员赞成方可批准通过。地方各级的行政管理机构分别是大区、省、市镇政府。

新宪法生效时，智利仍处于军人统治之下，没有议会，未开放党禁，宪法条款不能全面付诸实施，因此，宪法又附加了 29 条临时条款作为补充规定。例如，规定宪法生效后 8 年为过渡期，在此期间，总统仍由皮诺切特将军担任，任期 8 年，并由总统和军人执政委员会行使立法和行政权；在新的政党组织法颁布之前，继续禁止政党活动；选举法院要在恢复议会选举时方能行使职能；参议院建立以前，起咨询作用的国务委员会继续存在，等等。执政委员会由陆、海、空三军司令和警察司令组成；设立国家安全委员会，由总统、执政委员会成员、最高法院院长和国务委员会主席组成。临时条款还规定，在 8 年过渡期结束前 90 天，由军人执政委员会提名下届总统候选人，通过公民投票进行表决，如获通过，新总统将在任职 9 个月后，依法举行参议员和众议员选举，组成国家议会；如遭否决，则现任总统和执政委员会任期自动延长一年。在延长期结束前 90 天，必须依照宪法及有关法律举行大选，选出总统和议会。新宪法的所有条款开始全面生效。根据这个规定，1988 年 10 月，智利举行公民投票，军方提出的下届总统候选人皮诺切特被否决。随后，智利于 1989 年 12 月举行大选，选出了新的总统和议会。1990 年 3 月 11 日新总统帕特里西奥·艾尔文上台执政，标志着智利军人政权的结束和国内民主的恢复。

从 20 世纪 80 年代后期开始，智利各派力量间就修改宪法问题一直存在着不同意见和斗争。一些政党甚至认为这部宪法带有专制主义色彩，应予废除或做重大修改。军方及右翼势力为维护自己的权力和利益，反对对宪法做重大修改；而大部分政党，特别是中—左力量则坚决主张修改宪法并进行了多方努力。联合政府及中—右反对派中的部分成员，从 90 年代起就试图结束军人对政治的直接参与，但他们提出的宪法修改案（包括取消任命参议员的规定）则因在参议院中缺乏多数票而未获通过。由于各方立场不同，意见不一，宪法虽经 1989 年、1991 年和 1993 年几次修改，但都未有重大变化。主要修改之处为：艾尔文总统执政时，总统任期改为 4 年，不得连任；取消宪法第 8 条，即关于禁止任何个人或团体宣扬破坏家庭、鼓动暴力、鼓吹集权主义和阶级斗争，以及对此进行惩罚的有关规定。代之以禁止在任何意识形态指导下进行犯罪活动；减小国家安全委员会的权力，并将其组成人员改为总统、参议院议长、最高法院院长、总审计长、陆、海、空三军司令及警察部队司令，这使得政府与军方拥有相同的席位；将选举的参议员由 26 名增至 38 名，从而削弱了任命参议员的势力。同时把规定选举的参议员由全国 13 个大区各选 2 名，改为将其中的 6 个大区又各分为两个选区，等于全国共 19 个选区，每个选区选 2 名参议员；1993 年 12 月智利议会通过宪法修正案，把弗雷政府总统任期从 4 年又改为 6 年，不得连任。

2005 年修改宪法将总统任期改为 4 年，并取消了终身参议员和指定参议员。

第二节　中央政府和地方政府

一　中央政府

智利宪法规定，政府由国家元首共和国总统负责。凡在智利出生、年满 40 岁、有选举权并具备其他必要条件的公民均可竞选总统。每届总统任期结束前 90 天，必须举行新总统选举。国家不设副总统职位，若当选总统因故暂时无法就职，应按参议院议长、最高法院院长和众议院议长的顺序出任副总统。若当选总统因故根本不能就职，副总统在 10 天内发布命令，宣布在 60 天内重新进行大选。若总统出国访问等，短期不能行使职责可由一名内阁部长（一般是内政部长）出任代理副总统。若总统在任内去世或其他原因而不能完成任期，由参议院以绝对多数同意任命一位继任总统，任职到该届政府期满为止，并不得参加下届总统竞选，其任职期间拥有宪法给予共和国总统的一切职责，但无权解散众议院。未经参议院同意，总统出国不得超过 30 天，也不得在其任期内的最后 90 天内离开国家。总统任期届满必须按期交权。总统任职期间拥有以下特殊职权：按照宪法参与制定、批准和颁布法律；召集特别会议、例会和宣布闭会；在宪法规定的范围内，事先经议会授权颁布具有法律效力的法令；任内有一次解散众议院的权力，但在众议院活动的最后一年中不得行使这一权力；按宪法规定，可任命少数参议员，任免内阁部长、副部长、行政大区区长、省长和市长，任命驻外大使和公使、驻国际机构代表；在参议院的同意下，任命共和国审计长；根据最高法院和上诉法院建议，任命最高法院法官和审判

125

员；发布特赦令；主持与外国和国际机构缔结条约及协定；任免陆、海、空三军司令和警察部队司令，决定三军和警察部队军官的任免、晋升和退役；根据国家安全的需要，调遣、组织和部署陆、海、空军力量及宣布全国或局部地区处于非常状态；战时担任武装力量最高统帅；经法律批准并得到国家安全委员会的听证后对外宣战；关注公共税收的收缴并依法确定投资和安排其他支出，有权在征得全体内阁部长同意后，批准未经法律授权的开支；国家各部部长是共和国总统在政府和国家行政管理部门直接和下一级的合作者，等等。

巴切莱特政府于 2006 年 3 月 11 日组成，现共设 22 个部委，主要成员有：内政部长埃德蒙多·佩雷斯·约马（Edmundo Pérez Yoma），外交部长亚历杭德罗·福克斯莱（Alejandro Foxley），国防部长何塞·戈尼（José Goñi），政府秘书部部长弗朗西斯科·比达尔（Francisco Vidal），总统府秘书部部长何塞·比埃拉加略（José Viera-Gallo），财政部长安德烈斯·贝拉斯科（Andres Velasco），经济部长乌戈·拉瓦多斯（Hugo Lavados）。

二 地方政府

就政府和国家内部管理而言，智利行政区划为大区和省，省级以下分为市镇。

各大区政府和最高行政领导，由总统直接任命的区长负责。区长依照法律及总统的命令、指示行使职权，是总统在该大区的当然代表。区长的职责是，根据国家的总体发展规划，制定本区的发展计划和方针政策，并监督、协调和检查大区的各项公共事务。每个大区设立一个区发展委员会，由区长领导，其组成人员包括区辖各省省长、驻该区陆、海、空三军和警察部队各一名代表、本区各主要公共与私人机构委派的代表；私人机构代表应在该委员会中保持多数。区发展委员会是区长的咨询机构，并保证社会各界切实参与本地区的经济、社会和文化方面的发展。地区发展规划和预算必须得到区发展委员会的同意。地区发展所需资金的分配,由区发展委员会负责。

各省政府设省长一人,省长由总统直接任命,并服从所在大区区长的领导。根据区长的指示,省长负责管理本省各项公共事务和行使法律赋予的有关职权。各省省长根据情况和有关法律规定,可在一地或几地委派专员行使职能。

市政府是基层公共权力组织,享有法人地位和独立的财务。市政府由市长和市政委员会组成。市长由市政委员会推荐(可推选3名候选人),区发展委员会任命。大区的区长有一次否决权。但共和国总统有权依据法律,在某些市镇根据其人口、地理位置等情况任命市长。各市设市镇发展委员会,其宗旨是,为市长提供咨询,并使当地居民切实参与市镇的经济、社会和文化进步。国家通过预算来解决市镇费用的支出。90年代以来,为了进一步发挥地方政府的积极性,使中央和地方协调发展,智利中央政府实行权力分散化政策,逐步把有关权力下放到市一级,同时加强市政府的管理和发展职能。因此,市政府的地位和作用越来越重要。

第三节 议会

智利国民议会实行参、众两院制。议会的职能是根据宪法制定法律,行使宪法赋予的有关权力。就总统提请审议的国际条约进行表决,对总统拟宣布的戒严令表示赞成或反对,是议会的专门职能。总统可在议会每年例会期的最后10天或休会期间,召集只限于讨论立法事项或国际条约的议会特别会议。休会期间,如两院有多数议员提出书面要求,议会可由参议院议长召集特别会议,并可讨论议会职权范围内的任何问题。

参、众两院只有在法定人数 1/3 议员到会的情况下，才能开会做出决定。议会每年 5 月 21 日开始举行例会，9 月 18 日闭会。2000 年 3 月议会决定将议会会址从瓦尔帕莱索迁回首都圣地亚哥。

智利众议院由 120 名议员组成，由宪法组织法规定的选区直接投票选举产生，众议员任期为 4 年。竞选众议员的条件是：年满 21 岁、有选举权的智利公民，受过中等或具有同等教育水平、选举之前在所选区居住时间不少于 3 年的公民。众议院的专门职权是：监督政府工作。众议院在到会大多数议员同意下，可以把对政府工作的意见，用书面形式提交给总统。政府必须在 30 天内由有关的政府部长做出答复。任何议员的建议只要得到与会 1/3 议员的同意，即可要求政府提供有关背景情况。众议院有权对严重危害国家荣誉或安全，公开违反宪法和法律的总统提出指控。指控要在总统任内或离职后 6 个月内提出，控告成立必须得到众议院绝对多数表决通过。总统在任期满后 6 个月内不经众议院允许不得离开本国。众议院有权对政府部长、最高法院院长、总审计长、军队高级将领以及大区区长和省长的严重危害国家荣誉或安全、违反宪法和法律、犯有叛国、敲诈、勒索、贪污公款和贿赂等罪行，以及严重失职的行为，提出指控。对上述官员的指控可在其任内或离职后 3 个月内提出，控告得到与会多数议员同意即可成立。被告人未经众议院允许不能离开本国。如控告已经众议院通过，被告人在任何情况下都不能离开本国。被控告者应从众议院宣布指控成立之日起停职，如果参议院不受理指控或在 30 天内不表态，被控告者即中止停职。

在 2001 年 12 月的换届选举中，争取民主党女众议员安德里亚娜·穆尼奥斯（Andriana Muñoz）成为智利历史上第一位众议院女议长。根据执政联盟内部事先达成的协议，她的任期仅为一年，第二年让位于社会党众议员伊莎贝尔·阿连德，而余下的 2

年则由基民党众议员接任。

参议院由直选议员和非直选议员组成。1980年宪法规定，全国13个大区通过直接投票各选出2名参议员，任期8年，每4年更换1/2，即第一次改选单数区议员，第二次改选双数区和首都区议员。后修改宪法决定，瓦尔帕莱索区、首都联邦区、马乌莱区、比奥比奥区、阿劳卡尼亚区和群湖区等6个大区，各分成两个选区，这样，全国共有19个参议员选区，共选出38名参议员。竞选参议员除须年满40岁外，其他条件与众议员相同。非直选议员包括：连续任职满6年的前总统为终身参议员；2名连续任职至少满2年的前最高法院法官，1名连续任职满2年的前共和国总审计长，以上3人均由最高法院选出；由国家安全委员会推选，任职满2年的前陆、海、空三军和警察部队司令各1名；由总统任命的1名连续任职满2年的国立大学或国家承认的大学前校长和1名任职满2年的前政府部长。除前总统为终身参议员外，其他非直选参议员任期为8年。如具备上述条件的人选不够，就从上述各部门中担任过重要职务的公民中挑选。智利参议院现有参议员38名，全部由直选产生。众议员和参议员可以连选连任。

参议院的专门职权主要是：审理众议院对高级军政官员的指控。在参议院宣布被指控者罪行成立时，如是总统，必须有2/3在任议员通过。如系其他官员，须经多数参议员认可。被指控者一旦被宣布有罪，即被解职并在5年内不得担任任何公职，同时交给司法部门审理；审理各政治或行政当局与最高法院之间的权限纠纷；批准恢复刑满释放人员的公民资格；依据宪法和法律要求，批准或否决总统即将采取的行动；审理批准总统出国30天以上或在其任期最后90天内出国；当总统因体力或脑力障碍不能胜任工作提出辞职时，宣布其辞职理由是否成立并决定是否接受辞呈，但事先要征得宪法法院的意见。宪法还规定，参议院及

其各委员会和参议员个人均不能对政府及其下属部门的行为进行监督。

本届议会于 2005 年 12 月 11 日选举产生，2006 年 3 月 11 日成立。参、众两院领导成员通过投票表决与党派协商相结合方式产生。现任参议长为基民党人爱德华多·弗雷（Eduardo Frei）；众议长为社会党人弗朗西斯科·恩西纳（Francisco Encina）。主要党派在议会中所占席位如下：

表 3-1 本届议会中主要党派所占席位情况

	参议院	众议院
基督教民主党	5	16
社会党	7	15
争取民主党	2	19
社会民主激进党	3	7
独立民主联盟	9	33
民族革新党	7	20
独立派人士	5	10
总　　计	38	120

资料来源：外交部网站，2009 年 9 月。

第四节　司法机构

智利实行司法独立。宪法规定，只有依法成立的法院才有权受理和判决民事和刑事案件并执行审判结果。总统和议会在任何情况下都不能行使司法职能，审理悬而未决的案件，审查或修改判决的依据和内容或重新审理已了结的案件并为其翻案。除宪法法院、选举资格评定法院、地区选举法庭和战时军事法庭外，全国所有法院均由最高法院领导。全国除最高法院外，还设有 17 个上诉法院和 1 个军事法院，各省市设初审法院、劳工法院和军事法庭等。

最高法院 最高法院由总统任命的 17 名法官组成，最高法院院长在这 17 名法官中选举产生。司法部门的法官只要品行端正，可任职到 75 岁，但本人可以辞职，或被解职。最高法院院长不受上述年龄限制，即使超过 75 岁，还可任职到届满。总统根据最高法院的意见，可对司法部门的法官、官员和工作人员进行同级调动。除在犯罪现场抓获者外，没有有关法院的命令，不能逮捕高等法院法官及其检察官和律师，除非他犯了罪或有现行罪，但也不能马上将其送交法院审理。法官犯有受贿、不遵守法律程序、拒不执法或弄虚作假等罪行者，由本人承担责任。最高法院在工作、惩戒和经济方面对国家各法院（宪法法院、选举资格评定法院、地方选举法庭和战时军事法庭除外）有最高领导权。此外，最高法院还有权审理不属参议院管辖的政治或行政当局与各法院之间发生的权限纠纷。最高法院有权推荐上诉法院的法官和检察官，最后由总统任命。最高法院院长乌尔瓦诺·马林（Urbano Marín），2008 年 1 月上任，任期两年。

宪法法院 根据 1980 年宪法，1981 年 2 月设立，由 7 人组成，其中法官 3 名，由最高法院以绝对多数并以无记名投票选举产生；律师 4 名，其中 1 名由总统任命，2 名由国家安全委员会选出，1 名由参议院以绝对多数推选，任期 8 年，每 4 年更换部分成员，享有不受罢免权。在出任法官期间，不得兼任众议员或参议员，也不得兼任选举资格评定法院的成员。宪法法院例会法定人数为 5 人，法庭内简单多数形成决议，并根据其权力做出裁决。宪法法院的基本职能是：对未颁布的或批准之前的国家各种法律、法令、国际条约等进行审查，以确保其内容不违背国家宪法；对国内各类团体、组织、政党进行审查并确定他们是否符合宪法；对内阁部长候选人和在任内阁部长进行审查，确认其当选或继续担任部长是否符合法律规定的要求；解释宪法的内容、审查有关法令的合宪性并审理围绕宪法出现的问题。宪法法院做出的决议，任何机构不得反对，根据法律，宪法法院可纠正自己的过失。

选举法院 即选举资格评定法院。由 5 人组成，任期 4 年。其中由最高法院选出 3 名法官（最高法院现任或前任法官）和 1 名律师；另一名由任职不少于 3 年的前参议院或众议院议长担任。上述律师和前议长不能是现任议员、政党领导人，也不得是内阁部长及其他民选职务的候选人。选举资格评定法院的职能是：监督总统、参议员和众议员的选举，同时负责总计票工作；审理与选举有关的申诉，对反对意见予以调解并公布选举结果；监督公民投票，以及法律赋予的其他职能。设立地区选举法庭，主要是为了监督地方选举和行会选举。其成员由 1 名同级上诉法院法官、2 名由选举法院任命的法官或律师组成，任期为 4 年。

总审计署 为自治机构。对政府行为是否合法实施监督，并依照法律检查国库、市政府及其他机构和服务部门的收支情况；审查上述单位资金负责人的报告并做出判断；统管全国的统计工作，并根据宪法组织法负责其他方面的工作。总审计长经参议院多数议员同意，由总统任命，不得撤换，年满 75 岁则不再任职。总审计长有权了解具有法律效力的法令，如上述法令超出有关法律规定的范围、与之冲突或与宪法不符，则应予提出。在行使法律监督时，总审计长应依据法律来了解所要提交总审计署办理手续的法令和决议，或宣布其不合法；如有各部部长签字且总统坚持，应予以办理手续，同时将有关法令附件送交众议院。

国家检察院 1997 年 8 月，智利议会批准了一项宪法修正案，其内容包括建立一个国家检察院。这是智利 100 年以来最重要的一项司法改革，此项工作于 20 世纪末完成。检察院的建立以及其他一些司法改革，将彻底改变以往拖拉、混乱和复杂的审判制度。从 2000 年起，检察院独自负责司法调查和起诉工作。国家检察长为萨瓦斯·查安·萨拉斯（Sabas Chahuán Sarrás）。

第五节 政党

智利是多党制国家。主要政党有：

社会党（Partido Socialista，PS） 智利执政联盟成员，现为执政党。1933 年 4 月，由当时的统一社会党、马克思主义党、共和社会党、国际社会党和劳工党等合并组成。创始人欧亨尼奥·马特（Eugenio Matte）。1936 年，社会党曾参加由多党组成的反法西斯人民阵线，并从 1938 年起成为连续 3 届政府中的参政党，但在政府中不起主导作用。1947 年被激进党排除出内阁后，党内反对激进党政府的一派改名为人民社会党，支持政府的一派仍称社会党。1957 年两派重新统一。1958 年和 1964 年，两次和共产党等组成人民行动阵线参加大选，均失败。1964 年党内部分青年退出，另组左派革命运动。1970 年，同共产党、激进党等 6 个党派组成人民团结阵线，在总统大选中获胜并联合组成"人民团结"政府，由社会党领导人萨尔瓦多·阿连德任总统。1973 年的军事政变推翻了"人民团结"政府，社会党遭到残酷镇压，大批领导人和党员被迫流亡国外，组织上也分裂成几个派别。1989 年 12 月，社会党两个主要派别阿拉特派和阿尔梅达派宣布联合，成立"统一社会党"。1990 年 7 月，又与另一派曼杜哈诺派合并，成立智利社会党。同年 11 月，社会党举行"萨尔瓦多·阿连德团结代表大会"，决定吸收基督教左派集体加入社会党。现有不少左派小党和前智共党员加入了该党。该党具有社会民主党色彩，强调民主价值观。1996 年 9 月加入社会党国际。

智利社会党的性质曾确定为"代表工人阶级和智利被剥削群众利益的革命组织"和"工人阶级的革命先锋队"。1964年通过的党纲提出，要通过各种形式的议会斗争在国内确立一种"民主人民权力"，在国家经济与社会生活中实行自治，并奉行与世界上一切爱好和平的反帝力量合作的国际政策。在1971年召开的党的"23大"通过的政治决议中提出：社会党将通过"人民团结"政府，"把资产阶级性质的现行制度改造成为社会主义性质的制度"，在智利建立社会主义社会；通过争取和改造武装部队以建立一支新军队；实行经济社会化、土地改革、工人参加企业管理、增加工资和社会福利等政策。对外奉行尊重各国主权和人民自决原则，加强与第三世界国家的团结，支持民族解放运动。1973年后，该党继续进行反对独裁、要求恢复民主的斗争，其中一些派别和基督教民主党等组成民主联盟开展活动。苏联和东欧发生剧变后，社会党于1991年11月宣布，作为一个政党，它已不再信仰马克思主义，但不要求党员放弃马克思主义。该党赞同延续军政府时期实行的社会市场经济模式，但反对通过私有化实现国家的现代化，要求政府关注社会问题；对外主张实行独立的外交政策，在尊重自决权和不干涉原则的基础上同世界各国建立关系。1990年帕特里西奥·艾尔文政府上台后，该党确定今后的主要任务是巩固真正民主体制，实现民族谅解和争取建立民主社会主义。社会党在艾尔文政府和弗雷政府中都是参政党。1999年12月，社会党候选人里卡多·拉戈斯·埃斯科瓦尔以51.32%的选票击败反对党"争取智利联盟"的候选人华金·拉温，当选为智利总统。

社会党现有党员约7万多人，其中1万多人具有社会党和争取民主党双重党籍。党的最高权力机构是全国代表大会。智利社会党是社会党国际咨询成员。社会党现主席卡米洛·埃斯卡洛纳（Camilo Escalona）。

基督教民主党（**Partido Demócrata Cristiano，PDC**） 执政联盟成员、最大参政党。该党前身是 20 世纪 30 年代出现的保守党青年运动。1938 年，青年运动因在大选中支持当时的人民阵线而脱离保守党，另组国家长枪党。1957 年 6 月由国家长枪党和基督教社会党等合并成立基督教民主党。主要创始人爱德华多·弗雷·蒙塔尔瓦于 1964～1970 年出任总统。1969 年 5 月，因党内对参加 1970 年大选的方针存在严重分歧，导致组织上的分裂。同年，党内较为激进的一派因对党的土地政策不满而退出，另组统一人民行动运动。1970～1973 年人民团结政府执政时成为主要反对党，并采取有条件地支持政府在宪法范围内进行的各种改革的立场，同时利用在议会中的多数地位，对政府进行牵制，后期发展为对政府持公开反对态度。1973 年 9 月军事政变后，基民党被宣布为非法。1975 年以后，公开主张军队应还政于民，并恢复法制。党的主要领导人曾一度遭军政府逮捕。1983 年 8 月军政府开放党禁后，基民党恢复公开活动。该党主张在智利建立民主的和解社会，逐步在反对派政党中取得主导地位。1988 年 6 月，在智利组成了以基民党为首，包括其他 16 个党派的"各政党争取民主联盟"。1989 年 2 月，该党推选其主席帕特里西奥·艾尔文为总统候选人，并经协商成为反对派唯一的总统候选人。1989 年 12 月，艾尔文在大选中获胜，1990 年 3 月11 日，正式就任继军政府后的第一届文人政府总统。智利基民党在智利民主化进程中起了重要作用。

基民党的指导思想为基督教民主主义，推崇代议制民主和政治多元化；主张实行多种所有制共存的混合经济和市场经济；主张社会正义和通过政治斗争改造社会，反对暴力；对外主张与各国普遍建立外交和经贸关系；在加强与北美、西欧国家关系的基础上面向亚太地区；谋求建立国际正义和国际新秩序，建立一个"没有霸权的美洲体系"，实现拉美政治、经济一体化。

基民党中央领导机构为全国委员会，省或地区设领导委员会。在青年、妇女、农民和市民中设有相应的组织机构。每两年召开一次全国代表大会。

现有党员约 10.9 万人。该党是基民党国际成员。现任主席胡安·卡洛斯·拉托雷（Juan Carlos Latorre）。

争取民主党（Partido por la Democracia, PPD） 执政联盟成员、参政党。1987 年 12 月 15 日成立，以拉戈斯为首团结统一人民行动、激进党、共产党和右翼共和党的一些著名人士组成，[①] 主要成员是社会党党员。其主张基本上与社会党相同。1988 年 3 月成为合法政党后，积极参加反对军政府的斗争，主张恢复民主制度，建立民族和解社会。该党的基本纲领是谋求在智利建立民主社会主义；对内积极推动宪法改革，要求彻底根除军人政权建立的法制体系；赞同社会市场经济模式和宏观经济均衡增长的政策；反对恐怖和暴力行为；主张改善穷人生活；对外主张以国际主义、人道主义、和平主义及拉美主义原则与各国建立政治、经济和文化关系。

争取民主党在艾尔文和弗雷政府中都是参政党。现有党员8.4 万多人。该党为社会党国际成员。现任主席倍贝·奥斯（Pepe Auth）。

激进社会民主党（Partido Radical Social Demócrata, PRSD） 智利最老的政党之一。原名激进党，执政联盟成员、参政党。1863 年 12 月 28 日成立。创始人是曼努埃尔·安东尼奥·马塔（Manuel Antonio Mata）和安赫尔·古斯托迪奥·加略（Angel Gustodio Gallo）。最初的成员是原自由党左派和保守党的反对派。该党成立时的宗旨是反对天主教享有特权，主张修改宪法，分散行政管理权，进行自由选举，建立廉洁政府，兴办国民教育，发

---

① 拉戈斯既是社会党党员，又是争取民主党党员。

展采矿工业，给妇女以平等权利等。1936 年激进党与社会党、共产党等组成反法西斯的人民阵线。1938～1952 年人民阵线连续执政，3 届政府总统皆为激进党人。1960 年，激进党参加了自由党和保守党支持的豪尔赫·亚历山德里政府，拥有外交、经济、卫生、农业等部部长职位。1970 年该党参加了"人民团结"政府，担任国防、教育、矿业等部部长职位。1973 年军事政变后被宣布为非法，党的主席安塞尔莫·苏来（Anselmo Sule）两次被捕，后被驱逐出境。1978 年后，党在国内的组织逐步恢复活动。1979 年 3 月，该党参加了在墨西哥举行的拉美 36 个"民主政党"会议。激进社会民主党曾多次发生分裂。1983 年 8 月，党组织分裂为以主席西马为首和以副主席苏莱为首的两派。1987 年 4 月，苏莱一派组建智利民主社会主义激进党。在 1989 年大选中，两派都支持基民党人帕特里西奥·艾尔文竞选总统。1990 年 5 月，两党重新合并取名激进社会民主党。

该党在其纲领中表示是"劳动者的党"，奉行理性主义和人道主义哲学思想的路线，谋求实行非马克思主义的民主社会主义，建立一个平等、统一、先进的社会；推崇社会党国际所主张的民主，赞成实行自由市场经济模式和均衡增长政策，主张实现社会正义和社会财富的公平分配；对外奉行不结盟和中立政策，主张加强国家间的团结合作，为和平、裁军和尊重人的基本权利而斗争。该党为社会党国际正式成员。自称现有党员 8 万人。党的最高权力机构为全国代表大会，每两年举行一次。现任主席何塞·安东尼奥·戈麦斯（José Antonio Gómez）

民族革新党（Renovación Nacional，RN） 最大的反对党。1987 年 2 月 8 日，由右翼的民族联盟、独立民主联盟和全国劳工阵线合并组成。1988 年 4 月，因在党的领导人选问题上意见不一，原独立民主联盟的成员集体分裂出去。在 1988 年 10 月全民公决中，该党支持皮诺切特将军连任总统。1989 年大选中，民族革新党总统候选人、军政府时期的财政部长埃尔南·布奇未能当选。1990年3月艾尔文执政后，该党表示，为了国家利益，作为反对党将对政府持合作态度。

民族革新党宣布自己为中右政党，其指导思想是在智利维护和发展西方文化与历史传统，建立以个人为中心并充分尊重个人自由的社会。政治上主张民主、法制和意识形态多元化，反对马克思主义和共产主义；经济上主张私有制，充分发挥个人积极性和市场调节作用，国家在经济生活中只起指导、平衡和监督作用；在社会领域反对暴力和恐怖主义；对外主张国际关系应遵循和平解决争端、不诉诸武力、不干涉内政、信守协议等原则，并主张智利在尊重主权和自决的基础上同所有国家建立外交关系。

民族革新党在1998年议会选举中，拥有参议院7席、众议院22席，是议会中第二大党。该党有党员约6.8万（1990年）。党的最高领导机构是9人组成的全国领导委员会。现任主席卡洛斯·拉腊因（Carlos Larraín）。

独立民主联盟（Unión Demócrata Independiente UDI） 反对党，议会第一大党。1983年9月25日成立，由独立人士和1979年成立的"新民主"组织组成。亲军政府，意识形态上反共。2000年1月，其领导人拉温作为反对党组成的"争取智利联盟"候选人参加总统竞选，以微弱劣势败北。该党在2001年底议会选举中成为议会第一大党。主席胡安·安东尼奥·科洛马（Juan Antonio Coloma）。

智利共产党（Partido Comunista, PC） 在野党。原名为社会主义工人党。1912年6月4日由工人领袖路易斯·雷卡瓦伦（Luis Recabarren）创立（智共过去把1922年1月2日更换党名的日期作为建党日，1990年5月召开全国代表会议，决定把党成立日期改为1912年6月4日）。党成立后，领导工人进行争取政治经济权益的合法斗争。1922年1月，社会主义工人党召开第五次代表大会，决定改党名为共产党，并加入第三国际，雷卡瓦伦当选为总书记。1926年在议会中获1个参议员席位和2个众议员席位。1927～1932年曾两次被宣布为非法，其间领导过工人、学生和教师的反独裁斗争。1936年同激进党、社会党等结成人民阵线参加1938年大选获胜。1941年人民阵线破裂后，该党着手建立民主联盟。1942～1946年民主联盟在大选中获胜。1945年该党获得3个参议员和15个众议员席位。1948年被排挤出政府，并遭迫害，再次转入地下。1956年与社会党等6个党组成人民行动阵线，参加1958年及1964年两次大选，支持社会党人阿连德竞选总统，遭失败。1969年11月，智共召开第十四次代表大会，提出建立反帝的人民团结政府的口号，并于同年底与社会党、激进党、统一人民行动等6个党建立人民团结阵线，参加1970年9月的大选，支持阿连德竞选总统获胜。智共参加了内阁，取得3个部长、6个省长和1个大市市长职位；在众议院拥有25席，参议院占有6席。1973年9月军人发动政变，推翻了人民团结政府。智共被镇压，总书记路易斯·科尔巴兰（Luis Corbalán）被捕入狱。80年代，智共从过去主张"和平道路"转为强调"暴力"革命。1980年第一次提出：在军人独裁统治下，人民不得不"使用各种方法和斗争形式甚至使用暴力"来求得"生存的权利"。1983年11月同社会党阿尔梅达派等组成"人民民主运动"。1985年被宪法法院宣布为非法政党。1989年5月召开第十五次代表大会，重申1980年提出的"人民群众起义"的路线，以结束军人统治，建立全国团结政府。1989年大选中支持艾尔文。1990年10月恢复合法地位。

1973年参加政府时党员人数曾有19.5万人。军政府时期遭镇压，力量大大削弱。1990年10月合法登记时为4.7万多人。苏联解体后，部分党员退党。在议会中未取得席位。现任党主席吉列尔莫·泰列尔（Guillermo Tellier），总书记劳塔罗·卡蒙娜

（Lautaro Carmona）。

智利主要群众团体有：智利工人统一工会，1953年由智利工人联合会和其他工会合并组成。另外，还有全国农民委员会、全国农民联合会、全国教师协会、全国医生协会、全国公职人员联合会、私人企业职工联合会、全国铜业工人联合会、全国矿业联合会、全国卫生工作者联合会、智利大学生联合会等。

第四章

经 济

第一节 发展模式的转变和全面改革开放

智利于 1810 年获得独立后，开始走上建立和发展民族经济的道路。由于殖民时期形成的单一经济特点及本国地理和自然条件的限制，使得智利经济一直建立在以农、矿产品为主的初级产品出口基础上。在 20 世纪 30 年代的世界资本主义经济危机中，智利以初级产品出口为主的经济受到沉重打击。危机爆发后的短短几年，其出口总值就下降到危机前的 1/10。世界资本主义经济危机，使智利既无法向国外大量出口初级产品，也无法从国外进口所需的工业品、半制成品和资本货。在这种情况下，智利于 20 世纪 30 年代末开始走上实行进口替代战略的工业化道路，以保护和促进民族工业的发展。

20 世纪 40~60 年代中期，智利经济虽处于稳定增长的局面，但增幅不大，属于拉美地区增长率较低的国家之一。例如，1940~1949 年，国内生产总值年均增长率为 3.9%；1950~1959 年为 3.5%；1960~1969 年为 4.4%。[①] 在长期实行进口

---

① Gonzalo Martner: *Chile Hacia el* 2000: *Desafíos y Opciones* （《智利面向 2000：挑战和选择》），volumen 2，Editorial Nueva Sociedad Unitar/Profal 1988，p. 16。

替代战略中，由于缺乏竞争，在高关税和国家高保护下，智利工业部门失去自我发展的活力，又没有及时进行调整，进口替代战略面临的矛盾日益尖锐。1970年执政的人民团结政府实施的经济政策的失误，导致经济形势急剧恶化和1973年的军事政变。1973年，智利国内生产总值下降了5.6%，通货膨胀率高达605.9%，财政赤字占国内生产总值的24.7%。军政府执政后，立即对陷入困境的经济进行重大改革，改变发展模式，发展以出口为导向的外向型经济，使智利经济开始进入新的发展阶段。西方一些报刊曾经指出，1973年的军事政变标志着智利在政治上中断了多年相对稳定的资产阶级民主进程而走向极权主义，经济上改变了长期以来的发展方向而走向自由主义。

智利是拉美地区经济改革起步最早，取得成效也最显著的国家。其实早在20世纪60年代，智利的内向型进口替代工业化模式就开始暴露出许多缺陷和弊端，并越来越难以运作。军政府上台后，经济当局认为：如果不转变发展模式，而只采取"头痛医头、脚痛医脚"的办法，那么智利的经济发展问题是得不到根本解决的。因此，军政府在拉美率先放弃了拉美经委会的结构主义发展理论和内向型进口替代模式，而转为以美国芝加哥学派的货币主义理论（新自由主义的一种）为指导，对智利经济进行大刀阔斧的改革。智利的经济改革历时16年之久，其进程并非顺利。在改革的前期以及在20世纪80年代初债务危机的冲击下，智利经济的运行几起几落，甚至发生严重衰退。但是，智利政府仍坚持其新自由主义改革方向，在整个80年代拉美经济普遍持续衰退的局面中，智利却是最先摆脱了债务危机、恢复经济稳定增长的国家。这无疑得益于智利前期经济结构改革的成效。1984～2000年，智利国内生产总值年均增长达到6.4%，2001年增长率为3.1%（见表4-1）。

表 4 - 1　1990 ~ 2008 年智利主要经济指标

单位：%

年份	国内生产总值增长率	通货膨胀率	失业率
1990	3.3	27.3	6.0
1991	8.0	18.7	8.2
1992	12.3	12.7	6.7
1993	7.0	12.2	6.5
1994	5.7	8.9	7.8
1995	10.6	8.2	7.4
1996	7.4	6.6	6.4
1997	7.4	6.0	6.1
1998	3.9	4.7	6.4
1999	- 1.1	2.3	9.8
2000*	5.5	4.7	9.4
2001	3.4	2.6	9.9
2002	2.2	2.8	9.8
2003	3.7	1.1	9.5
2004	6.0	2.4	10.0
2005	5.6	3.7	9.2
2006	4.6	2.6	7.7
2007	5.1	7.8	7.1
2008	3.2	8.9	7.7**

说明：＊估计数字；＊＊1 ~ 10 月的数字。

资料来源：Balance preliminar de la las economías de América Latinay el Caríbe, Cepal，2008（2008 年拉丁美洲经济的初步总结），拉美经委会公布的数字。www. Bcentral. cl（智利中央银行网站）2009 年 9 月。

　　1990 年智利恢复文人当政之后，先后由艾尔文总统、弗雷总统和拉戈斯总统领导的文人政府都坚持了经济改革的连续性，并审时度势地进行必要的政策调整，加强了解决社会问题和保持宏观经济稳定的政策和措施，同时利用智利重返国际舞台的机会，实行全方位的对外开放，积极参与经济全球化进程。巴切莱特就任总统后，新政府在众多挑战中踏上征途。三年多来，现政府在延续前任政府经济政策的同时，更加重视民生，加大社会投入，努力消除贫困，推动男女平等，促进社会公正和团结。由于经济持续增长，财力丰厚，巴切莱特政府将比前任有更多的财政资源来落实各项改革政策。目前，智利已建立起一个比较健全的、开放的市场经济体系，成为拉美少数经济发展较快的国家之一。世界经济论坛曾将智利称为拉美国家"成功的榜样"。

智利政府经济发展战略的特点是突出本国的资源优势，扩大出口，发展外贸。在实行自由市场经济模式、大大减少国家干预的情况下，大幅度调整产业结构，彻底开放国内市场。也就是说，智利从"进口替代"战略向"出口导向"战略的转变具有全面的、从体制和发展模式上进行一系列重大改革的性质。其主要内容如下。

一 大规模进行国有企业私有化

私有化是智利政府为减少国家对经济直接干预的重要措施之一。政府提出："国家的真正作用在于为经济运转确定普遍的、非歧视性的原则，并执行以照顾最贫困阶层为原则的收入再分配职能"；"国家只有在缺乏私人部门行动的情况下才起一种补充作用"。同时还明确提出：智利经济政策的特点应该是"市场经济、自由企业和私人所有制"；"把生产资源的配置交予市场，把加速经济增长的主要责任交予个人"。在上述原则和思想指导下，智利政府于 1974 年开始大力推行国有企业私有化。1973 年智利有 596 家国有企业，到 1989 年对其中的551 家实现了私有化，只剩下铜、石油、自来水、核基础设施等具有战略意义的 45 家企业留在国家手中。1998 年智利政府进一步做出规定：国营港务局下属的 10 大港口全部对私人资本开放；

全国 65% 的自来水公司将实行私有化；国家电力公司到 2000 年全部实行私有化。前总统弗雷曾宣布，智利国有企业最后将减少到 12 家或 15 家（1990 年文人政府开始执政时总共约有 30 多家国有企业）。智利实行私有化的方式主要有：在市场上公开出售国有企业的股权；把一些国有企业拖欠的债务"资本化"，变成股权，卖给本国或外国投资者；将阿连德执政时期国有化了的私人企业无偿地归还给原业主。对于少数仍属于国家所有的企业，政府确定了自主经营、自负盈亏的原则，取消补贴和优惠政策，让它们在市场竞争中改善经营、提高效益。同时政府还采取了一系列相关措施为企业创造良好的发展条件。总的说来，在军人极权统治下，智利企业私有化进程进行得比较顺利，取得了较大的成效。政府作为经营者的作用被降低，国有企业在国家经济中的参与程度明显减少，私人资本的经营范围扩大，从而发挥了私人部门的经营积极性；政府的财政负担大大减轻，国库收入增加；被私有化的企业中，大部分管理水平和经营效益明显改善；由于外资参与了国内企业私有化进程，大量外资的流入对经济的发展起到了积极作用。

二　贸易自由化

智利在实行内向型的进口替代工业化发展模式期间，实行高额关税和设置大量非关税壁垒，以保护本国工业和国内市场。要实行自由贸易，首先就要进行关税改革，降低关税。改革前的智利平均关税为 94%，最高关税为 500%，此外，还有其他许多限制进口的非关税措施。智利从 1974～1979 年 6 月，用 5 年半的时间大幅度地下调了关税，采用 10% 的统一关税（汽车除外）。与此同时，取消了过去的优惠兑换率、进口限额、进口预付款等措施。至此，智利成了拉美关税最低的国家。低关税使大量外国商品进入智利国内市场，使原本在高关税保护下没有竞争力的本国产品受到了冲击，部分本国企业倒闭。但大部分本国企业在竞争中提高了质量，有了新的发展。20 世纪 80 年代初，由于债务危机，经济衰退，政府对关税进行了必要的调整，把 10% 的平均关税上调至 15%。后来随着经济的恢复和发展，到 1991 年，艾尔文政府把平均关税降至 11%。1997 年，弗雷政府又把平均关税下调至 9%，进一步加大对外开放的力度。智利前外长因苏尔萨认为，智利坚持对外开放，单方面降低关税，并同其他国家广泛签署双边自由贸易协定，是智利经济发展取得成功的重要原因。

三 取消价格控制和进行金融体制改革

这是为减少国家对经济的直接干预，充分发挥市场机制作用的重要措施之一。主要做法有：

（1）减少国家定价范围，取消价格控制。为了通过市场价格对资源进行重新配置，提高生产效率，以使价格能正确反映市场的动态，智利取消了长期以来国家对物价的补贴和对国内市场大部分物价的控制。在军人执政后的一个月内，就放开了 3000 多种商品的价格。到 1978 年，国家由原来控制 2 万多种商品的价格变为只控制 8 种商品的价格。20 世纪 90 年代，只有极少数几种农产品的价格控制在国家手里，其余全部放开。

（2）放松对金融部门的管制。针对阿连德执政时期国内大部分商业银行和金融市场由国家控制的状况，军政府对金融体制进行了深刻的改革，以建立一个不受国家直接干预的、自由化的资本市场，使之与现行的经济体制相适应。智利金融体制改革分三步进行。第一步是实行私人金融机构利率自由化。1974 年政府颁布法令，允许成立私人金融公司，经营存款和贷款业务，利率自由。而对国有银行和金融公司的营业活动，包括利率和储备金比例加以控制，只能实行法定的最高利率。在这种情况下，大

量资本纷纷流入利率高的私人金融机构。第二步是实行银行私
有化。1975 年，国家开始把大部分由国营生产开发公司
（CORFO）① 掌管的银行，以优惠的价格拍卖给私人财团。同时，
政府取消了对银行利率的管制，并实行统一的储备金比例。到
1978 年底，智利只剩下一家国有银行。此外，原来的"人民储
蓄"体系和信用合作社的业务受到了严格控制。第三步是放宽
国内金融机构获得外国贷款的条件。智利金融体制的改革壮大了
本国私人金融财团的力量。他们利用当时智利银行的高利率，在
金融交易中获得了极为丰厚的利润。此外，智利政府还健全服务
市场的法律体系，为充分发挥市场机制的调节作用创造条件。

　　四　税 制 改 革

　　税制改革是智利经济改革的重点。为了增加政府财政收
入、规范税制和减少偷漏税现象，智利在 1974 年全
面推行了以增值税和所得税为主要税种的税制改革。1984 年和
20 世纪 90 年代初期，又分别对税制的某些方面做了进一步调
整。改革前，智利的税收制度存在许多弊端，例如税种设置过
繁，税率档次过多；管理权限比较分散；减免项目过多；公民
纳税意识不强，偷漏税现象严重等。针对这些问题，军政府开
始对税制进行重大改革。其改革内容主要是设立增值税和改革
所得税制度。1975 年，智利正式征收增值税，税率为 18%。所
得税制度的改革主要是在扩大税基、规范税率的基础上建立统
一的企业所得税和个人所得税制度。改革后的私营企业税率为
15%，国营企业税率为 50%。个人所得税经过军政府和 1995 年
初调整后，从月收入 500 美元起开始征收，一直到月收入超过

---

① 1939 年塞尔达总统执政时创建的一家国营机构，它有广泛的权力来加强国
　　家对经济的干预。

6000 美元，分为 6 档，税率分别为 5%、10%、15%、25%、35% 和 45%。① 改革后的个人所得税制度适应性强，调节面广。智利政府在进行税收改革的同时，还实行了严格的税收稽查制度。在拉美国家中，智利是逃税、漏税现象比较少的国家，1993 年与 80 年代末期相比，逃税、漏税人数下降了 50%。这除了公民有良好的纳税意识外，还在于不断健全和完善其税收稽查监督制度。

不仅如此，2001 年 6 月 16 日，智利总统拉戈斯签署法令，颁布国家反逃税法，为政府有效地打击偷税、逃税行为和更好地实施经济调整计划提供了强有力的法律支持。根据这项法令，政府将通过实施税收检查与处罚措施相结合的机制，争取使偷、逃税比率每年递减 1%，当年可望通过打击偷、逃税行动增加税收收入 1.34 亿美元。反逃税法自颁发之日起生效，并且实施力度将逐年加大。智利官方称，反逃税法旨在减少国家税收损失，增加财政收入，使更多的资金投入公共部门，改善社会福利。根据反逃税法规定，在以后 5 年中，国家将把打击偷、逃税所得的收入用于解决失业问题和增加对教育、医疗和文化等社会领域的投资。据智利税务部门估计，该国每年偷、逃税金额超过 40 亿美元，约占国家税收总额的 25%，其中偷、逃进出口关税 10 亿～13 亿美元。

五 放宽限制，积极引进和利用外资

外资和外贸是智利经济增长的两大支柱。智利政府十分重视吸引外资。在军政府执政之前，智利实行大规模国有化，对外资实行较为严格的限制。在军政府上台之初的 1974 年，把引进和利用外资提到了发展经济的战略高度，大大

---

① 苏振兴主编《拉丁美洲的经济发展》，第 369 页，经济管理出版社，2000。

放宽了原来从民族主义角度对外资的种种限制，率先在拉美地区对外资政策进行大幅度调整，颁布了新的《外国投资法》，给外资更多的优惠、投资领域与机会，积极主动地吸引外资。以后又不断修改外资法，规定对外国资本与本国资本一视同仁。同时，成立了"外国投资委员会"。1977 年 10 月，智利政府修改《国际兑换法》，允许商业银行对外负债额可相当于自身资产和储备的 50％，并由国家担保用于还本付息的外汇自由汇出。为了减轻债务负担，1985 年 5 月智利政府又颁布了外债资本化第 19 条款，鼓励通过外债资本化途径吸引外国投资和减少债务。与此同时，修订了公司税法，做出了一系列旨在减税、方便资本抽回和利润汇出的规定。由于智利经济持续稳定增长，投资环境不断改善，智利被外国投资者视为是拉美最有吸引力、投资低风险的国家。

智利新外资法的主要内容有：

（1）外国投资者一旦办理有关立项、资本注册和公司注册手续后，即被认为是一个合法的智利企业，可享受与智利本国企业同等的待遇。

（2）投资方式，可以是自由兑换的外汇、有形资产，也可以是资本化的技术，以及与外国投资有关的贷款、外债投资、利润转为投资等。

（3）投资者可以在 3 年后抽走投资资本。投资的技术和原设备折卖为现金抽走时，若不高于或保持原价格水平，不需交税；若高于原价格折卖时，其超出部分需交纳增值税。

（4）投资者汇出利润不受时间限制。资本抽回和利润汇出由智利中央银行按官方汇率折成所需外汇汇出。

（5）根据外债资本化第 19 条款规定，债务资本投资前 4 年净利润可在第 5 年汇回。每年汇回的利润不能超过利润总额的 25％。第 5 年及此后各年所得利润可以全部汇回。在前 4 年中汇回利润时，需按利润的 32% 交纳提前汇回费。

（6）债务资本化投资资本 10 年内不能抽回，否则按原投资资本额的一定比例交纳提前抽回费。

根据现行法律规定，智利对外资的投资比例没有加以限制，外资最高的投资比例可达 100%。智利大部分新投资、扩建及相关项目必须由智利外国投资委员会批准。所有投资项目申请的最后决定权归总统，行政当局一般不进行干预。外资可以进入任何部门（电视系统和涉及国家安全领域即国防工业除外），矿业和石油开采业均已全部对外国投资者开放。

六　促进出口

扩大出口是智利经济战略的主要目标。智利传统的出口商品结构（以铜为主），不仅缺乏对国际市场的应变能力，而且常常因国际市场价格的波动而严重影响出口收入。为此，智利政府在降低关税的同时，采取多种办法扩大和鼓励非传统产品的出口，改变出口结构，实现出口商品多样化。1975～1980 年，智利的非传统产品出口以每年 24.3% 的速度增长，1985～1995 年年均增长率为 14.9%；出口商品种类从 1989 年的 1500 种增至 1996 年的 3500 种。[①] 智利扩大出口的主要措施有：

（1）实行优惠的关税政策。首先，简化小商品出口退税制。所谓退税，就是退还非传统产品出口商进口生产原料时海关征收的那部分关税（相当于离岸价格的 3.5%～10%）。其次，提供出口免税仓库，也就是说出口商可以免交关税和增值税。再次，出口商可以延期支付关税和偿还购买资本货所需的财政信贷。根据 18634 号法，出口商可以进口资本货，并可延缓 7 年支付相当于价格 11% 的进口税；如果购买在智利生产的资本货，买主可

---

① 英国经济情报部：《各国概况——智利》（1997～1998 年），第 47 页。

以得到发票净值 8.03% 的财政贷款。[1]

（2）设立非传统产品出口商担保基金和出口信贷保险。担保基金由国家提供和管理，其责任是提供非传统产品出口商所需的出口担保，提供为期一年的业务贷款。贷款最高限额为 16.33 万美元，其中包括 50% 的保证金和 1% 的手续费。[2] 出口商通过支付保险费，来对付国内外客户因无偿还能力而拒付商业贷款的危险。出口信贷保险由一家私人保险公司负责经营。

（3）出口退税。智利的税收政策规定，对于中、小企业，国家退回他们购买出口商品生产所用原料而支付的增值税。

（4）国家成立专门机构推动出口。1975 年成立的智利促进出口局（Prochile，隶属外交部）是智利专门支持中、小企业出口的国家机构，负责帮助出口企业制订生产计划，进行人员培训，提供技术援助和财政资助，开拓市场，扩大出口。除此之外，还有政府成立的技术合作服务局。智利私人部门还成立了出口商企业协会、公私部门混合委员会等机构，这些机构都是为扩大出口服务。

从 20 世纪 80 年代中期以来，智利经济持续稳定增长，其中 1992 年的国内生产总值增长率高达 12.3%。1991~2000 年，智利经济的国内生产总值年均增长率为 6.67%，远远高于整个拉美地区的平均水平（3.2%）；期间只有 1999 年受亚洲金融危机的影响而出现负增长（-1.1%）。2000 年经济开始恢复，国内生产总值增长 5.5%。但是，因为亚洲经济复苏缓慢，加上美国和日本经济衰退，不利的外部环境使智利经济增长受到制约，增幅回升缓慢，2001 年经济增长率为 3.1%，未达到预定的增长目标（5.6%）。

---

① 苏振兴主编《拉丁美洲的经济发展》，第 371 页，经济管理出版社，2000。
② 苏振兴主编《拉丁美洲的经济发展》，第 371 页，经济管理出版社，2000。

表 4 – 2　1995～2008 年国内生产总值各部门构成

单位：%

部门 ＼ 年份	1995	1996	1997	1998	1999 *	2000 *
按 1986 年比索价格计算						
农林牧业	6.8	6.4	5.7	5.7	5.9	5.9
渔 业	1.5	1.5	1.5	1.5	1.6	1.7
矿 业	7.8	8.4	8.5	8.6	10.2	10.1
制 造 业	16.2	15.6	15.3	14.6	14.6	14.5
电煤气水	2.5	2.2	2.3	2.3	2.3	2.6
建 筑 业	5.2	5.3	5.3	5.1	4.7	4.5
商业饭店	16.7	17.0	17.3	17.6	16.9	16.8
运输通信	7.6	7.8	8.3	8.9	9.0	9.3
金融服务	13.5	13.4	13.4	13.4	13.7	13.6
公共管理	2.4	2.3	2.1	2.1	2.1	2.1
其 他	19.8	20.1	20.3	20.2	19.0	18.9
总 计	100.0	100.0	100.0	100.0	100.0	100.0

部门 ＼ 年份	2003	2004	2005	2006	2007	2008
按当年比索价格计算						
农林牧业	3.6	3.3	3.2	2.8	2.7	3.1
渔 业	1.2	1.0	1.0	1.0	0.8	0.7
矿 业	8.4	12.9	15.7	22.2	22.7	17.6
制 造 业	16.4	15.9	14.9	13.5	13.2	12.8
电煤气水	2.9	2.7	2.9	2.8	2.5	3.4
建 筑 业	6.9	6.3	6.1	6.2	6.5	7.6
商业饭店	9.7	9.3	9.0	8.2	8.2	8.8
运输通信	9.2	9.0	8.3	7.4	6.9	7.2
金融服务	15.0	14.3	14.2	13.3	13.9	15.1
公共管理	4.3	4.0	4.0	3.7	3.8	4.1
其 他	22.4	21.3	20.7	18.9	18.8	19.6
总 计	100.0	100.0	100.0	100.0	100.0	100.0

说明：* 估计数字。

资料来源：www. bcentral. cl（智利中央银行网站）2009 年 9 月。

　　2004 年，经济增长回升至 6%，2007 年为 5.1%，2008 年因受国际金融危机影响增幅下降为 3.6%。2009 年预计为负增长。

　　2008 年爆发的国际金融危机，对智利经济产生了不同程度的影响。过去几个月来，智利外贸顺差大幅下降，失业率上升。有经济学家认为，智利经济已陷入 1997 年亚洲金融危机以来的第一次衰退。全球金融危机导致铜需求萎缩、铜价大幅下跌，智利许多铜矿企业裁员以压缩成本。此外，银行业、建筑业、林业、渔业等受危机冲击较大的行业也开始大规模裁员。2008 年，失业率为 7.8%。据智利政府预计，2009 年上半年智利失业率将飙升到 12%。据智利国家统计局数据，目前智利失业人数已达到 70 万，仅 2009 年 1 月到 2 月中旬就新增失业人数 15 万。

　　2008 年 10 月，面对国际金融危机的影响以及国内经济形势严峻，巴切莱特总统公开发表文章呼吁民众冷静应对危机，并强调智利目前的宏观经济和金融市场状况能够对付金融危机的挑战；现在，对智利首要也是最重要的是关注本国利益，不能让穷人支付危机成本；支持企业继续生产、扩大就业。为此，智利政府召开了各政治党派代表会议，并表示智利有能力在各派之间就解决问题的方案达成协议。在文章中她还号召全国人民团结起来，摒弃轻言指责，坚定信念，把国家建设得更好，促进经济发展、社会保障和机会共享。为缓解金融危机带来的严重就业问题，智利政府提出保护就业是政府"最根本的任务"。随后，2008 年 12 月 15 日智利宣布成立"就业委员会"，该委员会由内政部长负责，其成员包括劳工部长、财政部长、经济部长、公共工程部长、计划部长、住房部长、能源部长、农业部长和矿业部长。该机构就应对危机解决就业提出措施建议，并为地方政府执行这些措施提供指导。此外，委员会要为投资项目得到及时许可给予支持，为紧急计划实施提供协助等。年底，财政部出台了应对失业增加的四大政策性措施，减少由此而带来的负面影响。其中包括，一是，立法方面，加强失业保险，增加雇工补贴，暂时搁置有关修改劳工法中提高解雇工人补偿额的提案。二是，增加资金流动性，为国家银行和中小企业担保基金注资，增加企业贷款。三是，增加财政开支扩大投资，通过公共工程部和住房部的项目增加就业。四是，局部补贴，对部分失业率上升过快的地区，实行特别计划提供资金补助。2009 年 1 月，政府又颁布了总额为 40 亿美元的一揽子经济刺激计划。这一计划主要包括补助个人和家庭、增加公共投资、鼓励个人投资、减税、放宽中小企业信贷条件等。同年，智利政府还通过了"强制失业保险法"修正案，加大失业保险投入，提高保险受益金额。2009 年 5 月，智利政府又出台了旨在减少失业的具体措施，有效期为一年。主要内容如下：

（1）加强企业培训。如果企业能保持 2009 年 4 月的就业岗位数量，可享受对月工资为 38 万比索（1 美元约合 570 比索）的工人进行培训，每月减免相当于培训费用 2.5 倍的月度预缴税。

（2）雇主与工人之间可以自愿达成协议，按照工人在最近 6 个月工资的平均数发放 50% 的工资（最高限额为 19 万比索）。雇主负担工人的社会保障费；在最长 5 个月内，工人可不向雇主提供服务；工人参加培训，工龄连续计算。

（3）企业对准备录用的新员工进行培训的支出，其中 25% 费用享受税收减免。

（4）对承担家庭义务的妇女创业提供资助。政府出资 95 亿比索，对劳动技能低或已经失业的承担家庭义务的妇女提供综合性资助，包括培训费用、伙食和交通补助、帮助购买劳动工具等。

（5）扩大失业保险覆盖范围。签订固定期限合作，受聘于工程或项目的工人，只要在 2009 年 5 月之前的 24 个月内，连续或间断交纳 12 个月的失业保险，即可享受失业保险。

（6）建立专门评估体系，2009～2010 年期间实行。对生产领域工人在工作中所学的技能进行评估并给予认证。

在就业形势严峻情况下，受影响最大的是刚刚步入社会、没有工作经验的年轻人。为此，智利国家培训与就业委员会出台了"2009 学徒计划"，向雇用 25 岁以下年轻人的企业提供工资补贴。企业每雇用一个没有工作经验的年轻人，国家将根据最低工资标准承担其 12 个月工资总额的 50%（约合 1590 美元）；此外，政府还将向企业提供超过 600 美元的岗位培训资金。此举是确保年轻人在就业形势严峻的情况下获得劳动机会的切实有效的办法。

另外，2008 年 10 月 11 日智利中央银行宣布向本国金融系统注资 50 亿美元，以增加市场流动性，稳定投资者信心。该银行官员强调，此次注资行动不仅将增加金融市场的流动性，而且体现了智利中央银行稳定市场的决心。同时，银行将密切关注国际金融局势和本国市场走势，随时准备在必要时采取进一步行动。此前，中央银行还拍卖了 10.5 亿美元国库储备，以增加市场的美元供应。

由于智利政府积极采取一系列政策措施，并落实到位、具有超前意识成效显著。智利中央银行认为，智利经济目前已经触底，随着世界经济出现复苏迹象，2009 年下半年智利经济开始反弹，并会先于一些国家实现经济复苏，有望 2010 年走出国际金融危机的阴影，实现经济增长。与以前发生的多次经济危机相比，在这次全球金融危机中，智利国内经济形势明显改善，政府财政充裕，这有助于智利更好地应对金融危机。智利政府对经济前景持"谨慎乐观"态度。世界银行、美洲开发银行等机构也认为，长期以来，智利采取了谨慎的财政政策，在铜价处于高位时积累了相对充足的外汇储备。智利经济基础与财政基础坚实，在应对经济危机方面，是拉美"准备最充分的国家之一"。

2009 年 10 月 8 日世界经济论坛公布的第二个金融发展报告

指出，智利的金融稳定性好转，在拉美地区位列第一、世界位列第四，比 2008 年上升了 27 位。

第二节　国民经济命脉——矿业

智利是个矿业大国，以盛产铜和硝石闻名于世。矿业在智利国民经济中占有重要地位，是智利的经济命脉。目前，智利的铜产量、出口量和储藏量均占世界第 1 位；硝石和锂产量也居世界首位；碘产量占世界第 2 位；钼产量占世界第 4 位，藏量占世界第 1 位；硝酸钾和硝酸钠产量占世界第 1 位；硼酸盐产量占世界第 5 位；硒产量占世界第 7 位；金和银产量占世界第 8 位。此外，智利还拥有煤、铁、铼、锌、锰、硫磺、石油、天然气、汞矿等。在整个拉丁美洲矿业发展五年（1993 ~ 1997）计划所规划的 210 亿美元投资中，智利占 50 亿美元。[①] 国营的智利国家铜公司（Corporación Nacional del Cobre de Chile, CODELCO）是智利矿业中最大的企业，在 1974 ~ 1998 年期间吸收了外国资本 136 亿美元，[②] 其中美国是智利采矿业最大的投资国。2009 年 6 月，智利矿业部长圣地亚哥·冈萨雷斯宣布，智利将在未来 5 年内投资 167 亿欧元用于国内外矿业项目的开发。其中，146 亿将用于铜矿项目，其余 21 亿欧元将用于金矿和银矿的开发。智利政府表示，对矿业进行巨额投资主要是为了确保智利矿业的未来发展。投资将从当年开始，持续到 2013 年。

进入 21 世纪，智利矿业生产形势良好，产值和出口连年增长。2007 年矿业产值达 194356.88 亿比索（当年比索价格，下

---

① 王晓燕：《智利》，第 84 页，当代世界出版社，1995。

② 智利外交部促进出口局：《促进出口》1999 年 10 月，由智利驻华使馆译成中文。

同），占当年国内生产总值的 22.7%。同年，铜、铁、硝石和碘及其他矿产品出口额为 431.5 亿美元（Fob，下同），约占当年出口总额的 63.8%。因外部因素影响，2008 年产值、产量和出口有所下降，产值为 155985.1 亿比索，占当年国内生产总值的 17.6%；产量为 533 万吨；出口额为 381.9 亿美元，占出口总额的 57.4%。截止 2008 年底，在矿业部门就业的职工 9.9 万人，约占全国就业人口总数（664.2 万）的 1.5%。

铜矿 在智利，处处都能感受到铜的存在，铜和智利经济结下了不解之缘，它也和智利人民的日常生活紧密相关。当你在圣地亚哥街头漫步，或在智利朋友家做客时，随处都可以看到闪闪发光、造型美观、新颖别致的铜制品：铜盘、铜盆、铜壶、铜杯、铜烟具和铜装饰品……商店橱窗内陈列的铜制品更是琳琅满目，令人眼花缭乱。每当贵客来访，智利人习惯以铜制艺术品相赠。智利朋友形象地说："中国到处都是瓷器，智利到处都是铜器。"

智利素以"铜矿之国"著称于世，智利人则称铜为"红色的金子"。早在西班牙殖民者来到智利以前，当地的印第安人即已开始采铜。在西班牙统治时期，铜的开采一直维持未断，只是产量很低，只能供应当地居民的需要。18 世纪末，西班牙驻军中的一个军官为了逃避债务，取道圣地亚哥以南 50 英里的卡查波阿尔（Cachapoal）山谷前往阿根廷。当其登越安第斯山山顶时，无意中发现了铜矿。由于这个偶然的发现，这位军官不但恢复了自己在圣地亚哥的地位，而且直到今天这个丰富的铜矿区仍然被称为 El Teniente，即西班牙语中军队副官或中尉之意。不过，这个铜矿发现后，无论是当时的西班牙殖民统治者，或独立后的智利政府，都没有认真去进行开采。真正大规模的开采工作，还是在第一次世界大战后。20 世纪 90 年代中期以来，智利铜的年产量都在 300 万吨以上并连年增长，1999 年和 2000 年的产量分别达到443万多吨和461万多吨，其中绝大部分供出口，远销美、欧、亚三大洲。2000年铜出口额为73.46亿美元（见表4－3），是国家外汇的主要来源。智利已故总统阿连德曾说过：铜，是智利的工资。这形象地说明了铜在智利国民经济中的重要地位。1981年10月13日，智利国家铜公司主席宣布，智利已探明的铜储量（指铜金属）多达1.47亿吨，约占世界总储量的27%，居世界之首（美国占19.7%、秘鲁占9.2%、苏联占8.8%、加拿大占7%），按目前的开采进度，可供开采100多年。此外，还有丰富的品位较低、目前还不具备开采价值的铜资源。

表4－3　1996～2008年铜产量和出口额

年份	产量(千吨)	出口额(百万美元)
1996	3144.2	6028.6
1997	3438.1	6840.8
1998	3706.6	5331.6
1999	4434.3	5888.5
2000	4611.3	7346.6
2001	4739.0	6536.7
2002	4580.6	6323.2
2003	4904.2	7815.3
2004	5412.5	14722.8
2005	5320.5	18965.3
2006	5360.8	32710.0
2007	5557.0	37582.8
2008	5330.3	32807.4

资料来源：www.cochilco.cl（智利铜矿委员会网站）2009年9月，www.bcentral.cl（智利中央银行网站）2009年9月。

铜给智利人民提供了财富，也曾给他们带来了苦难。长期以来，智利富饶的矿藏成为外国列强掠夺的目标。智利铜矿发展史真实地记录了外国掠夺者的罪恶，同时也记载着智利人民的满腔仇恨。1810 年智利独立后，英国资本闯入智利并控制了铜矿的开采。第一次世界大战后，智利铜矿的开采并不掌握在智利人手中，而是被美国垄断资本所控制。美国资本家利用智利的经济困境，把大量资本抛向智利。到 1920 年，美国对智利的 2 亿美元的投资中，大部分集中于铜矿的开采方面。因此，一战后智利铜产量增长所产生的利润，绝大部分被美国垄断资本所攫取。美国垄断资本的大量涌入，取代了英国资本的地位，控制了智利的经济命脉。在阿连德政府实行铜矿国有化以前的几十年中，美国安那康达和肯奈科特两家公司占有智利铜开采量的 90%。这两家公司在矿区自订"法律"，自设"警察"，把铜矿区变成了"国中之国"。1911～1970 年的 60 年间，美国公司在智利铜矿的投资只有 350 万美元，而从智利铜矿开采中掠走的利润却高达 108 亿美元。[①]

　　为了维护对国家资源的主权，智利人民进行了长期的斗争。早在 1931 年 10 月，就曾爆发了要求取消美国资本在智利的特权，把矿山收归国有的斗争。1965 年，特尼恩特铜矿区发生了一场大规模的罢工，工人提出实现铜矿国有化的要求。阿连德就任总统后，于 1971 年初向议会提交有关铜矿国有化的提案，7月 11 日议会一致通过这项提案，把美国资本控制的丘基卡马塔、特尼恩特、萨尔瓦多、安第纳、埃克索蒂卡等 5 个铜矿收归国有，同时宣布成立铜矿法庭，审理有关铜矿国有化后所引起的各种案件。智利人民为了纪念 7 月 11 日这个具有历史意义的日子，把这一天称为"民族尊严日"。为了发展民族工业，1976 年 4 月成立智利国家铜公司。智利军政府在实行国有企业私有化时，保

---

　　① 　陈芝芸、徐宝华等：《发展中的"新大陆"——拉丁美洲》，第 434 页，世界知识出版社，1990。

持了国家对铜矿生产的控制，国内4大铜矿仍由智利国家铜公司经营。

智利铜矿资源遍布全境，有大、中、小铜矿数百个，但主要分布在北部和中部的安第斯山区。智利主要有4大铜矿，分别介绍如下：

丘基卡马塔铜矿　世界最大的露天铜矿，位于圣地亚哥以北1700公里处的安托法加斯塔省、海拔2830米的大沙漠中，矿带长4100米，宽2300米，深660米。已探明的矿石储量为38.9亿吨，折合精铜4170万吨。矿山由美国投资兴建，1915年5月投产。该矿山机械化程度高，开采技术较先进，产量较高，曾经被视为"经济支柱的支柱"。由于长期开采，矿石的品位由原来的平均2.06%在逐渐下降。

特尼恩特铜矿　世界最大的地下铜矿，位于圣地亚哥东南130公里，海拔2500米。已探明的矿石储量为59.5亿吨，约合精铜5100万吨，是世界上储量最大的铜矿。它是由美国布拉登公司投资兴建的，于1907年建成投产，是智利最早投产的大铜矿。该矿可以连续开采170年左右。

萨尔瓦多铜矿　位于北部阿塔卡马沙漠地带，被人们称为"沙漠中的绿洲"。它由两部分组成，采矿场和选矿厂在萨尔瓦多；炼铜厂设在东南方向的波特雷里略斯，两地相隔50公里。矿石储量为3.08亿吨，折合精铜350万吨。按其生产水平，约可开采40年。

安第纳铜矿　位于圣地亚哥东北50公里处，海拔3800米，是世界海拔最高的大铜矿。1890年发现，因地势高、气温低、风速大，一年中有8个月是冰天雪地，并且经常发生雪崩，直到1955年才动工兴建，于1970年投产。已查明矿石储量为10.9亿吨，约合精铜1230万吨。

此外，还有全部由外国投资并于1990年开工的埃斯孔迪达矿。该矿矿石品位高，平均品位 1.59%，矿石储量 18 亿吨，金属储量 2862 万吨。[①] 因有先进的技术和管理方法，智利矿业界人士认为，该矿是 21 世纪最有希望的大矿。有关报道说，目前此矿已取代丘基卡马塔矿成为智利最大的铜矿。

据有关方面不完全统计，智利全国有 30 多个中型铜矿，基本上都是由本国和外国私人资本经营。其中有的已投产，有的正在兴建中。小型铜矿主要分布在北部地区，其数目无法精确统计，仅第一大区到第五大区之间就有 200 多个。这些小矿采用手工劳动，经营方式有个体生产，即一家一户进行开采；也有合作生产，即三四人或五六人组织起来一道开采。

智利的铜加工业也很发达。它拥有世界上最先进的技术，即从铜的硫化和氧化共生矿中提炼铜的最新"离析法"。大量的铜锭从炼铜厂运到铜制品厂，再加工成各种铜材：铜板、铜管、铜丝、高压电缆线、电话线等。如今，智利生产的铜制品种类达 3000 多种，是世界上主要的铜产品生产国。从 1982 年起，智利已成为世界第一大产铜国，在世界铜市场所占份额目前已高达 40% 以上，在国际铜业中占有重要地位。铜作为国民经济发展中不可替代的重要原材料，随着世界经济的增长和技术的发展，对铜的需求量将不断增加。在铜加工材料的消费领域中，电子行业、交通运输、邮电通信，特别是现代化建筑和家居中，需要各种铜线，以方便家用电器的使用。

智利铜业的发展前景，总的来看是稳定的。但是，国有企业的产量所占比例将逐渐下降，而私人企业产量的比重将不断上升。1993 年，国有企业中智利国家铜公司和国家矿业公司生产的铜和出口量，从占全国的 70% 降至 50%，而私人企业的比重则由 30%

---

① 滕藤主编《世界各国商务指南——拉美卷》，第 387 页，中国社会科学出版社，1996。

上升到 50%，目前，这一比重仍在持续增加。2002 年，由于世界经济发展缓慢，国际市场的铜价疲软，智利铜产量有所减产。

铁 按生产价值及出口所得外汇来看，智利铁矿石的开采仅次于铜矿。智利已探明的铁矿储量约 16 亿吨，另外还有潜藏量约 5.25 亿吨。智利铁矿石品位高，含铁量达 60%～70%，可与瑞典铁矿石媲美。智利正在开采的铁矿范围主要分布在北部的阿塔卡马省、安托法加斯塔省和塔尔卡省长达 500 多公里的"铁矿地带"。但从北部的阿里卡到南部的奇洛埃岛都有确定的矿床。

智利的铁矿开采长期不稳定。20 世纪 90 年代以来，生产有所改善，年产量都保持在 1000 万吨以上，2000 年产量（包括铁矿石和铁矿砂）为 1323 万多吨（见表 4－4），除满足国内消费外，还出口到美国、德国、日本、阿根廷和巴拿马，创汇 1.4 亿美元。主要矿场有：阿尔加罗博、埃尔罗梅拉尔、塞罗、拉斯科洛拉达斯等矿。太平洋钢铁公司、伯利恒智利铁矿公司和圣费矿业公司三家公司的产量占智利铁矿石产量的 2/3 以上。

煤 智利是拉美煤矿资源丰富的国家之一，无烟煤储量约 50 亿吨，烟煤储量 3 亿吨。到 20 世纪 50 年代末，智利的煤开采量居拉美各国的前列。此后由于石油产量的增长，对煤的需求下降，加上远离消费中心，运输不便，煤的产量锐减。70 年代，由于世界能源危机和以煤为原料的化学工业的发展，煤产量开始回升，但不稳定。整个 90 年代煤产量呈下降趋势，从 1990 年的 274.4 万吨降至 2000 年的 49 万吨（见表 4－4），下降了 82.2%。智利煤矿主要分布在从圣地亚哥至南部的麦哲伦海峡与安第斯山平行的一条狭长而不连续的地带上。

钼 是铜的伴生矿，储量仅次于美国，为 204.5 万吨，占世界总储量的 1/4。智利是世界上最大的钼生产国和出口国，1990 年以来，钼产量连年增加，到 90 年代中期以后年产量维持在 2 万吨以上，2000 年达 3.3 万吨（见表 4－4）。钼产品大部分供出口。

表4－4　1996～2008年智利主要矿产品产量

名　称	单位	1996	1997	1998	1999	2000	2001	2002
铁（粗矿）	千吨	13430.4	12954.2	13466.9	12582.4	13231.4	8834.2	7268.8
煤（粗矿）	千吨	1446.0	1415.0	378.7	549.7	489.6	568.0	451.6
钼（精）	吨	17415	21339	25517	27268	32882	33491.9	29466.4
铅（精）	吨	1089	804	335	170	190	1193.0	2895.0
锌（精）	吨	36004	33934	16166	32263	31414	32762.0	36161.0
锰（粗矿）	吨	62887	63673	48159	40581	41718	31320.0	12195.0
金（纯）	千公斤	53.2	49.5	43.8	45.7	49.6	42.6	38.7
银（纯）	千公斤	1147.0	1091.3	1336.8	1379.9	1220.6	1348.7	1210.5
硝石（粗矿）	千吨	808.0	847.0	881.7	—		1072.3	1174.2
碘（精）	吨	5514	7154	9722	—		11355	11648

名　称	单位	2003	2004	2005	2006	2007	2008
铁（粗矿）	千吨	8011.0	8083.5	7862.1	8628.2	8817.7	—
煤（粗矿）	千吨	347.3	238.3	732.4	673.7	288.0	533.8
钼（精）	吨	33373.8	41883.2	48040.7	43277.6	44912.1	33686.5
铅（精）	吨	1697.0	2286.0	878.0	672.0	1305.0	3985.0
锌（精）	吨	33051.0	27635.0	28841.0	36238.0	36453.0	40519.0
锰（粗矿）	吨	19641.0	25801.0	39786.0	37169.0	26808.0	5096.0
金（纯）	千公斤	39.0	40.0	40.5	42.1	41.5	39.2
银（纯）	千公斤	1312.8	1360.1	1399.5	1607.2	1936.5	1405.0
硝石（粗矿）	千吨	1134.0	1402.4	1282.8	1111.8	1160.4	1157.6
碘（精）	吨	11580	14931	15346	16494	15473	15503

资料来源：www.cochilco.cl（智利铜矿委员会网站）2009年9月。

硝石和碘　智利硝石储量极为丰富，据估计有2亿～3亿吨，可供开采100年。硝石是提炼氮、钾、钠、硫等肥料的天然原料。20世纪90年代硝石年产量在80万吨以上（个别年份除外），1998 年达 88 万吨。碘是硝石的共生矿，已查明藏量约为 48 万吨。90 年代碘年产量维持在 4500 吨以上，1998 年为 9722 吨，在世界碘总产量中的比重超过 40%。硝石和碘主要由私营的智利化学和矿业有限公司经营，产品供出口，销往 70 多个国家和地区。

第三节　工业

智利经济规模不大，国内市场狭小，工业基础比较薄弱且门类不齐全，许多产品靠进口。制造业是智利国民经济的主要部门。智利主要制造业部门有钢铁、机器制造、纺织、造纸、木材加工、石油化工、汽车装配、食品和饮料加工、烟草、陶瓷和制革等。

二战后，智利大力推行替代进口工业化战略，制造业成为国民经济中优先发展的部门。为满足国内市场对日用工业消费品的需要，政府积极鼓励发展食品、纺织、制革、化学等工业部门；同时，政府通过不断增加公共投资，大力发展钢铁、机器制造、能源等重工业部门。20 世纪五六十年代，在非耐用消费品进口替代的基础上，进一步发展耐用消费品及其中间产品和资本货的生产，制造业产值在国内生产总值中的比重不断上升，分别达到 25.4% 和 25.9%，居各部门之首。70 年代上半期又升至 28% 以上，最高年份达 30.7%。90 年代以来，由于政府提倡发挥比较优势和产业结构的调整，制造业发展滞后，其产值在国内生产总值中的比重持续下降。到 20 世纪最后 3 年，制造业产值在国内生产总值中的比重已降至不到 15%。2000 年制造业产值为 12278.7 亿比索（1986 年比索价格），仅占当年国内生产总值的 14.5%。同年工业品出口额 81.72 亿美元，占出口总额 45%。2008 年制造业产值为 113167.2 亿比索（当年比索价格），占当年国内生产总值的 12.8%。同年工业品出口额 211.96 亿美元（Fob），占出口总额的 31.9%。主要出口商品有精密机械、矿山机械、医疗设备、药品、化妆品、玩具、书籍、家具、海产品、木材制品和化工产品等。截至 2000 年底，在该部门就业人数为 75.4 万人，占同期全国就业总人数的 14%。到 2008 年底，在该部门就业人数为 86.2 万人，占同期全国就业总人数的 13%。智利制造业大部分集中在首都圣地亚哥、瓦尔帕莱索、康塞普西翁等主要大城市及其邻近城市。

一 制造业

钢铁工业 智利钢铁工业建于 1910 年。当时，政府收买了科金博省一家法国公司的埃尔托福铁矿，并在科拉尔兴建了智利第一座高炉，为国家钢铁工业的发展迈出了第一步。1933 年在圣地亚哥又建立了一批小规模的炼钢厂和扎钢厂，生产国内市场所需的钢锭、圆铁条等一般性产品。为了发展本国的钢铁工业，1946 年国家成立了国营太平洋钢铁公司。次年着手建立的瓦契帕托钢铁厂，是全国唯一的一座大型钢铁厂。1956 年 6 月，该厂生产出第一炉钢，从而智利的钢铁工业迈出了新的一步。

二战后，随着国民经济的发展和工业化进程的加快，国内对钢铁产品需求大大增加，刺激了钢铁工业的发展。为满足国内消费的需要，瓦契帕托钢铁厂不断改进生产技术和提高生产率，产量连续上升。20 世纪 60 年代智利钢铁产量跃居拉美第 4 位。1993 年，智利钢产量有史以来第一次超过百万吨，为 102.2 万吨。此后，继续呈增长趋势。2000 年钢产量为 113.55 万吨，钢制品为 86.92 万吨（见表 4－6）。产品除供国内消费外，一部分供出口。2000 年钢铁和钢铁制品出口额约 2.9 亿美元。

表 4 - 5　1996～2008 年智利主要工业部门增长指标

部门名称	(1989=100)					(2002=100)							
	1996	1997	1998	1999	2000*	2002	2003	2004	2005	2006	2007**	2008**	2009**
总指数	139.0	144.8	143.0	141.2	147.1	100.0	105.2	114.4	120.7	124.6	129.7	130.0	120.0
食品	121.2	118.7	110.6	112.5	115.1	100.0	97.2	104.0	105.0	103.0	108.9	111.1	112.4
饮料	121.9	112.8	137.1	137.4	142.4	100.0	104.3	112.3	117.2	127.9	139.7	145.8	143.2
纺织	103.2	99.8	87.9	75.4	78.0	100.0	99.7	42.8	83.0	70.4	69.1	62.1	51.3
成衣	81.3	86.8	53.1	47.5	45.4	100.0	100.1	102.5	89.5	81.8	68.7	58.2	45.6
木材及木制品(家具除外)	117.5	113.9	110.0	111.7	122.3	100.0	112.2	121.7	123.4	131.7	127.4	128.4	98.0
木制家具	130.0	136.1	119.5	109.0	114.5	100.0	100.2	97.5	112.8	119.0	126.1	117.8	92.1
造纸及纸制品	165.6	162.7	164.4	170.3	177.6	100.0	107.4	120.8	121.6	126.3	153.4	164.7	165.4
有机化工	136.3	131.1	175.0	190.1	218.3	100.0	114.6	128.0	136.5	146.0	135.6	129.7	138.7
塑料制品	190.0	211.8	230.7	270.9	316.8	100.0	97.5	105.2	123.0	120.6	131.1	136.6	131.1
陶瓷制品	72.6	71.3	65.6	50.2	60.6	100.0	—	—	—	—	—	—	—
玻璃及其制品	184.6	238.1	230.8	228.8	268.5	100.0	107.5	124.7	150.2	151.2	174.5	168.1	150.2
钢铁	139.7	140.7	129.7	130.5	135.0	100.0	101.4	118.2	114.8	125.3	130.7	125.5	96.4
非铁金属	115.6	119.8	104.2	92.9	100.3	100.0	105.0	113.4	118.6	119.5	125.7	124.0	96.2
非机电器材	225.6	266.9	251.0	249.4	251.4	100.0	—	—	—	—	—	—	—
机器及电机设备	133.8	141.8	132.0	113.8	123.9	100.0	110.8	128.1	153.6	124.6	125.7	138.3	115.6
运输器材	109.6	131.2	109.1	90.1	126.5	100.0	—	—	—	—	—	—	—

说明：* 估计数字。　** 为预计数字。

资料来源：www.ine.cl（智利国家统计局网站）2009 年 10 月。

表 4 – 6　1996~2000 年钢和钢制品产量

单位：千吨

年份	钢产量	钢制品
1996	1104.5	811.1
1997	1087.6	1021.9
1998	1091.1	878.6
1999	1126.7	875.1
2000	1135.5	869.2

资料来源：Banco Central de Chile：*Boletín Mensual*（《智利中央银行月报》），No. 877，marzo 2001。

机器制造业　智利机器制造业相对薄弱，中、小企业占多数，生产规模不大，技术水平较低。所以，本国所需的机电产品、小五金、工农业用具等大部分靠进口。智利机器制造业部门主要包括矿山机械、林业机械、航海设备和捕鱼设备、电器设备、医疗器材等生产部门。20 世纪 80 年代以来，由于矿业、渔业、林业及能源业的持续增长，带动了相关的机械设备生产的发展、先进生产技术和工艺设计的引进，使机器制造业成为外资争相投入的部门。90 年代以来，机器制造业的增长势头不减，采矿设备、渔业机械、数控机床、船舶和农业机械等出口形势看好。2000 年，智利机电设备出口额 6.6 亿美元，占工业产品出口额的 8% 左右。

汽车装配工业　长期以来，智利国内运行的汽车基本上依赖进口。为保护和发展本国的汽车工业，在大幅度降低一般进口商品关税的情况下，政府对汽车进口仍保持高税率，并限制进口数量，从而促进了本国汽车装配工业的发展。随着经济的增长，智利居民的收入和购买力有了较大提高，汽车销售量大幅度增加。20 世纪 90 年代中期，在智利人中，平均每 9 个人就拥有一辆汽车。国内需求刺激了汽车装配工业的发展。1997 年，智利装配的汽车数量高达 26379 辆，比 1993 年的 20913 辆增长了 26.1%。主要车型有小轿车、轻型载重汽车、小型运货车等。1999 年因经济不景气汽车产量降至 13992 辆，下降了近 47%。进入 21 世纪，汽车产量和销售量在回升。智利全国大约有 20 家汽车装配和零配件生产厂家，大都集中在北方的阿里卡市，基本上由外资企业经营。

纺织工业 纺织工业是智利主要的传统工业部门之一。从总体上说，智利纺织工业不太发达，其纺织品生产能力不能满足国内需求，而且生产成本高。因此，智利大部分纺织品依靠进口以满足国内居民的消费。20 世纪 30 ~ 40 年代是智利纺织工业稳定增长时期。70 年代在军政府的自由进口政策下，大量外国纺织品进入智利市场，使本国纺织工业受到严重冲击，企业纷纷倒闭，生产不断下降。80 年代末期，为了振兴纺织工业，政府增加了投资，引进德国、瑞士和美国的现代化机器设备和工艺技术，纺织业才逐步有了转机，开始摆脱生产不景气的状况。这期间，产品除了自销外，还向阿根廷、美国、玻利维亚、秘鲁和墨西哥等国出口，同时还打入了欧洲市场。智利的主要纺织品有聚酯纤维、尼龙、人造丝棉纤维、棉织品、毛织品、牛仔服、童装、毛衣、女装、运动衫等。1997 年亚洲金融危机以后，智利的纺织业生产开始下滑，至今恢复缓慢。据智利全国纺织品生产商会公布的统计数字，2000 年智利纺织品和成衣的出口值为 1.59 亿美元，与 1999 年相比增长了 10.1% 左右，但是和 1997 年创下的 2.09 亿美元的出口记录相比，仍然有一定的差距。其中纺织品的出口额为 1.15 亿美元，占此项出口总额的 72%。出口的主要市场是墨西哥、巴西和阿根廷。2000 年智利从国外进口纺织品和成衣总额达 9.6 亿美元，与 1999 年相比增加了 16.6%。

智利全国有 3 家大型纺织厂，其中 2 家是从纺纱、染织到成衣的综合性工厂。全国约有 30 多万纱锭，1 万多台织布机，服装厂有上千家。[1] 智利大部分纺织业是家庭作坊式的小企业，80% 的生产能力集中在占企业总数 11% 的少数较大企业中，由本国私人资本经营。智利不生产棉花，所需原棉主要从墨西哥、秘鲁、巴拉圭、阿根廷、哥伦比亚等拉美国家进口；所需化纤原料如化纤纱主要从美国、日本、韩国、法国、加拿大、德国等国家进口；棉纱和 T/C 混纺纱，主要从秘鲁、巴西、阿根廷、美国、韩国和中国进口。智利服装主要从韩国、中国、中国台湾省、香港特区等国家和地区进口。

食品工业 智利食品工业除传统的粮食加工、鱼粉、油脂、饮料和面粉业以外，由于出口农业的兴起，带动了葡萄酒、水果罐头和奶制品的生产和发展。智利的鱼类、肉类、水果、蔬菜等食品资源丰富，农产品加工业有很大的发展潜力。20 世纪 90 年代初期以来，农产品加工品出口的年平均增长率高达 17%。1999 年农产品加工业的产值约占智利国内生产总值的 4%；在该行业就业的人数有 9 万人，占全国就业人口总数的 1.5%。

鱼粉加工业是食品加工业中主要行业。长期以来，智利鱼粉加工业发展势头强劲，1984 年已成为世界第一大鱼粉生产国。20 世纪 90 年代，智利鱼粉年产量都在 100 万吨以上，其中 1995 年高达 155.4 万吨。1998 年由于受到厄尔尼诺现象的影响，捕鱼量下降，鱼粉产量锐减至 64.4 万吨，1999 年回升至 100.2 万吨。鱼粉主要供出口，1999 年出口额 2.78 亿美元，2000 年减少到 2.33 亿美元。智利全国有 30 多家鱼粉加工厂，大部分集中在北方的伊基克和阿里卡等产鱼区。

丰富的海产资源和优质的水果、蔬菜，使鱼类、贝类和水

---

① 滕藤主编《世界各国商务指南——拉美卷》，第 413 页，中国社会科学出版社，1996。

果、蔬菜罐头加工业始终保持很好的发展势头，成为重要的出口商品。智利全国约有 37 家罐头食品加工厂，31 家冷藏厂。

智利的制糖业在 20 世纪 60 年代初到 70 年代末曾有过发展的鼎盛时期。后由于甜菜收购价格偏低，菜农缺乏生产积极性，种植面积减少和产量不稳定，加之政府对传统农业投入不多，智利糖业生产滑坡，产量连年下降，至今仍未好转。

纸浆、造纸工业　智利的纸浆、造纸业始于 1920 年。20 世纪 70 年代中期以后，由于政府优惠的林业政策，使林业生产迅速发展，给纸浆、造纸工业注入了活力。目前，该部门已成为国内较大的工业部门之一，多年来造纸业一直处于增长势头。产品除满足国内消费外，还向外国出口。2000 年纸浆和纸张出口额 14.4 亿美元，比 1999 年的 10.7 亿美元增长了 34.6%。纸张和纸板制造公司是智利造纸部门规模最大的企业，它经营 4 家生产纸浆、新闻纸、纸板和特种纸张的工厂。其次是森林林业公司，主要生产新闻纸。美国资本在纸浆工业中占有一定比重。

木材加工业　智利林业资源丰富，全国有 900 多家公司从事木材及木材加工业。智利的木材及其制品质量好、成本低廉，在国际市场上颇具竞争力。目前，智利是拉美最大的木材供应商。在木材初级产品大量出口的同时，木材的二级产品如板材、家具配件和家具的出口量也在大幅度增加。2000 年，木材、木材制品和家具的出口额 9.81 亿美元，比 1999 年的 8.37 亿美元增长了 17.2%。主要出口到泰国、印度、中国、日本等国家。近年来智利又成为美国的最大木材供应国。

建筑业　智利建筑业是每次经济衰退受影响最严重的部门之一，其经营和发展状况不稳定。进入 20 世纪 90 年代，为了改进居民住房条件和改善基础设施，政府加大了对住房、道路、隧道等建设的投资，使建筑业得到发展。90 年代末期，在受到亚洲金融危机影响后，智利经济恢复缓慢。建筑业生产明显下降，大批工人失业。2000 年建筑业产值为 3780.25 亿比索（1986 年比索价格），占国内生产总值的 4.5%。同年，据智利中央银行的估计，全国公共部门已动工的房屋建筑面积为 50.7 万平方米，已批准的私人部门的房屋建筑面积为 955.61 万平方米。截至 2001 年 3 月，建筑业就业人数 42.8 万人，占全国就业总人数的 8.1%。2008 年底，建筑业就业人数增长到 58.6 万人，占当年全国就业总人数的 8.8%。

二 能源工业

经济的发展，使能源消费迅速增长。为适应能源形势的发展变化，国家陆续出台和实施了一系列新的能源政策。主要有：修改能源价格制度，废除固定价格制度；实施能源部门自筹资金、鼓励私人投资，扩大能源生产；重新制定国家能源资源勘探计划；建立国家能源委员会，加强对能源开发的领导与规划；充分利用国内丰富的水力、煤炭、木柴等能源，并开辟地热、太阳能、原子能等新能源。

石油工业 石油开采是智利新兴的工业部门。智利是石油进口国。1945 年 12 月，智利在南部麦哲伦海峡地区发现了第一处油田——马南蒂亚莱斯油田。为加快石油的勘探和开采，政府于 1951 年成立了国家石油公司，1954 年建成第一座炼油厂——孔空炼油厂。为减少石油进口和节省外汇，智利政府积极发展本国的石油工业。自 20 世纪 70 年代中期以来，智利政府制定和实施了多项计划来加强对本国石油资源的勘探和开采。1976 年开始实施一项在麦哲伦海峡勘探和开采石油计划；1979 年制定了近海石油资源的开采计划；1981 年国家石油公司开始实施一项十年计划，争取通过利用外资加速石油工业的发展。为此，国家石油公司于 1982 年与美国钻石钻探公司签订合同，共同完成在瓦尔帕莱索和康塞普西翁沿海大陆架寻找石油的"太平洋计划"。

又与美国的大西洋富田石油公司和阿美拉达石油公司签订合同，共同勘探从查考海峡到佩拉斯湾的石油资源。由于外资的参与，智利石油工业有了一定的发展，但仍不能满足国内需求，石油依赖进口的状况仍然存在。

智利主要石油产地在麦哲伦海峡和火地岛地区。据初步勘探，麦哲伦海峡的石油储量为3500万立方米，天然气储量为1000亿立方米。石油和天然气的开采和加工由国家石油公司进行。20世纪80年代末期以来，由于产油区气候条件恶劣、资金不到位和技术缺乏等原因，石油产量逐年下降。2000年石油产量为39.24万立方米，天然气产量为27.02亿立方米（见表4-7），分别比上一年下降了12.5%和8.9%。智利的石油开采主要依靠外资，多年来尽管政府采取了一系列措施，力求改变国内石油供

表4-7 1996～2008年石油和天然气产量和进口额

年份	石油（千立方米）	天然气（百万立方米）	进口额（百万美元）
1996	532.7	3632.2	1190.2
1997	490.0	3211.1	1241.6
1998	468.8	3074.8	896.6
1999	445.9	2966.2	1099.8
2000	392.4	2702.0	1993.8
2001	385.5	2684	1726.8
2002	336.4	2543	1615.1
2003	209.7	2181	2125.6
2004	205.3	2106	2874.6
2005	192.0	2294	3778.9
2006	168.7	2199	4873.5
2007	148.0	2015	5018.3
2008	153.5	1828178	7175.2

资料来源：www.cochilco.cl（智利铜矿业委员会网站）2009年9月，www.bcentral.cl（智利中央银行网站）2009年9月。

应靠进口的状况，但成效不明显，进口量仍在增加。1996 年国家用于进口石油的费用为 11.902 亿美元，2000 年增加到 19.938 亿美元，增长了 67.5%。长期以来，智利石油进口连年增长，2008 年进口更是大幅增加，高达 71.75 亿美元。占当年商品进口总额的 12.5%。

电力工业 智利电力生产发展迅速，是经济中最有活力的部门之一。智利水力资源比较丰富，境内河流大都发源于安第斯山，河流短而水流急，尤其在第八大区比奥比奥以南，由雨水及山上冰雪融解汇成的河水滚滚而下，形成许多山间瀑布，为水力发电提供了良好条件。早在 1942 年智利政府就制定了全国电气化计划，1944 年成立了国家电力公司，负责领导和协调全国电力的生产及分配，并推动全国电气化计划的实施。二战后，由于制造业的发展，对电力的需求激增，从而大大推动了电力生产。到 1995 年，全国发电装机容量比 18 年前增长了 72%。由于几座新建发电站投产，发电量大幅度提高，全国年水力发电量达到 220 亿度以上。全国人均电力消费 1800 多度，是拉美人均电力消费较高的国家之一。除水力发电以外，智利北部海拔 4000 米的安第斯山区发现了大量地热资源，北部地区的风力和太阳能的利用也很有潜力。近几年来，由于热力发电量的增加，水力发电在全国发电总量中的比重有所下降，改变了长期以来以水力发电为主的状况。2000 年，水力发电占 47.6%，热力发电占 52.4%。2008 年，水力发电和热力发电分别为 222.94 亿度和 3369.2 亿度，各占当年发电总量的 39.8% 和 60.2%。

三 交通运输和通信业

智利的交通运输包括铁路、公路、海上和航空运输。近几年来，交通运输业稳定发展，产值连年增长。2000年，交通运输业产值 7917.8 亿比索（1986 年比索价格），比上

表 4 – 8　1995 ~ 2007 年水力发电量

单位：百万度，%

年　份	水力发电		热力发电	
	产　量	占发电总量的百分比	产　量	占发电总量的百分比
1995	23629.8	66.6	—	—
1996	22411.7	55.7	—	—
1997	23953.5	57.8	—	—
1998	25649.8	45.4	—	—
1999	26907.8	35.2	—	—
2000	29576.6	47.6	—	52.4
2003	21924.0	48.6	23208.0	51.4
2004	20956.0	43.1	27714.0	56.9
2005	25489.0	50.4	25132.0	49.6
2006	28133.0	52.5	25442.0	47.5
2007	22294.0	39.8	33692.0	60.2

资料来源：The Economist Intelligence Unit Limited 2008，Country Profile Chile 2008. 英国经济学家情报社国家概览—智利。

一年增长了 9.5%，占当年国内生产总值的 9.3%。2001 年 3 月，在该部门就业的职工人数 42.6 万人，占全国就业总人口的 8.1%。2007 年和 2008 年，智利交通运输和通信业产值分别为 59073.9 亿比索（当年比索价格）和 64064.4 亿比索，各占当年国内生产总值的 6.9% 和 7.2%。2008 年，在该部门就业的职工人数 56.7 万人，占全国就业总人口的 8.5%。

　　公路　智利的公路运输比较发达，公路网四通八达，延伸到全国各个地区。全国公路总长 8 万多公里，其中柏油路面约 1.5 万公里，占公路总长的 18.7%。其余为砖石路和土路。自圣地亚哥到康塞普西翁一段为高级公路，可全天候通车。砖石路和土路在阴雨季节则难以通行。泛美公路纵贯智利南北，全长 3600 公里，是智利公路的主要干道，也是智利交通运输的生命线。泛美公路从秘鲁南部城市塔克纳入境，经过智利北部城市阿里卡，向南到圣地亚哥，再往南延伸到智利南部港口城市蒙特港。为了开发南部地区，政府还修建了一条南方公路，全长 1140 公里。这条公路把智利中部地区与南部拥有 1000 多万公顷土地的湖泊地区、奇洛埃省和艾森省连接起来。

　　智利有几条国际公路与阿根廷和玻利维亚相连。一条是从圣地亚哥往东，横越安第斯山，穿过海拔 3990 米的乌斯帕亚塔隘口，进入阿根廷境内与门多萨相连。南方公路从蓬塔阿雷纳斯出发，分东西两条，最后在阿根廷南部港口里约加列戈斯会合。北方一条国际公路从科皮亚波向东，越过安第斯山，穿过高达 4726 米的圣弗朗西斯科山口进入阿根廷。另一条国际公路从泛美公路上的瓦拉出发，东行穿过 5995 米高的锡亚赫瓜伊山口，与玻利维亚相接。

　　为发展公路运输，智利军政府时期采取了交通自由化政策，鼓励私人经营公路交通运输业和购买私人汽车。从此，智利的私营汽车运业有了较大的发展，私人小汽车大量增加。据智利中央银行统计，1993 ~ 1999 年全国汽车数量由 143.7 万辆增加到 209.1 万辆，其中私人汽车由 82.5 万辆增加到 120.7 万辆；出租汽车由 7.3 万辆增加到 11.7 万辆；卡车由 10 万辆增加到 12.1 万辆；大客车由 3.1 万辆增加到 8 万辆。同期，公路客运量共计 4940 万人次。由于公路保养不善，有些地区路面损坏较大，有待修整。为此，政府制定了修复计划，投入了大量资金，在国际开发银行和美洲开发银行的资助下，1987 年完成了全部修复工作，大大改善了公路运输状况。

　　铁路　智利的铁路交通起步较早。1851 年修建了从科金博到卡尔德拉港的南美第一条铁路。1859 年政府组建了第一家国营铁路管理公司。1915 年成立了国家铁路局。1969 年起开始实施铁路电气化和内燃机化计划。1996 年全国铁路总长 14771 公里，其中电气化铁路 1654 公里。首都圣地亚哥至瓦尔帕莱索之间为电气化铁路。由于国土南北狭长的特点，智利铁路网恰似一条大脊柱，中央铁路是全国铁路的主要干线，北起皮萨瓜，南至蒙特港。其余支线或连接西部港口城市，或延伸到东部安第斯山矿区。从主干线上分出两条铁路与阿根廷相通：一条从比尼亚德尔马向东通往阿根廷的门多萨，可直达阿根廷首都布宜诺斯艾利斯；另一条从巴勒斯蒂纳向东穿过安第斯山区通往阿根廷北部农牧区。智利还有两条铁路与玻利维亚连接。北部有一条铁路通往秘鲁境内。

智利铁路曾因长期经营不善，亏损严重。20 世纪 70 年代末期起，政府逐步将部分路线交给私人经营，铁路运输和经营状况有所好转。90 年代铁路运输处于上升趋势。据智利中央银行统计，1999 年全国铁路货运量为 2125 万吨，客运量为 947.3 万人次。

首都圣地亚哥地铁全长 27.25 公里，另外政府将投资 10 亿美元，再新建两条地铁线。

海运 智利的地理位置和地形特点，决定了海上运输具有特别重要的意义，它承担着智利 50% 的进出口货物的运输任务。因此，历届政府都十分重视发展海上运输，很早就制定和实施了一整套港务建设和管理制度：1904 年成立了第一个从事港口经营业务的技术管理机构；1922 年建立了瓦尔帕莱索港务管理局；1960 年又成立了智利国家港务局。智利沿海分布着大、小 70 多个港口，其中主要港口有 16 个。瓦尔帕莱索是南太平洋沿岸最大的港口，也是智利最大的港口，号称"港口之都"，进口货运的 50% 由该港承担，每年进出该港的船只有数百艘之多。除瓦尔帕莱索外，其他港口还有圣维森特港、瓦斯科、瓜亚甘、托科皮亚、卡尔德拉、查尼亚拉尔、科金博、安托法加斯塔、圣安东尼奥、塔尔卡瓦诺、蒙特港等，许多港口是运输铜、硝石、煤、石油等矿产品的专用港口。智利约有大小轮船公司 20 家，其中最大的海运公司是智利葡萄牙公司，总部设在瓦尔帕莱索，由中央和地方共同经营。其他还有国家海运公司、南美汽轮运输公司、智利远洋航海公司、石油海运公司等。智利商船队注册总吨位约为 170 万吨。在通过海路运输的智利进出口商品中，本国商船承担的部分约占 1/3，外国商船承运部分占 2/3。1998 年，智利商船装货 2821.2 万吨，卸货 1924.9 万吨。由国家和私人经营的小汽船航行于麦哲伦省西部沿海。小汽船的使用弥补了陆地交通的不足，在南部地区显得尤为重要。智利的河流短而湍急，因此，内河航运不发达。全国内河航运总里程为 2172 公里。

智利对于发展同亚太国家的关系十分重视，其特有的地理位置使它成为沟通南美洲和亚洲的桥梁。近几年来，智利大力推动建设两洋（太平洋和大西洋）交通通道的计划。同时，为了进一步发展海上运输业和基础设施的现代化，1998 年，智利国家港务局下属的 14 家公司，开始向本国和外国资本开放，逐步实行私有化。

航空　空运在智利较其他运输网络发展更为迅速。智利国家航空公司（Lanchile）是智利最大的国营航空公司（已私有化），成立于 1929 年。该公司有 11 架飞机。智利国家航空公司有两条国内航线：一条自圣地亚哥往北至阿里卡；一条自圣地亚哥向南至蓬塔阿雷纳斯。除经营国内客、货运输业务外，还有通往阿根廷、秘鲁、玻利维亚等 7 个国家的国际客、货运输业务。1958 年兴建的铜业航空公司拥有 7 架飞机，是智利最大的私营航空企业，主要经营为北方铜矿服务的客、货运输业务。另外，还有从事货运的南美航空公司、安第纳航空有限公司等私营航空企业。智利航空线长度在南美国家中排在巴西、哥伦比亚、阿根廷和委内瑞拉之后。全国现有提供商业服务的机场 30 个，其中主要机场有 9 个，最大的机场是首都的阿图罗·梅里诺·贝尼特斯机场，其次是洛斯里略斯机场（圣地亚哥）和巴尔马塞达机场

（第十一行政大区）。

20世纪70年代末期，智利政府实行以自由竞争为基础的"天空开放"政策，其内容包括自由定价、自由选择飞行距离、飞行次数和飞行路线等，国家的任务就是对航空运输中的安全条例和对等条件等做出规定。同时政府还开展一系列的促销活动，大大推动了智利航空运输业的发展。1999年，各公司的国内货运周转量为3.4亿吨公里，国际货运周转量17.7亿吨公里。

通信 20世纪80年代末期，澳大利亚邦德公司购买了智利电话公司的主要股份后，智利的电话和无线电通信设施正在迅速发展和现代化。1991年智利开始使用光纤通信。1994年，国内电话全部实现程控。1999年，全国拥有296.8万条电话线并广泛采用蜂窝状电话网、数字化技术和光纤技术。目前，智利政府计划在智利和新西兰之间铺设一条海底光缆，把南美洲和亚太地区更好地连接起来。

四 旅游业

智利因其独特的地形、奇特的自然风光和风情浓郁的民俗文化，日益成为一个新的旅游地。智利北部有沙漠、古迹、海滩及高原小镇；中部有别具风格的城市；南部有湖泊、岛屿、峡湾和冰川。漫长的海岸线提供了大面积的优良海滩，是人们旅游、休假和探险的理想之地。复活节岛新近的考古发现也使之很快成为智利的旅游胜地。20世纪90年代以来，由于政局稳定和经济持续增长，旅游业也获得稳步发展，成为智利国民经济的重要部门之一。智利政府重视发展旅游业。目前，除传统的旅游线路外，还增设了不少新的旅游景点，进一步完善旅游服务设施，如建造滑雪中心、组织南极观光和国际音乐会等，吸引了大量国外游客。智利旅游业的迅速发展，越来越受到世界的瞩目。1999年9月24日至10月1日，在智利首都圣地亚哥举行了有 131 个国家参加的世界旅游组织第 8 次大会。

智利国家旅游服务局和另一家私营旅游发展公司,是负责促进智利旅游业发展的机构。智利国家旅游服务局统计,1997 年和 1998 年旅游业在智利国内生产总值中的比重要高于 1996 年。1998 年,智利政府为促进旅游业的发展,向该行业投资 1100 万美元。当年接待观光外国游客 176.7 万人次,旅游外汇收入11.02 亿美元。1999 年,由于国际金融危机的影响,到智利旅游的人数有所下降,外汇收入减少。2000 年情况有所好转,旅游业增长了 6.8%,外国游客 174.3 万人次,旅游外汇收入 10 亿美元。游客主要来自阿根廷、秘鲁、美国等美洲国家,上述国家游客占智利游客总数的 83.6%。2001 年,由于受世界经济减速和邻国阿根廷经济危机不断深化的影响,加上"9·11"恐怖事件和阿富汗战争给人们带来的不稳定心态,智利接待的外国游客仅为 172.17 万人次,比上一年下降 1.2%,旅游收入也减少到年平均水平 8.3 亿美元以下。统计数字显示,智利 2001 年接待的主要旅游客源阿根廷的游客已由 2000 年的 127.02 万人次减至123.84 万人次。2002 年头两个月,前来智利度夏的阿根廷人比上年同期又下降了 40%,旅游收入因此减少了大约 2000 万美元。与此同时,2001 年智利出国旅游的人数也大大减少,由2000 年的 183 万人次降至 161 万人次,减幅为 12.2%。

针对这种状况,智利旅游部门积极采取措施,在开发新的旅游项目的同时,加强对原有旅游景点的宣传,以吸引国内外游客,并通过旅游客源本地化拉动内需,填补外国游客减少所造成的空缺,推动旅游业的发展。同时,为了扭转旅游业不景气状况,智利政府决定增加对旅游业的投资,由国家财政拨款用于旅游部门的宣传及旅游项目的开发。另外,在首都圣地亚哥新建22 家饭店,并将在各地区建设有国际水平的高档旅游饭店,以吸引更多的游客。智利国家旅游局局长桑特利塞斯表示,政府打

算在 2010 年智利独立 200 周年之际，实现接待外国游客 350 万人次的目标。

据世界旅游组织预测，21 世纪拉美国家将成为全世界的旅游热点之一。据统计，1995～2000 年间，拉美地区旅游收入年均增长率为 4.8%，超过北美 1.5 个百分点。智利领土狭长，景观奇特，拥有巨大的旅游资源和得天独厚的条件。2003～2005 年，智利旅游业会有较大发展，预计每年将吸引外国游客 260 万人，年均创汇 17 亿～20 亿美元，到 2005 年，旅游业收入将占到智利国内生产总值的 5%。

第四节　农、牧、林、渔业

一　农业

20 世纪 90 年代中期，智利全国有可耕地面积 1190 万公顷，已耕地面积 480 万公顷，仅占可耕地面积的 40.3% 和全国土地面积的 6.5%，大量土地闲置。

智利农业可分为传统农业和出口农业。传统农业主要包括小麦、大麦、燕麦、稻米、玉米、甜菜、豆类和薯类等 14 种主要农作物，供国内消费。出口农业主要是水果和蔬菜。长时期以来，传统农业起伏不定，相对比较落后，生产机械化程度不高。粮食不能自给，国家每年要从国外进口食品。20 世纪 90 年代，农业生产形势不稳，其主要原因是传统作物播种面积大幅度减少和产量下降，农业增长率从 1990 年的 8.5% 降至 1996 年的 1.3%。1997 年，由于受厄尔尼诺现象的影响，出现上半年干旱和下半年水灾的气候反常现象，对农作物、蔬菜和水果的生长造成很大影响，农业生产出现负增长（-3.9%）。1998 年回升，增长了 6.5%；1999 年又是负增长（-1.3%）。2000 年，农

（林、牧）业产值为4999.6亿比索（1986年比索价格），比上一年增长5.2%，占当年国内生产总值的5.9%。同年，在农（渔）业部门就业人数77.7万人，占全国就业人口的14.4%。20世纪90年代智利每年食品进口额都在3亿美元以上，其中1996年高达4.7亿美元，2000年食品进口额为3.8亿美元。21世纪以来，智利农业生产处于不稳定趋势，2004～2006年农（林、牧）业年均增长率为7.1%。2007年增幅急剧降至0.4%，2008年有所回升，增长率为3.0%，当年农业产值为27101.01亿比索（当年比索价格），比上一年增长15.4%，占当年国内生产总值的3.1%。同年，在农业部门的就业人数76.5万人，占全国就有人口的11.5%。

　　智利土地资源比较丰富，气候条件优越，适宜农业生产。但是，智利农业生产的发展却一直不尽如人意，其原因是多方面的。土地占有过于集中是重要原因之一。智利大土地所有者往往同时经营工、商业或金融业，对农业生产本身并不关心，土地利用率极低。在智利广大农村普遍存在土地没有人耕种，而大量农民又没有土地。20世纪60年代和70年代曾进行过两次土地改革，但在军政府时期又将被分配的土地归还了原主。另外，智利政府对发展农业不够重视，农业发展没有一个与国家发展总目标相适应的长期发展战略，农业政策缺乏连贯性。对农业投入少，对农产品长期实行价格控制，直接损害了农民的利益。农业机械化和耕作技术水平不高，生产率低下。为了生存，农村人口大量流入城市，造成农村劳动力不足。近几年来，随着国家财政状况不断改善，为使国民经济各部门协调发展，智利政府加大了对农业部门的投资，使农业朝着多样化、机械化和现代化的方向发展。政府在加大投资、改良品种和改进耕作技术的同时，增加农业机械的进口。根据智利基金会日报公布的统计，2000年，智利进口拖拉机1400辆，进口额为2100万美元，进口数量和进口

金额分别比 1999 年增加了 40% 和 32%。统计表明，智利进口的拖拉机 76% 来自意大利和巴西。其中巴西拖拉机进入智利市场时，由于具有关税和运输费用的优势，在智利拖拉机市场上所占份额高达 46% 左右。中国出口的拖拉机目前在智利市场上的份额约为 2.6%。智利拖拉机进口量在 20 世纪 90 年代呈逐年下降趋势，数量从 1992 年的 3000 辆下降到 1999 年的 1100 辆，直到 2000 年才出现回升势头。目前，智利需要进口拖拉机的买主，主要是规模较大的葡萄种植园。

1. 传统农业

包括粮食作物和经济作物。粮食作物分谷物（小麦、燕麦、大麦、黑麦、稻米和玉米等）、豆类（菜豆、扁豆、豌豆、鹰嘴豆）和薯类（马铃薯、甘薯）。经济作物主要有甜菜、向日葵和油菜子等。1999/2000 农业年度粮食作物和经济作物的播种面积分别为 70.6 万公顷和 10.3 万公顷，同期产量分别为 3628.3 万公担和 3169.6 万公担。

小麦 智利居民的主要粮食。主要产区在第九、第十大区，其产量约占全国产量的 40%。自 20 世纪 70 年代以来，小麦播种面积和产量连年下降。1999/2000 年度小麦播种面积为 39.1 万公顷，比上一年度增长了 15.7%；产量为 1492.7 万公担，增长了 24.7%。

燕麦 主要产于智利中、南部地区，供食用兼作牲畜饲料。1999/2000 农业年度播种面积为 8.9 万公顷，比上一年度增长了 11.7%；产量为 247.9 万公担，增长了 23.2%。

大麦 主要产于中部地区，用作牲口饲料和啤酒原料。1999/2000 农业年度的播种面积为 1.7 万公顷，比上一年度减少了 35.1%；产量为 59.6 万公担，减少了 26.8%。

玉米 智利是南美仅次于巴西的第二大玉米生产国。主要产地在中部地区，基本上供国内消费。20 世纪 80 年代，玉米种植面积一般都在 10 万公顷以上。进入 90 年代以后，播种面积大幅度减少，产量也随之下降。1999/2000 农业年度播种面积为 6.9 万公顷，比上一年度减少 5.5%；产量 652 万公担，比上一年度增长 4.5%。

稻米 1932 年水稻种植传入智利后，稻米生产不断扩大，其产量不仅自给，而且还出口到其他国家。20 世纪 40 年代，年均出口大米 2.1 万吨。后由于生产成本高、收购价格低，稻米生产受到影响，产量仅能满足国内居民的消费。长期以来，智利的水稻播种面积和产量很不稳定。1999/2000 农业年度水稻播种面积为 2.6 万公顷，比上一年度增长了 75.3%；产量为 135 万公担，比上年度增加了 121.4%。

豆类 在智利人的日常食品中占有重要位置，产量仅次于小麦。豆的种类很多，可当主食，也可做成各种菜肴，味道可口，深受智利人的喜爱。1999/2000 农业年度豆类播种面积为 4 万公顷，比上一年度增长了 7.4%；产量为 50.4 万公担，比上一年度增加了 44.8%。

马铃薯 在智利的消费量仅次于小麦和豆类，是居民最常吃的食品之一。智利种植马铃薯的历史较长，早在殖民地时期，智利就在南部的奇洛埃岛一带种植马铃薯，产量较高。20 世纪 90 年代，产量一般稳定在 800 万吨以上。1999/2000 农业年度马铃薯种植面积为 6 万公顷，比上一年度减少了 0.8%；产量为 988 万公担，比上一年度减产了 0.7%。马铃薯除食用外，还是生产淀粉、酒精等产品的工业原料，并有少量出口。

甜菜 智利的主要经济作物之一。为发展本国的制糖业、减少食糖进口，智利于 1951 年开始在全国推广甜菜种植。20 世纪 90 年代种植面积和产量比 80 年代都有较大幅度增长。1999/2000 农业年度甜菜种植面积为 4.9 万公顷，基本上与上一年度持平；产量为 3112 万公担，比上一年度增长了 8.7%。甜菜产区主要集中在库里科至奇洛埃岛一带。

向日葵 智利食用油的主要原料。长期以来，向日葵的种植面积和产量起伏不定，或高或低。1980 年以后，其种植面积和产量大幅度下降，90 年代有所好转。1999/2000 农业年度向日葵种植面积为 6359 公顷，比上一年度增长了 117.1%；产量为 9.4 万公担，比上一年度增长了 121.5%。向日葵的主要产地在中部地区各省，其中圣地亚哥和利纳雷斯的产量最多。

油菜子 智利居民辅助食用油的原料。为解决食用油不足，智利政府从 20 世纪 40 年代起就采取措施，如保障价格、提供援助等刺激措施鼓励农民种植油菜子，生产一度发展较快。进入 80 年代后，油菜子的种植面积和产量连续下降。90 年代仍不稳定。1999~2000 农业年度油菜子的种植面积大幅度下降至 1.9 万公顷，比上一年度下降了 39.7%；产量为 47.7 万公担，比上一年度减少了 33.3%。油菜子的主要产区在马列科到延基韦一带。

2. 出口农业

自 20 世纪 80 年代以来，出口农业已成为智利经济中最为活跃、发展最为强劲的部门。出口农业即水果、蔬菜的生产和出口，是 20 世纪 70 年代经济改革时期在"增加非传统产品出口"的方针指导下迅速发展起来的。智利自然条件得天独厚，拥有肥沃的土壤、多样化的气候、丰富的水源等有利条件。安第斯山、太平洋和北部的阿塔卡马沙漠是智利水果和蔬菜免受病虫害的天然屏障。90 年代以来，智利水果、蔬菜生产部门大力引进外资和先进的种植技术，培训专业技术人员，并率先实行了滴灌、计算机控制灌溉和水果分级。此外，还使用现代化的包装技术、温控室和空调运输，当水果运抵市场时，其卫生状况、质量和成熟程度均处于最佳状态。由于智利农牧业服务中心执行严密的检疫和植物卫生标准等措施，1995 年，智利被国际上确认为无地中海食蝇危害的国家。由于智利水果味道鲜美，质量上乘，生产成本和风险低，在国际市场上具有较大的竞争力。同时，智利利用与北半球季节和气候相反的特点进行互补，在北半球处于寒冬、水果淡季时，智利则是水果飘香的旺季。这时，智利的大量水果和蔬菜源源不断运往美国、加拿大等北半球国家。当今，智利已向五大洲的60多个国家出口40多种水果产品，水果外销量在拉美国家中居首位，成为利用"比较优势"发展生产的典范。智利主要出口水果有葡萄、苹果、梨、李子、樱桃、鳄梨、柠檬、猕猴桃等。美国是智利水果最大的买主，向美国的出口额占智利水果出口总额的35%。同时，智利的水果出口市场已扩大到欧洲和亚洲国家及地区。90年代中期以来，智利水果出口额保持在10亿美元以上。2000年，新鲜水果出口额为11.2亿美元，约占农牧业产品出口总额的76%，仅葡萄一项就达5亿美元。国际水果市场需求旺盛促进了水果生产的发展，水果的种植面积和产量不断上升。1998年，全国10种主要水果种植面积为16.2万公顷，其中苹果和食用葡萄的种植面积分别为3.8万公顷和4.4万公顷，各占水果种植总面积的23.2%和27.7%；10主要种水果的总产量为320万吨（见表4－9）。

　　智利中部是地中海式气候，有一段很长的干燥季节，同时昼夜温度的变化很大，白天最炎热时温度可超过30℃，但在晚间沿海岸线却只有15℃~18℃。这里光照充足，夏天相对湿度可达到55%~60%，这一切都为葡萄的种植和葡萄酒的酿制提供了理想的条件。所以，智利被誉为拉美地区葡萄栽种的天堂。智利的天然气候及优越的地理条件，使它成为世界上最好的葡萄种植地区之一。夏天干燥的气候，使葡萄酒避免发霉或变质。地理的屏障，如北方的沙漠、南方的冰封、东方的安第斯山及西太平洋的保护，防止了真菌或蚜虫到达智利境内，减少了病虫害对葡萄生产的威胁。生产部门只需要用极简单的措施，让葡萄酒在最自然的环境下酿造。

表4－9　1994～1998年主要水果种植面积和产量

单位：公顷，千吨

种类	1994年		1995年		1996年		1997年		1998年	
	面积	产量	面积	产量	面积	产量	面积	产量	面积	产量
李　子	10213	140	10928	150	11747	148	12490	142	13167	198
杏	1950	30	2040	30	2130	32	2220	21	2310	35
桃	10595	170	10997	180	11335	185	11665	164	11852	180
猕猴桃	9380	115	8915	145	8310	140	7852	146	7817	105
柠　檬	6345	99	6330	105	6780	125	7220	120	7460	110
苹　果	29800	850	32440	950	34800	940	36416	1000	37594	1165
柑　橘	6130	108	6198	125	6494	88	6870	96	7100	85
鳄　梨	11585	50	12990	60	15050	55	16910	99	18330	82
梨	14830	280	13880	322	12950	333	12262	320	12200	350
食用葡萄	46800	880	46018	890	45880	840	44950	900	44360	890

资料来源：Banco Central de Chile：*Boletín Mensual*（《智利中央银行月报》），No. 877，marzo 2001。

葡萄种植在智利水果业中占据重要地位，无论是种植面积还是产量都居各种水果之首。如今智利已步入世界五大葡萄生产国行列。智利的葡萄分为两大品种：一种供食用，另一种为酿酒原料。

智利葡萄酿酒业历史悠久，可上溯到16世纪50年代，至今已有450多年的历史。16世纪中叶，西班牙殖民者将葡萄藤引进智利；1851年，法国人把酿酒技术带进智利。19世纪后半期，一种叫Phyl－loxera的真菌摧毁了欧洲人的大片葡萄园。于是，很多法国人、意大利人、西班牙人带着他们的葡萄种植和酿酒技术移居到北美和南美，而其中大部分人选择了智利，因为在美洲各国中，智利的土壤及气候条件最适合酿制葡萄酒。

1877 年，智利首批葡萄酒出口到欧洲，并在许多展览会上获得了多个奖项，智利的葡萄酒得到了世界的认可。1979 年，智利的葡萄酒酿造商引入了新的机器设备、先进的酿造技术和不锈钢桶，提高了产量，成为国际上公认的生产葡萄酒的领先国家。20 世纪 90 年代以来，智利酿酒业高速发展，年均增长率超过 10％。智利成了世界上高级葡萄酒的出口国，优质的葡萄酒在国际市场上享有盛誉。智利的葡萄酒今天已销往世界 89 个国家，特别是近几年来，成功地进入了亚洲市场，其中日本是其主要出口对象国。1998 年智利向日本出口的葡萄酒占向亚洲地区出口总量的 91％，创汇 8200 万美元。随着出口量的增加，葡萄酒在世界市场上所占份额也在提高。2000 年，智利葡萄酒在世界葡萄酒市场所占份额为 4.6％，排世界第 5 位（1994 年所占份额为 1.7％，排第 8 位）。智利葡萄酒不仅物美价廉，而且它的天然抗氧化成分大大超过其竞争对手，这种葡萄酒能预防动脉硬化和心血管突发症等疾病。1998 年，智利葡萄酒在国际大奖赛中又多次获奖。

2000 年，智利葡萄酒出口额为 5.69 亿美元。主要出口对象国为法国（40.8％）、意大利（17.6％）、西班牙（9％）、澳大利亚（7.1％）、美国（4.1％）、葡萄牙（3.7％）、德国（2.8％）、南非（1.9％）。2001 年，葡萄酒出口额增至 5.88 亿美元，增加了 3.32％；出口量从 2.647 亿升增至 3.089 亿升，增长了 16.7％。

智利有三个重要的葡萄种植区，它们是：阿空加瓜地区、中央谷地和南部的伊塔塔山谷及比奥比奥山谷地区。截至 2001 年 7 月，智利全国葡萄种植园面积总计大约有 63400 公顷，其中卡贝尔特·萨乌比格农贡（Cabernet Sauvignongon）一家公司就拥有智利全国葡萄种植面积的 47％。为了进一步提高产品质量，扩大海外市场，智利在培育优良品种方面投入了大量资金。同时，西班牙、法国等外国投资对智利葡萄酒工业的发展也有很重要的影响。

二　畜牧业

智利牧草资源丰富，全国有牧场 1360 万公顷，其中天然牧场 1148 万公顷，人工牧场 212 万公顷。

在西班牙殖民统治初期，智利人口稀少，当地土著印第安人还不会种植农作物，大片土地有待开垦，他们的衣食均源于饲养牛羊，以马作为运输工具，经济生活以畜牧业为主。19 世纪初，大批德国移民来到了智利，并发展了养猪业。随后，畜牧业的范围逐渐移向南部地区，养羊业得到迅速发展，羊成为主要牲畜。19 世纪中期，在种植业发展的同时，畜牧业曾一度被忽视，生产停滞，肉类短缺。于是政府被迫取消肉类的关税保护政策，并重视开发新牧场，发展畜牧业。

目前，智利畜牧业中以养牛业占主要地位。主要养牛区在第九、第十行政大区。两区奶牛存栏数约占全国总头数的 2/3，肉牛存栏数和牛肉产量占全国总数的 1/2 以上。南方的麦哲伦省是主要牧羊区，智利的绵羊能提供品质极佳的肉、毛、脂肪和皮，其优质细毛在国际市场上享有盛誉，大部分出口到英国。

智利畜牧业产值增长率不高，各种肉类产品和奶制品仍不能满足国内需求。20 世纪 80 年代，由于气候恶劣、市场价格下跌等原因，牲畜存栏数和家禽饲养量都有所下降。90 年代生产状况有所好转，产量连年增长。1999 年，全国各种肉类产量为 49.2 万吨，家禽产量为 34.4 万吨，鸡蛋 20.89 亿个，牛奶 20.5 亿升。2000 年，全国各种肉类的产量为 50.9 万吨，其中牛肉 22.6 万吨，羊肉 1.1 万吨，猪肉 26.1 万吨。2007 年，智利全国牲畜存栏数牛为 3718532 头，绵羊 3888485 只，猪 2928606 头，马 304252 匹，山羊 705527 只。

三 林业

南方的第八、第九行政大区是智利的"绿色宝库"。那里有一望无际的林海，风松交响的林涛，空气中飘荡着松柏的清香，令人心旷神怡。

智利是南美洲森林资源最丰富的国家之一，有林地面积2100万公顷，占国土面积的28%，其中可利用的天然森林面积730万公顷，主要是落叶松、皂树、牧豆树、智利柏、智利南美松、皮尔格松、智利罗汉松等硬质木；人造林面积为211.9万公顷，主要种植辐射松和桉树等，其中种植辐射松占130万公顷。由于土壤和气候条件的缘故，种植在智利的辐射松比其他国家的同类树种生长得快，树干高达50米，一般20年左右即可成材；而在瑞士则需要40年，在美国和加拿大需要60年。所以辐射松是智利人造林中最重要的品种，在林区随处可见。

智利林业的快速发展，除了具有丰富的自然森林资源这一重要的客观因素以外，还与历届智利政府的高度重视有关。为了推动人工造林、发展"绿色资源"，自20世纪70年代以来，智利政府推行了一系列鼓励林业发展的政策措施，先后制定和修订了有关林业的法律、法规。1974年颁布的智利第一部林业法，即701号法令，对恢复和保护林业资源，促进人工造林，保护生态环境，起了十分重要的作用。701号法令规定：（1）自然人或法人在荒山野地植树造林，由国家统一验收，如符合标准，国家支付75%的植树费用并一次偿清。（2）国家负责提供优良树种，并向造林者发放为期15～20年的低息贷款。（3）在人造林成材收益前25年中免征土地税，对已进入成材期的林区，国家仍减免50%的土地税。（4）鼓励外国企业在林业部门投资。（5）为保护现有林地，砍伐树木必须及时补种。1980年，政府又颁布了关于合理开发和保护天然森林的规定，禁止在保护区内砍伐树木。凡采伐天然林者必须在当年复种同等面积的人工林。同时，积极推行家庭植树计划。上述措施使智利林业特别是个人和私人企业造林有了显著发展。1996～2000年，智利年均植树面积11万公顷。2000年，智利全国植树面积为10.2万公顷，1974～2000年全国共植树239万多公顷，其中主要是个人和私人企业栽种的。智利已成为世界上少数森林资源持续发展的国家之一。目前，私有林地已占全国林地总面积的2/3以上。

为了加强对林业的管理，智利政府成立了国家林业管理局。该局带有半政府、半企业性质，从属于农业部。其主要职责是：制定国家的林业政策，对森林进行保护，管理森林的种植和采伐。国家林业管理局下设四个部门：野生资源部、森林防火部、管理部和发展经营部。在全国各大区设有办事处，负责执行该局的工作计划。在加强林业管理的同时，为了发展和合理利用森林资源，智利政府还建立了专门的科研机构——林业研究所。该所从属于经济部的生产发展委员会，其宗旨是：调查研究、发明和传播林业生产技术；传递经济、资源和市场信息，为林业生产部门服务。研究所设有林业工业研究室、野生资源研究室、林业规划研究室、林业经济研究室等；还设有档案资料中心、计算机中心和行政财务管理中心。与此同时，智利十分重视林业人才的培养。在智利大学、南方大学、康塞普西翁大学等一些高等院校都设有林业专业，培养林业科技人才。此外，还有许多林业技术培训中心和一些专业技术学校，培养从事林业的专业技术人员。据统计，在智利林业部门的就业人员达10多万人。

在拉美地区，智利政府在森林防火等方面处于领先地位。当你走进林区，到处可见到醒目的宣传画和标语："森林就是生命"。智利政府非常重视对人民特别是对儿童进行热爱森林的宣传工作。在林区工作人员的工作服上印有"我爱森林"的字样。就连小学生用的铅笔、尺子和水杯上，都印有"热爱自然"和

"森林是人类的绿肺"等字样，使孩子们从小就懂得保护森林和生态环境的道理。

智利的森林资源主要分布在中、南部地区，即第五至十二大区之间。全国第二大港口城市康塞普西翁所在地比奥比奥区，即第八大区，是智利人造林和林业生产比较集中的地方，被称为"木材之乡"。全国85%的木材和林产品都产自这里，并通过附近的港口远销世界各地。在这里有全国最大的私营林业综合企业——阿劳科林业公司，该公司拥有30万公顷林地。智利的天然原始森林主要分布在第十至第十二大区，其中又以第十大区为最，森林覆盖面积为360万公顷，林木蓄积量7.44亿立方米。天然森林大部分属于私有。国家只掌握国家森林公园和一些自然保护区；这里设有专门机构和人员看管，保护得很好，成为人们旅游和休闲的好去处。智利有30个国家公园，面积约1400万公顷，占全国土地面积的18%。

林业在智利经济中占有重要地位，林业的发展为木材加工业和造纸业的发展奠定了雄厚的资源基础。1995年以来，每年木材和林产品出口额都在17亿美元以上，2000年高达23.7亿美元，占智利外贸出口总额的13%，是继铜、水果和渔业产品之后的第四大出口商品，有些年份其创汇额甚至超过铜产品。智利全国有900多家企业从事林业生产，其大部分产品用于出口，主要有原木、碎木、纸浆、纤维板、板材、纸张、木制品和家具等。由于智利林产品品质优良，纤维结构好，加工时实行严格的检查以保证质量，因此，在国际市场上销路很旺。智利林产品向世界81个国家和地区出口，主要是日本、德国、美国、比利时、韩国、阿根廷和中国台湾等国家和地区。我国也是智利木材、纸浆的重要买主之一，并且已在智利投资建立林业生产基地。

为了满足对日益增长的林产品出口运输的需要，智利政府扩

大了基本建设投资，兴修道路，扩建装运码头。林产品出口的主要港口有圣维森特、利尔肯、瓦尔帕莱索、塔尔卡瓦诺和科罗内尔等。这些港口都靠近林区，运输极为方便。

四　渔业

智利渔业资源丰富，绵延 4300 多公里的海岸线盛产鱼类、贝类和海藻等，品种多达 1016 种，主要产鳀鱼、鳗鱼、鳟鱼、金枪鱼、沙丁鱼、萨门鱼、鲣鱼、蓝鱼、鳕鱼、比目鱼、石斑鱼、海蟹、对虾等，是拉丁美洲重要的渔业生产国。

智利的渔业是发展较快的部门之一。智利 1980 年已是南美第一、世界第五位渔业大国。2000 年，渔业产值为 1461.5 亿比索（1986 年比索价格），占当年国内生产总值的 1.7%，增长率为 16.9%。在正常情况下，每年捕鱼量都在 600 万吨以上。1998～1999 年因厄尔尼诺现象的影响，鱼产量下降（见表 4－10）。渔产品的国内消费量较低，大部分用于加工成鱼粉和罐头出口。1996 年鱼粉出口额高达 6.08 亿美元。2000 年因捕鱼量仍未恢复到正常年份，鱼粉出口额降至 2.3 亿美元。20 世纪 90 年代，过度捕捞现象日益严重。为了扭转这种状况，保护水生资源和开发渔业资源，1991 年 7 月，智利议会通过了新渔业法，对各种鱼的捕捞量加以严格限制，规定手工作业的渔民在 5 海里范围内作业；加强对渔业资源的研究以提高渔业生产的质量和产量，等等。与此同时，智利还大力引进和开发养殖技术，政府投资 40 亿美元，[①] 发展水产养殖业，使智利具备了快速发展水产资源的潜力。在不到 10 年时间里，智利成为继挪威之后，世界上第二个人工养殖大马哈鱼的生产大国。目前，智利大马哈

---

① 智利促进出口局：《智利：理想的贸易伙伴》，1999 年 10 月。

鱼的养殖已居世界首位，出口量仅次于挪威，主要出口市场是日本和美国。1998 年，智利又成为世界上位居第一的鳟鱼养殖国。尽管在未来的许多年之内，大马哈鱼的养殖将继续是智利水产养殖业最主要的经营活动，但它不再是唯一的种类，因为大牡蛎、牡蛎、海藻、大青蟹、鲍鱼、大比目鱼、鳀鱼和胡子鲶等的养殖也在发展中。除大马哈鱼之外，智利的鱼子酱、红鲍鱼、太平洋牡蛎、大青蟹和大鲐贝等，在国际市场上都成为脍炙人口的海产品。

表 4 – 10   1995 ~ 2008 年捕鱼量

单位：千吨

种类 \ 年份	1995	1996	1997	1998	1999	2000	2001
鱼	7411.4	6725.7	5904.6	3362.3	5117.9	4486.2	4151.0
贝类和软体类	179.9	184.9	179.3	196.0	207.7	147.4	164.5
海藻	299.2	322.0	281.6	265.9	261.5	280.8	299.8
其他	—	—	—	—	—	57.9	48.2
总 计	7890.5	7232.6	6365.5	3824.2	5587.1	4972.3	4663.4

种类 \ 年份	2002	2003	2004	2005	2006	2007	2008
鱼	4620.5	3970.8	5176.1	4530.5	4442.9	4174.5	3925.4
贝类和软体类	135.1	164.6	368.1	482.5	47.9	38.3	432.5
海藻	315.7	349.2	410.9	425.3	339.3	339.9	412.3
其他	61.5	44.0	50.5	38.9	36.1	40.0	40.1
总 计	5132.7	4528.5	6005.6	5477.6	5297.5	4937.0	4810.2

资料来源：www. sernapesca. cl（智利国家渔业服务局网站）2009 年 10 月。

智利漫长的海岸线，众多的湖泊和河流，基本上不受环境污染的干扰，冬天日照充沛，良好的养殖环境，给智利的养殖业提供了广阔的前景。目前，全国有 154 家人工养殖中心，18 万名工作人员。

表 4 – 11　1995 ~ 1999 年各种鱼加工品产量

单位：千吨

种类 \ 年份	1995	1996	1997	1998	1999
冻　鱼	212.8	255.7	274.8	288.8	281.0
罐　头	83.9	78.6	117.9	116.9	110.0
鱼　粉	1554.3	1401.1	1225.6	644.0	1002.7
鱼　油	326.1	292.0	206.0	106.7	201.4
其　他	50.1	50.9	70.0	58.4	52.1
总　计	2227.2	2078.3	1894.3	1214.8	1647.2

　　资料来源：Banco Central de Chile：*Boletín Mensual*（《智利中央银行月报》），No. 877，marzo 2001。

第五节　财政与金融

一　财政

　　智利是拉美财政制度比较严格的国家之一，实行中央、省、市三级财政管理制度，财政年度与公元年度一致。国家财政预算由财政部每年根据宏观经济变量及社会经济发展计划需要提出，确定中央各部及其公共部门在下一年度的开支规模，报议会审议通过和总统批准。财政部预算局具体负责制定和实施，并检查预算执行情况。预算局是一个高度专业化的机构，由 170 名专家组成，其职责除制定每年的预算外，在议会讨论预算计划时要给财政部出谋划策；定期向议会通报公共部门预算执行情况；对有关公共财政的执行和发展提出研究报告；向议会通报经济、财政、管理方面以及政府各部提出的有关预算的执行计划等。一旦预算被议会通过，各部及公共部门开支都要严格按照预算执行。

　　20 世纪 80 年代以前，智利的财政经常入不敷出，连年出现赤字。因此，增加财政收入，压缩开支，减少赤字成为智利历届政府长期追求的目标。70 年代中期，军政府实行税制改革，设立了增值税，增加了直接税收，加强了反偷、漏税的措施，使国家收入得到改善。与此同时，采取了一系列压缩财政开支的措施，使有的年份出现了财政盈余。80 年代末期，由于政府及时采取针对性的措施，经济得到较快的恢复和发展，国家财政也随之扭亏为盈。90 年代，艾尔文和弗雷两届政府，对税率进行调整：提高企业利润税，由原来的 10% 增加到 15%；取消了原来关于利润再投资免税的规定；把增值税从 16% 提高到 18%。90 年代以来，政府执行严格的货币政策和控制财政开支，财政收入不断增加，收支基本平衡且有盈余。90 年代末期，由于世界特别是美国和日本的经济衰退，国际市场对智利出口产品需求减少，经济回升缓慢，财政出现赤字。据拉美经委会统计，1999 年智利财政赤字约占国内生产总值的 1.5%；2000 年基本持平；2001 年赤字占国内生产总值的 0.5%，但保持在政府可控制的范围之内。进入 21 世纪后，智利财政扭亏为盈，财政状况有了大幅改善。2005 年财政盈余占国内生产总值的 4.7%，2006 年占 7.7%，2007 年智利财政盈余高达 144.53 亿美元，占国内生产总值的 8.7%，2008 年，政府预计财政盈余将占国内生产总值的 4.8%。由于智利经济状况良好，财政风险压力减轻，公共债务缩减，2007 年智利政府决定从 2008 年开始减少财政结余、增加开支，把财政盈余在国内生产总值中的比重由原来制度规定的 1% 减少到 0.5%。

根据智利中央银行公布的财政收支统计，财政收入主要来源于税收、非税务收入、铜业收入和其他收入等项目。20 世纪 90 年代，税收收入一般占到财政收入的 75% 左右，是财政收入的主要来源。智利税收分为直接税和间接税两大类。直接税收主要由所得税和增值税构成，以增值税为主。间接税种类繁多，主要

项目有进口税、司法税、外贸税、资产税、劳务税、特种产品税等。1999 年，财政收入为 79208.59 亿比索（当年比索价格），比上一年略有增长。

智利中央银行通常以社会开支、债务利息及其他财政开支等项目公布有关财政开支的统计资料。20 世纪 90 年代，在上述 3 项开支中，社会开支的比重连年增加，年均占中央政府财政开支的 64% 以上。1999 年，社会开支为 57068.11 亿比索（当年比索价格），占当年财政总支出的 67.7%。社会开支包括公共卫生、住宅建筑、社会养老金、教育、紧急就业计划和其他社会项目。1999 年，上述各个项目在社会开支总额中所占比重分别为：公共卫生 17.1%，住宅建筑 7.6%，社会养老金 41.7%，教育 24.3%，紧急就业计划 0.3%，其他社会项目 9.0%。

二 金融

智利的金融体系由官方银行、私人商业银行、储蓄放款机构、其他金融机构和政府开发机构组成。国家货币委员会、中央银行、银行及金融机构最高监察署是整个金融体系的最高当局。

国家货币委员会 由中央政府财政部长、经济部长、中央银行行长及一位总统代表组成。银行及金融机构最高监察署署长可以列席该委员会会议并有发言权。委员会办事机构设在中央银行内。根据政府规定，国家货币委员会负责制定有关货币信贷、内外债、资本市场、货币发行、债券发放、利率、准备金、国际汇兑、对外贸易等方面的方针、政策。

智利中央银行 政府银行，成立于 1925 年。1980 年宪法规定，中央银行是一个自治的、财政自主的技术性机构。其最高领导机关是由董事长、总经理和副董事长组成的执行委员会。中央银行的职责是负责发行货币，调节信贷、制定汇率、管理外汇、发行债券；控制外汇交易和对金融部门的监督；代表国家参加各种国际金融组织。中央银行也是智利外贸政策的执行机构。根据规定，中央银行只能同公共或私人的金融机构开展业务活动，但不得为他们提供信贷，或购买国家、国家机构或企业发行的证券；中央银行不得负担公共开支或提供直接和间接贷款；中央银行不得以任何直接或间接形式制定规章或附加的先决条件，歧视从事同样活动的个人或单位。

银行及金融机构最高监察署 负责监察包括中央银行在内的各银行和金融机构执行有关货币、信贷的法律和法规的情况，同时颁布有关财会方面的规定。

根据 1974 年新银行法规定，在智利开办本国或外国资本的新银行，都必须上报财政部审批。1970～1973 年阿连德政府期间，金融部门几乎全部国有化。1974 年军政府颁布新银行法以后，各金融机构又逐步转入私人手中。如今，只有智利中央银行和智利国家银行是官方银行，其他银行和金融机构都是私营的。

目前，智利全国共有 12 家商业银行，其中一家是国营的（国家银行，资产 55.9 亿美元）。国内最大的私营商业银行，是 1997 年 1 月由原来的圣地亚哥银行和奥希金斯银行合并成立的圣地亚哥银行，拥有资产 81.1 亿美元。其次是智利银行（资产 57 亿美元）。外国银行共有 17 家，其资产总额占智利全部银行资产的 19.5%，其中，西班牙投资的桑坦德—智利银行是最大的外资银行，其资产总额为 60.9 亿美元，其次是花旗银行（资产 13.4 亿美元）、波士顿银行（资产 472 万美元）和荷兰银行（资产 337 万美元）。为了使金融系统健康有序地发展，并适应国内经济的恢复情况，根据智利有关规定，1987 年以来新建的银行，不管是外国银行还是国家银行或分行，均不能获得营业许可证。

智利国家银行 成立于 1953 年，是财政部直接领导下的国营商业银行，总部设在圣地亚哥。该银行除办理商业银行的各项业务外，还具有开发银行、抵押银行和储蓄银行的职能。作为开发银行，它可以提供3年以上的贷款，为股份公司提供资本，对投资项目提供技术援助等；作为抵押银行，它可以提供中、长期抵押贷款，并可以发行和在金融市场投放债券；作为储蓄银行，可以吸收活期和定期储蓄。智利国家银行是全国最大的金融机构，其盈利总额和盈利比例均占各银行之首。

私营商业银行 根据智利银行法规定，商业银行的业务范围包括：吸收存款和开立往来账户；办理活期和定期储蓄存款；办理抵押放款和信用放款；贴现各种票据和有价证券；发行抵押债券和其他证券；办理国际汇兑业务；办理担保、信托业务。目前，智利的商业银行在办理上述业务的同时，已出现扩大业务范围、发展成综合性银行的倾向。智利的商业银行以"康塞普西翁银行"历史最为悠久，建于1871年。1898年由瓦尔帕莱索银行、智利国民银行和农业银行合并而成"智利银行"，总行设在圣地亚哥。1988年，这家银行收购了摩根金融银行（Banco Morgan Finaza）。

开发银行 开发银行的主要职能是为国家经济发展项目筹措资金，为其建设发放贷款和提供技术援助。开发银行的资金来源，除自有资金外，还向其他金融机构特别是国际金融机构借款。开发银行也可以吸收储蓄存款，专用于购买、建造、修缮和扩建住宅、办公用房及商店用房。同时，它还可以提供浮动利率贷款，购买其他银行发行的债券。

外汇管理机构 中央银行为智利的外汇管理机构，行使外汇管理权力。智利铜矿委员会按照中央银行制定的总规则，监督铜的出口以及一切铜工业产品的出口换汇。

贸易外汇管理 智利所有商品均可以自由出口。出口商品价值超过1000美元的，必须通过商业银行结汇，并到中央银行登记，授权商业银行购买出口商全部即期外汇。国家铜矿出口所得外汇收入，必须存入中央银行的特别外币账户，只有在某些特殊情况下才能允许从此账户中提款。

智利大部分商品进口没有限制，但必须通过当地商业银行获得中央银行签发的进口许可文件。通过官方外汇市场对有形贸易的对外支付，只有签发进口许可文件后才能支付。符合规定要求的进口商，只要不受所涉及债务期限的限制，都可获准进入官方外汇市场。

黄金管理 智利发行过 3 种金币，但都不是法币。货币黄金交易只能在指定的交易所进行。私人之间的一般黄金交易可自由进行。在具有黄金进出口交易正式手续的情况下，包括在中央银行登记，黄金的进出口是不受限制的。

货币 智利的货币为比索（Peso，符号 Ch. ＄）。比索的票面额有 5、10、50、100、1000、5000、10000 比索 7 种。1 比索为 100 分。另有面额为 1、5、10、50、100 比索和 1、5、10、50 分的铸币。20 世纪 70 年代初期，智利通货恶性膨胀，军政府曾采取减少货币供应量的办法来控制通货膨胀，取得了一定的效果。进入 90 年代后，智利的货币开始正常发行，稳中有增。

汇率 智利政府长期实行灵活的汇率政策。1979 年 6 月，政府放弃了浮动汇率政策，实行比索对美元的固定汇率制，企图刹住不断加剧的通货膨胀，当时的比价为 39∶1；但收效甚微，对智利的产品出口极为不利。1982 年 6 月又取消固定汇率，至今实行官方汇率与美元挂钩的浮动汇率。政府根据上个月的通货膨胀率，扣除周期预计的世界通货膨胀率，按日调整比索对美元的官方汇率。2000 年的平均官方汇率为 1 美元兑 539.49 比索。官方外汇市场由商业银行、外汇交易所和中央银行指定的其他机构组成。所有出口商品和劳务收入、进口商品和劳务支付、汇出股息和利润以及指定的资本交易，都必须通过官方外汇市场进行交易。智利的外汇管理不是很严格，现有两个外汇市场。除官方外汇市场外，还有一个与它平行的外汇市场，称自由外汇市场。

官方外汇市场与自由外汇市场上的外汇买卖差价少则 1~2 比索，多则 6~8 比索。报纸上每天都公布官方外汇市场兑换率和自由外汇市场兑换率。在自由外汇市场兑换外汇不受限制。2007 年和 2008 年比索对美元的汇率分别为 522.7∶1 和 522.46∶1。

　　智利比索与其他货币的汇率，根据比索对美元的汇率及美元对其他货币的汇率而定，并在外汇市场挂牌。

　　三　通货膨胀和人民生活

历史上，智利是一个高通货膨胀的国家。1950~1970 年，年平均通货膨胀率为 30%，是同一时期世界上通货膨胀率最高的国家之一。1973 年，通货膨胀率高达 605.9%。出现高通货膨胀的原因，一直是智利国内长期激烈争论的问题。大部分人认为，其基本原因是消费者、投资者和公共部门的需求超过了国家的生产能力。例如，耗资巨大的工业化计划，实行"智利化"、"国有化"政策而付出的巨额补偿金，国营企业的严重亏损和生产效率低下，政府连年财政赤字等，都形成了巨大的通货膨胀压力。1973 年 9 月，军人执政后把反通货膨胀作为政府的首要任务，采取严厉的紧缩政策和贸易自由化，通过外部商品进入来抑制国内市场的商品价格，效果较好，通货膨胀率逐渐有所下降。1981 年曾降至 9.5%。1982 年后，因经济危机和 80 年代末期的经济过热，通货膨胀又反弹至 1990 年的 27.3%。文人政府上台后，把控制通货膨胀定为国家宏观经济发展的战略目标之一。为此，政府采取了一系列措施，如紧缩公共开支，严格财经纪律，增加税收，提高利率等。这一系列措施成效显著，通货膨胀率大幅度回落，被控制在较低水平之内。1999 年曾降至 2.3%，2001 年通货膨胀率为 3.1%。此后到 2006 年，智利一直保持低通货膨胀率，期间 2003 年仅为 1.1%，是拉美通货膨胀率较低的国家之一。近两年有所反弹，2007 年和 2008

年分别为 7.8% 和 8.9%。

2000 年，智利国内生产总值为 711 亿美元，人均国内生产总值为 4740 美元。2001 年，国内生产总值约为 800 亿美元。进入 21 世纪，智利国内生产总值连年增加，2007 年约为 1640 亿美元，人均国内生产总值为 9975 美元。2008 年人均国内生产总值已超过万元大关达 10122 美元。2009 年由于国际金融危机的影响，人均国内生产总值有所下降将低于 8000 美元。随着经济的增长，从总体上看，智利人民生活水平有所提高，居民的住房、卫生条件逐步得到改善，穷人受教育的机会有所增多。目前，智利实行最低月工资制，最低工资一般为平均工资的 60% 左右。对超时工作、节假日加班和夜班的工资增加幅度都有严格的规定。2000 年，智利最低月工资为 10 万比索，约合 185 美元（按当年平均 539.49 比索兑换 1 美元计算）。同年智利有劳动力 560 万人，他们的月平均工资根据部门不同而异。在金属、能源交通和建筑等行业工作的劳动者，每月平均工资为 22 万比索（约合 408 美元），这类劳动者约占总劳动力的 30% 左右；从事纺织、农产品加工、采矿（铜矿除外）、贸易和服务行业（包括公共部门）的劳动者的月平均工资约为 16 万比索（约合 297 美元），这类劳动者约占劳动力总数的 35% 左右，另外还有 10% 的人从事高收入的行业。[1] 21 世纪以来，智利经济持续稳定增长，政府有足够的财力来改善人民生活。2008 年，智利议会讨论通过上调最低工资。自当年 7 月 1 日起，18 岁至 65 岁劳动者最低工资由 15.9 万比索（1 美元约合 550 比索，相当于 289 美元）提高到 16.5 万比索（300 美元），增长 3.77%。政府对低收入人群家庭补助按不同等次相应提高；65 岁以上和 18 岁以下劳动者

---

① 李东林、刘燕斌主编《世界劳动保障》，第 371 页，中国劳动社会保障出版社，2001。

最低收入由 11.87 万比索（约 215 美元）提高到 12.32 万比索（224 美元）。

第六节　对外经济和对外贸易

一　对外经济关系

智利作为一个发展中国家，国内市场狭小，经济实力有限，在参与国际经济方面带有明显的局限性和困难。但智利政府认为，只要审时度势，政策灵活，善于学习，是可以取得成功的。20 世纪 90 年代以来，智利在经济国际化的进程中迈出了新的步伐。现在，它是世界上最为开放的国家之一。由于智利坚持"单边开放主义"，签署了一系列的双边自由贸易协议，参加并签订了经济互补协定，日益成为国际上理想的贸易伙伴。同时，智利在坚持地区开放主义原则下，进一步发展与亚太、拉美、北美和欧洲国家的经济关系，加速智利经济国际化进程。智利在对外经济合作方面的具体方针政策如下。

1. 智利坚持奉行开放的、全方位的对外经济政策，积极参与经济全球化进程，不断加强对外经济合作关系

从国家利益出发，签署双边自由贸易协定或争取加入一些重要的区域经济集团，有选择地参加某些国际性多边机构。智利前总统弗雷在发表 1999 年国情咨文时说："我们已经与世界上许多国家建立起了稳定的关系，并签署了一系列协定，以支持和深化智利经济国际化的目标。我们不但要维持和巩固这些关系，而且要在充满挑战的国际舞台上完善和发展这种关系。"智利除了是亚太经合组织的成员国外，还是南方共同市场的联系国，2003年智利与美国签署了双边自由贸易协定。至此，智利与北美自由贸易区的三个成员国（美、加、墨）都签署了自由贸易协定。

智利发展对外贸易关系的一个重要特点是广泛签署双边自由贸易协定，例如，智利与墨西哥（1998年的自由贸易协定替代了1992年签订的经济补充协定）、玻利维亚（1993年）、委内瑞拉（1993年）、哥伦比亚（1994年）、厄瓜多尔（1995年）、巴拉圭（1996年）、加拿大（1997年）、秘鲁（1998年）、巴拿马、萨尔瓦多、危地马拉等中美洲国家（1999年）都签订了双边自由贸易协定。2002年5月与欧盟签署了双边贸易合作协定；2002年11月与韩国签署了双边自由贸易协定；与朝鲜、古巴的双边自由贸易协定谈判也在进行中。这类双边协定大都规定了实现双边自由贸易的步骤和时间表。上述贸易协定的签署，为智利与这些国家之间的商品自由流动开辟了更加广阔的空间。

2. 坚持贸易自由化，进一步巩固和扩大海外市场

智利在扩大出口和对外贸易自由化方面，取得了很大成绩。近20年来，智利由原来的200种出口商品、50个出口对象国和地区、500家出口企业增加到1999年的4000多种出口商品和177个出口对象国和地区。为了进一步扩大出口，智利积极推动非传统产品和高附加值产品的出口，实现出口商品多样化，反对贸易保护主义，并将进一步降低关税，开放国内市场。从1999开始的5年内，智利关税将从9%降至6%。1996年，智利向亚太经合组织提交的单边行动计划中，宣布将全面实行自由贸易的承诺，到2010将实行零关税；到2020年，将实现商品、劳务和投资领域内全面自由化目标。智利前总统艾尔文曾多次表示："不能让贸易战取代冷战。"智利在坚持市场多元化方面也取得了显著成效，而且分布均衡。目前，智利主要出口商品地区分布是：美洲市场占37%、亚洲占34%、欧洲占26%，基本上改变了过分依赖北美和欧洲市场的局面，从而使智利对外经济关系有充分的回旋余地和自主权。

3. 不断调整和放宽规定，大力吸引和利用外资

智利军政府为加快吸引外资，发展经济，对外资政策进行了一系列的调整。1974 年，军政府颁布了新的外国投资法，即第 600 号法令，为外国投资者提供优惠政策，并成立了"外国投资委员会"。1985 年，政府又颁布了关于外债资本化的第 19 号条款。为适应 20 世纪 90 年代经济全球化的潮流，智利文人政府继续推行出口导向型的自由经济，加强本国的经济实力。为此，智利执行更加积极主动、更为开放的"宽松有制"的外资政策。智利为有效地争得外资，在继续执行第 600 号法令的基础上，不断修订外资法，实施外资储备金制度和增补智利公司税等措施，避免资本的频繁流动对金融市场的冲击。例如，智利为避免投机资本的流入，1991 年规定，凡进入智利的非生产性投资，都要把其资本总额的 30% 免息存入智利中央银行一年（后因亚洲金融危机的影响，暂停实行）。同时规定了外资进入的最低期限，投资者一年后才可汇出资本，对投资 10 年者，可享受不变税制。如对矿业部门收益期可延长 20 年，以鼓励长期投资和到边远地区及矿业、林业、农业部门投资。又例如，1992 年增补智利公司税，规定外资的固定总税率由原来的 49.5% 降为 42%，公司所得税税率为 15%，股息税税率为 35%，分公司利润税税率为 18%。[1] 2000 年，在拉美地区吸引外资方面的竞争不断加剧的情况下，为进一步吸引外国投资，智利外国投资委员会做出决定，放宽外国资本在智利开发项目上的资本构成比例，即把原来规定的 50% 的自备金和 50% 的贷款，改为 25% 的自备资金和 75% 的贷款。由于智利实行这种宽松又有制约的外资政策，既防止和限制了外国投资者的短期行为，又不挫伤投资者的投资积极性，还可以鼓励长期资本的进入。2001 年，为了鼓励外国人在智利投资，智利政府又颁布了国际资本汇兑管理新规定，进一步放松外

---

[1]　金计初：《智利的发展与一体化》，中国拉丁美洲史研究会编《拉美史通讯》，2000。

汇管制，给外资以更大的自由。其具体规定如下：①凡与国外融资贷款、投资、提供资本、证券或美国存托凭证（ADRS）等有关的资本汇入，无须事先申请核实；②凡是资本及利润汇出、与投资和预付国外融资贷款有关的利润汇出，无须事先申请核实；③凡与资本、利润或其他对国外投资所得利润的汇入，无须事先申请核实；④取消对预付国外融资贷款或加速国外融资所设的特别条款的限制；⑤取消对发行证券所设的最低风险的限制及最低考察期限的限制；⑥取消对可发行或可举外债在币别上的限制；⑦取消对发行美国存托凭证（ADRS）的限制；⑧取消对自国外汇入资本扣存准备金的规定；⑨其他与融资有关的外汇操作仍按官方外汇市场渠道申请；⑩进出口商可通过民间外汇市场办理全部的外汇进出口结算业务，但需要向智利中央银行申报有关外汇进出口的操作情况。一些分析家认为，智利上述措施将会在短期内冲击该国的外汇市场，但从长远来看，可对外汇交易产生正面影响。此外，智利为吸引更多的外资和促进本国资本国际化，已与世界上 20 多个国家签署了互相保护投资协议。

4. 对拉美地区经济一体化采取稳步参与方针

智利除早已是拉美一体化协会的成员国外，近几年来，智利没有加入任何新成立的拉美区域多边组织，而是侧重于加强双边合作。它先后与阿根廷、墨西哥、委内瑞拉、哥伦比亚等国签订了双边经济互补协定，同时还与拉美多国签订了共同自由贸易协定，使智利成为拉美一体化进程中积极的合作伙伴。智利政府认为，地区一体化应以实用主义为原则，并在坚实的经济基础上逐步推进。只有当其他拉美国家或国家集团的经济，也达到像智利经济这样的稳定与自由化程度时，智利对地区一体化进程的参与才可能更加深化。随着南方共同市场的发展，1996 年 6 月，智利与其签订了贸易自由化协定，成为南方共同市场的联系国。这一行动也说明智利保持着发展的独立性和灵活性。

二　对外贸易

长期以来，智利是一个依靠外贸、外资和外债来发展的国家，对外贸易历来在智利经济发展中占有重要地位。历史上，智利是一个以矿业为主的国家，硝石业、铜矿业先后是国民经济的支柱。在 20 世纪 30 年代以前，智利主要靠输出矿产品来交换国内市场所需要的工业品。在 30～70 年代的"进口替代工业化"时期，智利也和其他拉美国家一样，初级产品出口创汇是国内工业化进程中的一个主要支撑点，也是主要创汇渠道。因此，政府一方面鼓励初级产品出口，另一方面对本国市场实行高保护政策。1949 年，智利加入关贸总协定。50 年代后期为扩大出口，开始采取贸易多样化措施。为了发展对外贸易，智利积极参与和组建地区多边组织。1960 年，智利与其他拉美国家共同创建拉美自由贸易协会（1980 年改名为一体化协会）。1967 年，智利与哥伦比亚、厄瓜多尔、秘鲁和委内瑞拉等国组建安第斯开发公司。1969 年，智利加入安第斯集团（70 年代为放宽外资政策，吸引更多外资，退出该集团）。此外，智利政府于 1953 年将北部城市阿里卡辟为自由贸易区。1956～1964 年间奇洛埃省、艾森省、麦哲伦省、皮萨瓜省、安托法加斯塔省和阿塔卡马省先后享有自由贸易区特权。1975 年又设立了伊基克自由贸易区。但是，上述措施在扩大对外贸易方面收效不大。20 世纪 70 年代中期，军政府对经济进行改革以来，推行出口导向的发展战略，赋予对外贸易以战略性的地位，并对关税制度、外贸体制等进行了一系列重大改革。多年以来，智利在贸易方面一直坚持"单边开放主义"，在当前南美各国普遍借助地区集团优势与其他贸易伙伴进行自由贸易谈判的情况下，智利这种"单边对多边"的风格就显得格外突出。事实上，智利之所以这么做，是智利政府在充分考虑本国国情的基础上，经过反复权衡才制定的策略。智利是拉美地区经济最开放的国家之一，进出口总额已超过国内生产总值的 50%。由于对外贸易在国民经济中占有举足轻重的地位，所以智利一直积极奉行自由贸易政策。智利由于在发展对外贸易方面具有出口产品竞争力强、进口关税率低、贸易保护机制少、知识产权保护得力等诸多优势，与许多贸易伙伴达成自由贸易协定，促进了本国对外贸易，带动了国民经济的持续稳定发展。智利政府认为，凭借集团优势进行谈判，固然可以增加谈判桌上的分量，但也在一定程度上约束了本国对外经贸关系的灵活性。

任何自然人和法人只要在中央银行登记注册后，便可经营进出口业务，注册资本不限。除军用物资外，对出口产品和出口目的地均不加限制。20 世纪 80 年代以来，在出口商品多样化和贸易方向多边化的方针指导下，智利出口大幅度增长。据拉美经委会的资料，1981～1992 年，智利出口增长了 92%，1993～1995 年增长了 53%。智利对外贸易商品结构呈现出发展中国家的共同特点，即主要以出口初级产品、进口制成品为主。20 世纪 70 年代中期以来，政府在改变出口结构方面做出了重大努力。70 年代中期至 80 年代，主要是增加了蔬菜、水果、木材、纸和纸浆、渔业产品等的出口，使矿产品特别是铜在出口商品中所占比重相应下降。90 年代则着重增加了工业制成品在出口商品中的比重，从而使出口商品结构进一步优化，基本上形成了以铜、渔业产品、林产品及水果蔬菜 4 大类产品为支柱的出口结构。1990 年，农、林、渔、牧产品的出口占 11.9%，矿产品占 55.4%，工业制成品占 32.7%。2000 年，上述 3 类产品分别占 8.6%、46.4% 和 45%（见表 4 - 13）。智利主要出口对象国（地区）有美国、日本、韩国、中国、中国台湾省和香港特区。2001 年，智利出口额为 219.02 亿美元。2009 年上半年，全球金融危机给智利的外贸出口造成重创，出现历史最大降幅。根据智利中央银行 7 月份公布的数据，智利 2009 年 1 月至 6 月的出口总额为 233 亿美元，比上一年同期下降

38.2%，其主要原因是铜价的下跌和国际市场需求不足。与此同时，智利上半年进口总额为 182 亿美元，同比下降 35.6%。

表 4 – 12　智利出口商品、市场情况

年份	出口商品种类	出口市场数	出口企业数
1991	3278	122	5349
1992	3433	155	5453
1993	3507	151	5469
1994	3621	155	5834
1995	3647	167	5817
1996	3890	—	5839
1997	3771	166	5841
1998	3828	172	5847
1999	4000	177	—

资料来源：智利外交部促进出口局：《促进出口》（Prochile）1998 年，中文版。
Mensaje del Presidente de la República, Ricardo Lagos Escobar, *Congreso Nacional*（《共和国总统国情咨文》），21 de mayo de 1999。

表 4 – 13　1990 ~ 2008 年主要出口商品构成

单位：%

种类 \ 年份	1990	1995	1996	1997	1998	1999	2000
农产品	11.9	9.8	10.3	9.8	10.6	9.8	8.6
矿产品	55.4	49.0	47.6	48.8	43.9	44.4	46.4
工业制成品	32.7	41.2	42.1	41.4	45.5	45.8	45.0
总　计	100.0	100.0	100.0	100.0	100.0	100.0	100.0

种类 \ 年份	2001	2002	2003	2004	2005	2006	2007	2008
农产品	9.5	9.9	9.8	7.3	6.1	4.7	4.7	5.9
矿产品	39.7	39.2	40.6	52.2	56.2	63.1	63.8	57.5
工业制成品	43.7	44.8	43.3	36.3	33.5	28.4	27.8	31.9
其他	7.1	6.1	6.3	4.2	4.2	3.8	3.7	4.7
总　计	100.0	100.0	100.0	100.0	100.0	100.0	100.0	100.0

资料来源：根据 www.bcentral.cl（智利中央银行网站）2009 年 9 月的数字计算。

20 世纪 90 年代，智利对进口基本上不加限制，凡不危害国家安全，不影响人体健康和动、植物正常生长，不影响人们的良好生活习惯，不伤风俗的外国产品，均允许进口。长期以来，智利的进口商品由中间产品、资本货物和消费品三大类构成，各自所占的比重变化不大。2000 年上述三类产品分别占 60.8%、20.5% 和 18.7%。20 世纪 90 年代以来，智利进口商品结构的一个明显变化是消费品进口所占比重呈上升趋势，1990 年消费品进口所占比重为 10.6%，以后不断增加（见表 4 – 14）。智利主要进口对象国有美国、墨西哥、日本、中国、韩国和加拿大。2001 年，智利进口额为 207.52 亿美元。

表 4 – 14　1995 ~ 2008 年主要进口商品

单位：百万美元

种　　类	1995	1996	1997	1998	1999	2000	2001
消 费 品	2849.6	3346.3	3615.7	3462.7	2833.3	3380.6	2898.4
中间产品	8863.8	9703.2	10556.6	10204.6	9007.6	11007.0	9951.0
资本货物	4187.0	4773.9	5489.8	5111.7	3296.5	3701.6	3549.3
其　　他	—	—	—	—	—	—	29.6
总　　计	15900.4	17823.4	19662.1	18779.0	15137.4	18089.2	16428.3

种　　类	2002	2003	2004	2005	2006	2007	2008
消 费 品	2818.3	3898.6	5058.4	6315.8	7914.1	9740.5	11611.1
中间产品	9614.8	10374.6	13727.6	17872.7	21205.2	26442.5	35700.9
资本货物	3457.6	3028.6	3692.9	5882.4	5984.7	7048.3	9249.2
其　　他	—	639.4	456.3	421.5	795.8	799.4	1048.4
总　　计	15794.2	17941.2	22935.2	30492.3	35899.8	44030.7	57609.6

资料来源：www. bcentral. cl（智利中央银行网站）2009 年 9 月。

随着经济的发展，智利对外贸易规模迅速扩大，1990 年对外贸易总额仅为 161.2 亿美元，2000 年已达到 362.5 亿美元，翻了一番。2001 年对外贸易总额增加到 426.54 亿美元。

智利经济部是制定包括外贸政策在内的国家经济政策的最高权力机构。中央银行是外贸政策的执行机关，同时在进口货物的审批、非关税壁垒和外汇管理方面发挥主要作用。外交部促进出口局通过国内的各种委员会和设在世界各地的办事机构，领导和协调智利全国的进出口商和各行业的数千家企业。

三　外国直接投资

智利利用外国投资的历史较长。19 世纪后半期，一些欧洲国家就在智利投资，其中英国资本占主导地位，资金主要投向硝石、铜矿开采部门。进入 20 世纪后，美国在智利的投资逐步增加，到第二次世界大战后取代英国资本占统治地位。60 年代中、后期，智利基民党政府曾实行铜矿智利化，即购买外资在本国大铜矿中的股份。1970 年阿连德政府上台执政后，进一步采取了将外资企业收归国有的措施。因此，至 1974 年，智利基本上没有什么外资。1973 年军人执政后，推行以贸易自由化和开放国内市场为基础的新的发展模式，积极鼓励私人企业的发展。在此种情况下，智利率先在拉美地区对外资政策进行大幅度调整，颁布了一个以对外资实行开放和非歧视政策为特点的新外资法，即 600 号法令，对外资实行一系列优惠政策。20 世纪 80 年代初，智利面对债务危机和经济困境，又及时对外资政策进行了调整和补充。1982 年，把对外资征收的附加税从 40％减至 33％；1985 年，颁布外债资本化的第 19 号条款，通过债务资本化把债权人的债券转化为直接投资，并对他们汇出利润和抽回资本给予优惠。结果既减少了债务额，又吸收了外国投资。80 年代末期以来，智利由于宏观经济形势日益稳定，经济增长速度加快，成为拉美国家中最受外国投资者青睐的国家之一，被标准普尔公司评为投资风险 A 级。根据拉美经委会的统

计，1974～1989 年的 16 年间，累计进入智利的外国直接投资为
51 亿美元，1990～2000 年间外国投资大幅度增长，其累计外国
直接投资为 363.8 亿美元（见表 4－15）。进入智利的外资大部

表 4－15　在智利的外国直接投资

单位：百万美元

年份	外国直接投资总额	根据 14 号法令	根据 600 号法令	根据 19 号法令
1974～1989	5100	—		
1990	661	35	233	393
1991	822	96	766	－40
1992	936	157	752	27
1993	1034	－52	1384	－298
1994	2583	250	2377	－44
1995	2956	406	2665	－115
1996	4632	411	4206	15
1997	5219	900	4217	102
1998	4638	215	4657	－234
1999	9221	641	8581	－1
2000	3676	657	2884	135
1990～2000	36378	3716	32722	－60
2001	2590			
2002	2207			
2003	2701			
2004	5610			
2005	4801			
2006	4482			
2007	10627			
2008	11170			

说明：600 号法令为外国投资法，14 和 19 号法令为相关法令。

资料来源：anexo estadístico, Balance preliminar de las economías de América Latina y
el Caríbe, 2008。

分流向矿业、服务业、制造业部门，其他投向电力、水和煤气、交通运输、林业等部门。2001 年，智利吸收外国直接投资 55.21 亿美元，比 2000 年增长了 50.2%。其中大部分外资集中在交通电信业、水电煤气和矿业，它们分别占当年吸收外资总额的 27.1%、19.2% 和 19%。主要投资国有美国（37.1%）、意大利（19.4%）、澳大利亚（9.1%）、西班牙（8.3%）。智利经济部长罗德里格斯表示，由于欧洲投资者将把投资重点转向本地区的投资市场，2002 年进入智利的欧洲投资将会明显减少。这一不利状况要到 2003 年才会有所好转。

由于智利政府在外资政策方面的适时调整，外国投资中直接投资占的比例不断增加。1986 ~ 1989 年，直接投资只占外资总额的 12%，1990 ~ 1995 年上升至 53%，1998 年又增加到 80%。[①] 直接投资占的比例日益提高，减少了大量短期资本流入带来的风险。

智利吸收外国投资的最高决策机构是外国投资委员会，由经济、财政、外交等部部长和中央银行行长组成，由经济部长领导。到 1994 年，智利先后与 18 个国家签订了关于促进和保护投资协定，并与另外十几个国家就签订同类协定进行谈判。

四　智利在海外投资

20 世纪 90 年代，由于经济持续稳定增长，财政收入和国内储蓄增加，养老基金不断增长，智利企业向国外投资的势头发展较快。1990 ~ 1998 年，约有 260 家企业先后向国外投资 228.24 亿美元。投资对象主要是阿根廷、秘鲁、巴西、哥伦比亚、委内瑞拉和玻利维亚等拉美国家，投资领域包括能

---

① Banco Central de Chile: *Boletín Mensual*（《智利中央银行月报》），mayo 1998。

源、工业、商业、金融业、退休养老基金等。① 1999 年和 2000
年智利在国外净投资额分别为 63.39 亿美元和 45.77 亿美元。

五 外债和国际储备

在 军政府执政的 1973 年，智利积欠的外债不到 40 亿美
元。1974 年初，智利开始逐步放宽对外举债的政策，
正好与当时国际资本市场游资充裕、放贷利率很低这样一种形势
相吻合。因此，智利的外债呈现迅速增长趋势。不过，70 年代，
政府对银行和金融机构向外举债还有较多限制，在私人部门债务
迅猛增长的同时，公共部门负债还较有节制。1979 年 6 月，政
府取消了对于银行举借外债的限制，结果公共外债与私人外债同
时剧增，出现了 1980 年和 1981 年的举债高峰期，这两年外债余
额分别增长 29.4% 和 39.1%。70 年代中期以来，国际货币市场
上的利率持续上升，而 1980 年和 1981 年这两年恰恰是国际利率最
高的年份。1975 年外债余额为 52.88 亿美元，1979 年增至 86.63
亿美元，1981 年猛增到 155.9 亿美元，为当年出口额的 4.1 倍，
相当于当年国内生产总值的 86.2%。1982 年，国际债务危机爆发
后，外部贷款中断，智利也陷入以债务为特点的经济危机。

1985 年，智利政府先后采取回购债券和债务资本化等一系
列减债措施。所谓回购债券，指的是债务人从二级市场上将所欠
债务以低于债券票面值的价格购回。债务危机发生后，国际债权
人将持有的债券在二级市场上打折扣抛出，折扣大小主要取决于
债务国经济形势好坏与清偿能力的强弱。例如，当时智利债券的
售价都低于票面值的 70%。到 1993 年 10 月，由于经济的持续
增长，偿债能力提高，智利的债券在二级市场上的售价已相当于
票面值的 92%，是拉美国家中售价最高的债券。智利政府允许

---

① 智利外交部促进出口局：《促进出口》（Prochile）1998 年，中文版。

本国的债务人从二级市场上购回债券，以减少债务。购回债券的具体做法是，债务人用本国货币到国内平行市场购买美元，再拿美元到二级市场收购其债券。同时，中央银行对一定时期内回购债券额做出限制，以避免美元需求量过大引起平行市场上美元过度升值。债务资本化又称债务转换成资本，即外国投资者从二级市场上买进智利私人部门的外债券，然后按智利货币转卖给债务人，所得款项可购买现有的生产性资产或投入新的投资项目。但这类投资享受的优惠待遇要比现汇投资少。智利成功地实行债务资本化，即把债权人的债券转化为直接投资，使其减少了100亿美元的外债。1985年12月，智利参加了在乌拉圭首都蒙得维的亚举行的卡塔赫纳集团会议，与11个主要债务国共同提出了"以发展促还债"的主张。智利还单独提出了还债数额不得超过出口收入的25%，同时规定在可支配的资本和资金积累允许的范围内进行还本付息。1990年，智利和债权银行达成协议，将46亿美元的债务延期并转成固定利率，至此智利外债得以缓解。20世纪90年代以来，智利外债适度增长。截至2001年3月，智利外债余额为374.22亿美元。其中，中长期外债299.47亿美元，约占外债总额的80%；短期外债74.75亿美元，占20%（见表4－16）。在智利的外债中，绝大部分为私人部门外债（319.39亿美元），约占外债总额的85.3%。2007和年2008年智利外债占国内生产总值的比重分别为34.1%和38.1%。据智利中央银行公布的数字，截止2009年4月份，智利外债总额634.94亿美元，占国内生产总值的49.8%。

亚洲金融危机后，智利经济增幅下降，对外贸易受到影响，国际储备有所减少。截至2001年3月，智利中央银行的国际储备为144.7亿美元，比1997年的178.4亿美元下降了18.9%。自2002年起，智利每年的外汇储备都保持在150亿美元以上，2008年增加到231.6亿美元，截止2009年8月，外汇储备上升到250.5亿美元。

表 4 – 16 1990～2008 年智利外债构成

单位：百万美元（当年价格）

类别\年份	1990	1991	1992	1993	1994	1995
中长期	13079	13062	13609	14332	16027	16563
短 期	4346	3302	4633	4854	5451	5173
总 额	17425	16364	18242	19186	21478	21736

类别\年份	1996	1997	1998	1999	2000	2001
中长期	18527	23107	27539	30222	29369	29947
短 期	4452	3594	4152	3945	7468	7475
总 额	22979	26701	31691	34167	36837	37422

类别\年份	2002	2003	2004	2005	2006	2007	2008
国际储备总额	15351.1	15851.2	16016.0	16963.4	19428.9	16910.1	23162.3
外债总额	40504	43068	43515	46211	49497	55671	64768
—中长期	34852	35892	35657	39116	40179	44615	49858
—短期	5652	7176	7858	7095	9318	11056	14910

资料来源：www. bcentral. cl（智利中央银行网站）2009 年 9 月。

六 伊基克自由贸易区

智利伊基克自由贸易区创建于 1975 年 6 月，1976 年正式运行。位于智利北部沙漠地带塔拉帕卡第一大区的首府伊基克市北部，占地 240 公顷，距离港区仅 2 公里。伊基克所处的地理位置十分重要，是通往阿根廷、玻利维亚和秘鲁的理想港口城市。以其为圆心，在 1000 公里半径的圆周范围内，有秘鲁的阿雷基帕、塔克纳市，玻利维亚的拉巴斯、科恰班巴、奥卢罗、苏克雷和波多西，阿根廷的胡胡依和土库曼等重要南美城市，此外，还可辐射到巴拉圭和巴西的市场。

伊基克市始建于 16 世纪，但在其后的几百年间发展缓慢。伊基克真正的巨变，是在这里建立自由区以后的 20 多年间发生的。1975 年，伊基克市只有 7.3 万人口（1999 年已达 16.7 万人），当地居民主要以开矿和捕鱼为生，几乎与世隔绝。智利政府创建伊基克自由贸易区的目标是，通过进出口免税，使对外贸易更为灵活，降低商品的价格，增加在工业和商业部门的就业，吸收外国的先进技术，鼓励私人投资，以推动伊基克所在的塔拉帕卡大区经济的发展。自由贸易区建立 20 多年来发展迅速，自由贸易区的发展又大大促进了伊基克的交通运输业、房地产业、建筑业和旅游业及其他服务行业的快速发展，建立自由贸易区的目标正在逐步实现。由于自由贸易区的优惠政策，商品销售额从 20 世纪 80 年代中期的 4 亿多美元增加到 90 年代的 10 亿多美元。与此同时，在自由区开业的公司也由 502 家增加到 1000 多家，从业人员由 2000 多人增加到 7000 多人。在自由区内有智利本国的公司，也有日本、中国香港、中国台湾省、韩国、印度、新加坡、德国、西班牙、意大利、秘鲁等国家或地区投资者开设的公司。这些公司经销来自上百个国家的 6000 多种商品，主要有电子产品、纺织品、服装、汽车、文体用品、机械设备和食品等。商品可以在自由区内零售，也可以批发，还可以转口到玻利维亚、秘鲁、阿根廷等周边国家。除武器、弹药、有伤风化、有害健康和危害国家安全的物品不能进入自由贸易区外，其他一切商品都可以进入自由贸易区。自由贸易区墙外有一个包括数百个摊位的大型商店，这是自由贸易区的管理机构出租给各企业展销商品用的。其商品售价一般在批发价格的基础上加第一大区的 9% 特别税外，再加上 20% 左右的经营利润。

自由贸易区的管理机构为伊基克自由贸易区股份有限公司，其职责是受理用户的申请，与其签署使用权转让合同，并监督其履行义务；投资兴建必要的基础设施，包括道路、办公楼、厂房、仓库等供客户使用，同时出租土地用于商业和工业活动；掌握自由贸易区所有商品的进出情况；负责自由贸易区的人员和商品的安全保卫工作及场地的清洁卫生、照明、绿化及其他服务工作。该管理机构的董事会由 7 人组成，约有工作人员 200 人，除 50 多名警卫之外，还有 20 多名专业技术人员，30 多名计算机管理人员，其他为行政人员。整个管理工作迅捷而有效率，良好的服务赢得了较好的效益，公司每年的利润达到七八百万美元，其发展呈上升趋势。此外，自由贸易区在阿根廷、玻利维亚、秘鲁的邻近城市还设立代办处，与智利在 13 个国家设立的商务机构电脑联网，以便了解市场行情，互相传递信息。

自由贸易区内设有 14 家银行，16 家提供交通、通信、海关、兑换货币、邮政、办理入库单等服务的私人企业。

伊基克自由贸易区的建立和发展，吸引着越来越多的海内外投资者，促使他们抓住机遇，在这特殊的环境里一显身手，开创新的事业。中国在扩大对外开放过程中，一些企业也把眼光瞄准了远在南美洲的伊基克。目前，有十几家中国公司在伊基克自由贸易区注册，主要从事进出口贸易活动。他们经营的商品主要是五金、机电、服装、轻工、玩具等。由于中国与智利相隔遥远，为了缩短出口交货期，保证商品赶上销售季节，满足中小商人进口量小的需要，在伊基克积极开展存仓分拨业务，或建立小型的贸易中心，有利于我国扩大对智利及其邻近国家阿根廷、玻利维亚、秘鲁的出口。

第五章

养老金制度

智利是一个富于创新的国家，在拉美地区率先进行养老
金制度改革，而且，智利采用的新的养老金制度也成
为其他拉美国家改革的模式。智利养老基金管理公司监管局局长
胡利奥·布斯塔曼特自豪地说，智利退休养老基金管理模式，已
成为智利出口的"名牌产品"。

第一节　养老金制度的重大改革

智利在其经济改革的前期，就已经感到养老金制度滞
后，亟待改革。但在 1974 ~ 1980 年期间，政府还没
有形成系统的改革方案，只限于实行一些初步的改革措施。1980
年 11 月，智利军政府颁布了第 3500 号法令，正式设计出一种新
的养老金制度，并决定自 1981 年 5 月起付诸实施。这是建立一
种以"个人基金资本化"为基础的、由私人经营、政府监管为
特点的养老金制度。经过 20 多年来的实践，智利这种新的养老
金制度运行良好，效果显著，在国际上得到广泛好评，被称为拉
美社会经济现代化的典范之一。

一　改革后智利新养老金制度的特点

19 81 年起实行的新养老金制度总的看来有以下特征。

第一，建立个人账户，强调劳动者自我积累、自我保障原则。这种做法的特点是缴款者的收益直接与个人努力成正比，其个人账户中积累的储蓄最终将成为各自养老金的资金来源。同时，新体制改变了那种由国家、企业、个人三方共同承担养老金的传统模式，实行单独由个人按规定比例付费，建立个人养老基金账户的做法，这在相当程度上克服了传统模式下国家企业大包大揽的弊端。与此同时，也有效地克服了传统养老金体制的弱点，有利于减轻国家和企业的财政负担。同时企业不承担养老金付费，也有利于其降低成本，提高经营效益。

第二，个人养老金资本化。投保人在自己选择的养老金管理公司开设个人储蓄账户，每人每月按其工资收入的固定比例存入养老基金。由养老金管理公司把这些养老基金作为资本拿到市场上去投资以赢利，使养老金不断增值。等投保人退休或残废、死亡时，养老基金将连本带利以养老金形式返还本人或家属。这样，每个人领取养老金的多少取决于个人养老金积累额和其所在管理机构投资的收益状况，但国家保证每个投保人能够领取最低养老金以及国家提供的安全担保。

第三，养老金的私营化管理。新体制规定职工的养老金由国家统一管理变为由专业化的私营养老基金管理公司来管理和运营。这些私营养老基金管理公司，虽然要注册登记，获得经营此项业务的许可并接受监督，但在其日常经营管理活动方面，则完全按照市场规则运作。私营养老基金管理公司的主要职能是：管理投保人的个人账户；发放和管理投保人的退休金，代表投保人与保险公司签订保险合同、购买伤残和遗属保险；依

法投资养老基金，保证进行多样化和低风险的金融投资，防止挪用和欺诈行为的发生以及养老金不可成为私人公司资本；提供信息和服务。

第四，自由选择与相互竞争。由于养老基金管理公司是多家并存，投保人可以自由选择其中的任何一家，如认为不合适还可以更换。这样做的好处在于把权利交给公民，由他们自己来做决定，加强了个人的责任，争取获得较高的养老金和更稳定的保险。另外，也防止了基金管理的无效性和不公平的再分配。各管理机构之间则在管理有序、服务周到、效益好、收费少等方面展开竞争，吸引顾客。

二　政府在新体制中的作用

智利政府在改革养老金制度的同时，明确了在新的养老金制度中政府所扮演的角色，那就是起监督作用，即政府有责任有义务保证投保人的储蓄安全、保值和增值。所以，政府要对私营养老基金管理公司的活动进行调节和监控，使之不断完善。政府在新体制中的作用主要是：

第一，立法。政府为新养老金制度的建立和正常运行制定相关的法律、法规和制度。政府通过立法、监督、指导等手段，将养老保险基金纳入法制化、规范化和制度化的轨道，实现新旧体制的顺利转换。

第二，低保。政府负责对法定最低退休金标准（每月不能少于100美元）的保障。也就是政府保证所有履行了基本要求的投保人退休后能领取最低养老金，并承担保证原有体制下职工养老保险权益，不因体制转换而受损失的责任。

第三，破产担保。如果因某个管理公司停止支付或破产而给投保人造成经济损失，国家按有关规定给予补偿。

第四，监管。政府的监管作用主要有：①通过专门机构每一年对各养老基金管理公司的业务活动进行一次评估，了解它们经管的养老基金是否达到了最低盈利水平（最低盈利水平定为比全体系养老基金同期平均盈利水平低2个百分点）。在最差的情况下，最低盈利水平也要达到平均盈利水平的50%。②政府对养老金的运转过程严加监督。其目的在于，政府只能为那些没有条件达到最低养老金基金存款额度的人或遇到人力不可抗拒的情况时提供经济补偿，而不能为养老金制度或管理公司的运转不灵、管理不善而承担经济责任。③设立"养老基金管理公司监管局"。该机构隶属于政府劳动与社会保障部，代表政府对私营的养老保险资金市场的经营活动进行严格的监督和管理。养老基金管理公司监管局是一个自主的独立机构，通过社会保障部与政府联系。该局局长由总统直接任命。

第五，指导作用。国家引导和指导养老金的投资活动，使之为国内主要经济部门提供资金，来推动国民经济的发展。

三　加入新养老基金体制的条件

新养老金制度对于所有非个体劳动者是强制性的，对个体劳动者则实行自愿原则。每个投保人在自己选择的养老基金管理公司开办的个人账户上，每月将月工资的13.4%交给公司，其中10%作为个人的养老金存入个人账户（10%的强制性储蓄标准是建立在下面假设基础上的，即当一个普通工人退休时，在其个人账户中就有足够的金额来保证其领取的养老金相当于退休时工资的70%）。另外3.4%由养老基金管理公司根据规定作为投保人的人寿保险和意外事故保险金，转交给指定的保险公司。原来已经加入旧养老金制度的可以转入新制度，但不允许加入新制度的人转入旧制度。1987年，智利的养老金体制中又增加了自愿储蓄账户，或叫第二账户。增设第二账户的目的是为了让投保人为退休准备更多的资金。

四 养老金的收益

在新的养老金制度里，投保人得到的主要收益就是领取养老金。除符合法律规定条件而办理提前退休外，任何人退休前不得以任何形式提前领取养老基金。新养老金制度退休待遇分为三种，退休条件简单且统一。

（1）正常退休。所有投保人在达到法定退休年龄（全国统一规定男 65 岁、女 60 岁）时，即可退休领取养老金。但法律并不强制投保人在达到退休年龄时一定要开始领取养老金。

（2）提前退休。智利养老保险制度规定，凡参加现行的退休养老保险制度满 5 年者，在满足下面两个条件时，可依法提前退休。这两个条件是：第一，本人账户上积存的养老基金额不低于本人最近 10 年平均工资的 50%（1988 年以前为 70%）。第二，本人账户积累的资金等于或高于最低养老金应存款额的 110%。上述两个条件是为了避免提前退休增加政府的担保负担。

（3）伤残和遗属养老金。未到退休年龄致残者，丧失劳动能力 2/3 以上视为全残，丧失劳动能力 50% 至 2/3 者视为部分残废，根据其伤残程度或享受全额养老金或部分养老金。待业人员在最后一次交纳保险金后 12 个月内致残或死亡者，有权享受伤残或遗属养老金，由保险公司提供。遗属包括投保人的配偶、子女和父母。

五 领取养老金的三种不同方式

智利法律规定投保人在领取养老金时，可从下述三种办法中任选一种。

第一种为计划支取法。投保人退休后仍在原养老基金管理公司保留个人账户的储蓄，由公司为其制定一个提款计划，然后每人每月从中领取一定金额，未领取部分继续计息。这种领取形式的特点是养老基金管理公司继续管理投保人的账户，投保人自己承担寿命风险和金融风险。如果实际寿命超过预期时，以后就无钱可领了，但可享受由政府财政支付的每月约合 100 美元的最低保障。

第二种为终身年金。投保人退休时，养老基金管理公司将其全部养老金转入由本人挑选的保险公司，由此家保险公司负责承担在投保人的有生之年向他们支付养老金。本人去世后，由家属领取剩余部分作为抚恤金。采用这种办法时，保险公司承担投资风险、寿命风险和投保人家庭风险。投保人可保终身收入，且不承担任何风险。该形式的特点是养老基金管理公司不再保留个人账户，一旦与保险公司签了合同，便不能再改变。这种年金即使投保人寿命很短，其家属也不能继承。

第三种是暂时收入与推迟的终身年金结合法。投保人退休时，可由自己确定一段时间为暂时收入期，然后再转入终身年金。养老金也因此分成两部分：一部分作为暂时收入期基金，仍保存在养老基金管理公司中，每月领取一份养老金；另一部分转入某家保险公司作为终身年金，待暂时收入期结束后，可领取终身年金。如果投保人因收入过低，虽然交纳保险费的年限满 20年，但其养老金额仍未达到领取最低养老金应存的基金数额时，由政府补足不足部分。选择此种办法，投保人只需承担留在原管理公司中的那部分基金可能遇到的金融风险。

六 养老基金的投资管理

智利社会保障制度的核心是强制性储蓄，建立个人账户，其成功与否主要取决于能否有效地把养老基金拿到金融市场上去投资生利。这也是新养老金制度的资金不断增值的主要途径。为了提高投资效率，尽可能减少投资风险，政府专门颁布了《养老基金法》，其主要内容有：

（1）规定政府债券、企业债券、公司股份等作为主要投资工具。它们的共同特点都是公开市场上的金融资产。这些金融资产或是政府自己发行的，或是经过证券管理机构和银行及金融管理机构审批后发行的，比较安全。用养老基金买卖这些证券都是在公开市场上进行，有较高的透明度，有利于防止欺诈。

（2）规定可以进行投资及投资限量的风险等级。1985年1月24日颁布的第18398号法令，制定了一整套建立风险评级和允许对股票投资的规定。为此，智利政府专门设立了风险评级委员会（这是一个独立机构）。其职责是通过对各种可能投资的证券进行风险等级评估，确定养老基金可投资的证券风险级别。这既为养老基金投资提供了一个风险度量，也为政府监控养老基金的投资活动提供了易观察的指标。

（3）规定要对投资项目进行评估。由官方和私人风险评级机构分别进行，然后把两个评估结果进行比较，以确定风险程度。1985年前，风险评估主要由风险评级委员会去做。1985年后，政府开始允许私人评估机构参与评估工作。政府之所以开放私人评估行业，主要是为了提高金融资产的风险评估质量。

（4）规定各养老基金管理公司的所有投资证券必须交中央银行保管，或存放在经批准的海外机构或私人股票存管公司。

（5）规定养老金投资只能在法定市场上进行。一般养老基金主要在二级市场上进行证券的买卖。但购买债券和资本性投资工具也可依法在设立的一级市场进行。中央银行和财政部是合法的一级市场。目前，智利的二级市场主要有圣地亚哥证券交易所、瓦尔帕莱索证券交易所和智利电子证券交易所（1988年建立）。

（6）开放海外市场。智利政府最初禁止养老金投资外国证券市场，后因养老基金的发展积累了巨大的资本，需要利用国际市场进行投资保值和规避风险。1992年智利政府开放了海外证券投资。政府通过确定合法的海外投资工具，明确投资方式，政府只对投资于风险特别高的证券进行管制，同时明确需要外国监护人来照顾海外投资的安全保管。

七 转制问题

智利新养老金制度建立后，旧养老金制度仍然继续运作。这种新旧两制并存的局面还将延续数十年之久。政府的政策指导思想是推广新制度，让旧制度逐步自然消失。由于新制度优越性多，保障系数高且安全，原来加入旧制度的人纷纷转入新制度。这是一件好事，但也带来了问题。从现收现付制向新制度转轨时，老职工在旧制度下的缴款年限通过政府发放"认可券"（Bono de Reconocimiento，或叫认账债券）得以体现。"认可券"的票面值总额相当于职工本人的养老金余额，转制人将"认可券"存入养老基金管理公司的个人账户，年息为4%，由政府提供担保，券面值还将按市场消费物价指数变动进行调整。到转制人退休时，由政府用现金将"认可券"兑回。这样，实际上是将从前的隐性债务显性化。同时，政府允许该证券可在正规的二级市场流通，即人们可以将其出售，提前支付养老金。

八 新体制中的个人负担情况

智利在养老金制度改革中规定了投保人要交纳的5种款项：①投保人每月交纳其收入的10%，作为养老基金。②投保人每月交纳其收入的3%～3.5%，作为残废和遗属养老金追加。③雇主为其雇员每月交纳月收入的0.85%，作为工伤事故保险金。④投保人每月交纳月收入的7%，作为医疗保险金。⑤雇主交纳相当于本企业月工资单总额的2%～3%，作为家庭补贴与待业补贴提留（后者已于1988年取消）。个人在社会保障方面的总负担占其月收入的20%～20.5%，与旧制度相比，个人负担减少了11.6%。

第二节　新养老金制度的运转情况

智利的新养老金制度自 1981 年生效以来，已经产生了积极的社会经济效果，它也正向成熟和巩固的阶段深入发展。实践证明，这一制度是为智利大多数民众所欢迎的。目前，智利新养老金制度已在公众中建立了较高的信誉。

一　新养老金体制的入保人数迅速增加

新养老金制度建立之初，就有大批的人从旧养老金体制转入新体制，这反映出人们已经广泛接受了新制度。据拉美经委会资料，1981 年改革头几个月就有 110 万纳税人（占旧养老金体制的 70%）转入了新制度，1980 ~ 1982 年，加入旧养老金制度的在职职工由 170 万人减少到不足 50 万人。1983 年以来，旧养老金体制中的在职职工人数仍以每年 4.1% 的速度递减。养老金制度改革后，投保人员的构成也发生了很大变化。1982 年，在私营养老基金管理公司和公共社会保险体系中的在职投保人分别占 36% 和 16.6%。到 1999 年，私营养老基金管理公司吸收的在职投保人增加到 60%，而公共社会保险体系中在职投保人则下降至 4.2%。① 智利工人说："我们觉得现在比实行国家养老金制度时更能掌握自己的未来。"

智利有关法律规定，自新养老金制度建立时起，凡新参加工作的人必须参加新养老金保险体系，这就从另一方面使投保人不断增加。据拉美经委会统计，新养老金制度建立 20 多年来，投

---

① Alberto Arenas de Mesa：*Cobertura Previsional en Chile：Lecciones y Desafíos del Sistema de Pensiones Administrado por el Sector Privado*（《智利养老金覆盖面：私营养老金管理体制的教训和挑战》），Unidad de Estudios Especiales，Cepal，Santiago de Chile，diciembre de 2000。

保人数从 1981 年的 140 万增加到 1999 年的 610 万（见表 5 - 1），增加近 4.4 倍。截至 2001 年 1 月，加入新养老金体系的人数已达到 629 万。

表 5 - 1　1981~1999 年新养老金制度入保人数的
变化及实际覆盖面

单位：人，%

年份	入保人数	按期交费人 数	劳动力总 数	按期交费人数占入保人数	实际覆盖率（交费人数占劳动力总数）
1981	1400000	—	3687900	—	—
1982	1440000	1060000	3660700	73.61	28.96
1983	1620000	1229877	3667700	75.92	33.53
1984	1930353	1360000	3890700	70.45	35.0
1985	2283830	1558194	4018700	68.23	38.77
1986	2591484	1774057	4312010	68.46	41.14
1987	2890680	2023739	4425330	70.01	45.73
1988	3183002	2167568	4656280	68.10	46.60
1989	3470845	2267622	4805290	65.33	47.20
1990	3739542	2289254	4888590	61.21	46.82
1991	4109184	2486813	4983890	60.52	49.90
1992	4434795	2695580	5199800	60.78	51.84
1993	4708840	2792118	5458990	59.30	51.14
1994	5014444	2879637	5553830	57.43	51.84
1995	5320913	2961928	5538240	55.67	53.50
1996	5571482	3121139	5600670	56.02	55.72
1997	5780400	3296361	5683820	57.03	58.00
1998	5966143	3149755	5851510	52.80	53.83
1999	6105731	3262269	5933560	53.43	55.00

资料来源：Alberto Arenas de Mesa：*Cobertura Previsional en Chile：Lecciones y Desafíos del Sistema de Pensiones Administrado por el Sector Privado*（《智利养老金覆盖面：私营养老金管理体制的教训和挑战》），Unidad de Estudios Especiales，Cepal，Santiago de Chile，diciembre de 2000。

到 2001 年为止，智利全国私营养老基金管理公司共有 8 家（原有 23 家，后因有的经营不善或取消或合并，1994～1995 年曾有 2 家管理机构被政府清算）。截至 2000 年 3 月，其中最大的 3 家管理公司 Provida、Habitat 和 Santa María 拥有的投保人数占全国投保总人数的 78% 以上，占按期交费人数的 76% 和养老金余额的 70%。[1] 新养老金制度建立后，截至 2000 年 12 月，已先后有 36.1 万人退休，这些人都按规定领取了养老金，使晚年生活有了保障。

二 养老基金的积累及运营情况

智利养老基金的成长是十分迅速的，养老资金的积累以惊人的速度增长。自改革起到 20 世纪 90 年代初，养老基金年平均增长率为 41%。造成这种高增长的主要原因是：第一，新养老金制度是一件新生事物，正处在成长发展期，投保人数逐年大幅上升，其中年轻人又占大多数，因此养老金收入多，支出相对少。2000 年，智利养老金余额达 354 亿美元，约占国内生产总值的 47%。第二，养老基金的投资获得了比较好的收益。据养老基金管理公司监管局统计，20 世纪 90 年代上半期，养老基金的增长约有 61% 来自于投资增值，32.2% 来自投保人交费和自愿存款，不到 7% 来自"认可券"及其他收入。从这里可以看出，新养老金制度所倚重的"个人资本化"机制，确实起到了养老金保值增值的作用。1981 年 7 月～2000 年 12 月，养老金平均赢利率为 11.2%。其中 1981～1988 年间，该收益年均超过 14%，高于金融系统约 3 个百分点。智利养老金的

---

[1] Alberto Arenas de Mesa：*Cobertura Previsional en Chile：Lecciones y Desafíos del Sistema del de Pensiones Administrado por el Sector Privado*（《智利养老金覆盖面：私营养老金管理体制的教训和挑战》），Unidad de Estudios Especiales，Cepal，Santiago de Chile，diciembre de 2000。

年均回报率大大高于新加坡 1980~1990 年的 3.0% 实际回报率，也高于马来西亚的 4.6%。[①] 2000 年，由于整个智利经济恢复较慢，养老金赢利为 4.4%，比 1999 年有大幅度下降（见表 5 - 2）。智利新养老金管理公司在国家金融法规的约束下，对养老基金的投资方向具有较大的自主权且投资手段多样。1983 年私人养老基金可以在公有和私有企业股票方面投资。1992 年政府开放了海外证券投资。1988 年养老基金在政府有价证券的投资占 35.4%，银行存款占 28.5%，抵押债券占 21.6%，股票、信用债券和公司债券占 8%。[②] 2000 年，智利养老金投资组合为：二级市场股票占 13%，公共债券占 36%，中央银行储蓄占 21%，海外投资占 12%，其他占 18%。[③] 这种变化趋势显示了新制度在不断巩固。

表 5 - 2　1981~2000 年养老金的积累与赢利状况

单位：10 亿美元,%

年份	养老金余额	占国内生产总值	赢利
1981	0.3	0.9	112.9
1982	0.6	2.5	28.5
1983	1.1	5.7	21.2
1984	1.2	6.5	3.6
1985	1.5	9.3	13.4
1986	2.1	12.0	12.3
1987	2.7	13.1	5.4
1988	3.6	14.8	6.5
1989	4.5	16.2	6.9

[①] 余明德：《智利的社会养老保障制度》，《财贸经济》1996 年第 10 期。

[②] 于伟加：《智利 80 年代社会保障制度的改革》，《经济导刊》1996 年第 5 期。

[③] Andras Uthoff：*La Reforma del Sistema de Pensiones en Chile-Desafíos y Pendientes*（《智利养老金制度改革——挑战和悬而未决的问题》），Unidad de Estudios Especiales，Cepal，Santiago de Chile，julio de 2001。

续表 5 – 2

年份	养老金余额	占国内生产总值	赢利
1990	6.7	22.0	15.6
1991	10.1	29.1	29.7
1992	12.4	29.6	3.0
1993	15.9	35.1	16.2
1994	22.3	44.9	18.2
1995	25.4	42.9	– 2.5
1996	27.5	40.1	3.5
1997	30.9	40.0	4.7
1998	31.1	42.0	– 1.1
1999	34.5	45.9	16.3
2000	35.4	46.9	4.4

资料来源：Andras Uthoff：*La Reforma del Sistema de Pensiones en Chile-Desafíos y Pendientes*（《智利养老金制度改革——挑战和悬而未决的问题》），Unidad de Estudios Especiales，Cepal，Santiago de Chile，julio de 2001。

20 世纪 90 年代中期，养老金经费支出的构成比例是：支付养老金占 34%，管理服务费用占 32.1%，投保人提取自愿存款占 33.9%，其中因目前退休人数不很多，退休金支出比重不高，而管理费用显然偏高，这种支出结构是暂时性的。因为，随着时间的流逝，退休人数不断增多，领取退休金的人数比重也将会增大，养老金的退休支出比重将会越来越大。

三 新养老金制度具有三大作用

1. 新养老金制度促进了国内储蓄和投资

实行个人资本化的新养老金制度有利于国内储蓄和投资，从而也有利于国内资本市场的发育。在从现收现付制转到个人资本化基金制的过程，在国内形成了一个稳固的储蓄量，原因是投保人交纳的资金被用于投资，而不是转移到其他地方去。加之，长时期以来，养老基金的投资获得了较高的收益。

230

因此，养老金改革后，智利国内储蓄有了大幅度增长。从表 5 - 3 中可以看出，社会保障储蓄与 GDP 比值的增长，在 1984～1994 年的 11 年中翻了一番，从 1.9% 增长到 3.8%。很明显，它促进了储蓄总额的增长，与同期 GDP 相比，总储蓄率也增加了一倍，从 1984 年的 13.6% 增加到 1994 年的 26.8%。这笔基金数量越来越大，且处于政府的宏观控制之下，在稳定国内金融市场方面也起到了很大作用。例如，1995 年所发生的墨西哥金融危机，曾一度波及智利金融市场，当时智利各养老金管理公司不但没有抛售其持有的大量证券、股票，反而在一周内向金融市场投入数千万美元资金，缓和了紧张形势，成为稳定金融市场的重要因素之一。同时，为智利宏观经济长期持续稳定增长提供了必要的资金。

表 5 - 3　1984～1994 年社会保障体制对国内储蓄—投资的贡献

单位：%

年份	社会保障储蓄/GDP*	社会保障储蓄/储蓄总额	总储蓄率
1984	1.90	13.30	13.60
1985	2.00	14.30	13.70
1986	2.20	15.00	14.60
1987	2.30	13.80	16.90
1988	2.50	10.90	22.80
1989	2.80	25.50	25.50
1990	3.10	11.90	26.30
1991	3.70	15.30	24.50
1992	3.40	12.80	26.80
1993	3.60	12.60	28.80
1994	3.80	14.10	26.80

说明：* 社会保障储蓄＝社会保障交款＋利息＋其他收入－佣金－养老金－其他扣除（不包括货币价值重估而产生的调整和损益）。

资料来源：〔智利〕胡安·阿里斯蒂亚主编《AFP：三个字的革命——智利社会保障制度改革》，第 108 页，中央编译出版社，2001。

2. 新养老金制度推动了国内资本市场的发展

智利养老基金对资本市场发展的影响是多方面的。第一，养老基金管理公司和保险公司这些新的机构投资者在智利资本市场上的成长，对市场的结构和功能产生了积极作用，使金融资源配置在全国范围内更加有效。第二，养老基金积累了大量的资本，使资本市场能为国家经济的发展和大的项目提供所需资金。第三，养老基金逐步取代商业银行，直接在资本市场上以购买企业股票、债券、开发基金股份等形式向企业投资。此外，养老基金还通过购买承建基础设施的公司债券的形式，来参与地方基础设施建设。由于实力雄厚，许多企业逐渐转向从养老基金而不是商业银行来筹措资金。第四，养老基金的发展增加了股市的交易量和参与者。养老基金利用自己的大量资本，参与股市交易，增加了股市交易的效率和透明度，并且由于养老基金投资的严格要求，股票市场一直在不断地改进自己的信息系统和交易机制。第五，养老基金促进了风险评级行业的产生。风险评级行业是资本市场健康发展的有力工具。第六，养老基金促进了金融工具的创新和产生。养老基金巨大的资本和严格的投资上限的规定，推动着新的金融工具的产生，且丰富发展了许多已有的投资工具，促进了资本市场的分工与专业化以及新市场的出现。第七，养老基金促进了长期资本市场的发展。养老保险制度改革之前，智利的证券市场像其他发展中国家一样，没有长期债券。由于养老基金和人寿保险公司都需要长期投资工具，政府通过修订法律制度，首先推出长期政府债券，然后是企业长期债券，比如房屋抵押贷款债券。这些长期投资工具的期限分别是 6 年、8 年、12 年、15 年，最长的是 20 年。[①] 第八，养老基金的发展大大地增加了智利股市中的投资成

---

① 余明德：《智利的社会养老金保障制度》，《财贸经济》1996 年第 10 期。

分。据有关资料，相当于国内生产总值30%～40%的养老金进入了资本市场，改变了过去智利资本市场主要依靠吸收外资的局面。可见，养老金已成为推动智利资本市场发展的最重要的驱动力之一。

3. 新养老金制度在智利私有化进程中起到了积极作用

政府允许养老基金投资于公司股票，这是为发展新的社会保障体制而做出的重要决定之一，也为养老基金参与私有化进程成为可能。在从1985年开始的智利国有企业私有化进程的第二阶段中，包括养老基金在内的公共投资起到了决定性作用。政府通过鼓励养老基金等不同的投资者购买私有化公司的股份，来分散私有化公司的股权，避免企业资产集中到少数人手里。养老基金参与公司企业私有化进程，对智利经济发展起到了两个重要作用。首先，使养老基金成员从这些企业的发展中获利，养老金的增值为投保人带来了重要的收益。1985～1996年，养老基金投资于私人企业的年平均收益为7%，占同期养老基金全部收益的58%。其次，使私有化了的企业更好地发挥其增长潜力，逐渐成长为今天的大企业。例如，在私有化初期时的智利联邦区电力股份公司的主要任务是为首都大部分地区供电。私有化后，它变成了埃内尔西斯的控股公司。在不到10年的时间里，它成为拉美最重要的公司之一，为利马、布宜诺斯艾利斯和里约热内卢供电，同时拥有国家电力股份公司的股权，还积极参与房地产业。

第三节　新养老金制度面临的问题

智利是一个发展中国家，新体制的建立无先例可循，完成改革并非易事。因此，新制度在发展过程中难免要遇到一些问题。

一 新体制的范围还需扩大

在新体制中，个体劳动者的覆盖面窄且呈下降趋势。关于个体劳动者，即在非正规经济部门工作的人加入社会保障体系的问题，智利历史上就一直没有解决。养老金制度改革后，有关法律规定，独立的个体劳动者采取自愿的原则加入新养老金体制。1986 年，智利全国有在职个体劳动者 100 多万人，投保按期交费人数为 4.8 万人，实际覆盖面为 4.8%。到 1999 年，个体劳动者增至 153 万多人，投保按期交费人数为 6.3 万人，实际覆盖面降至 4.1%（见表 5 - 4）。其原因是，近几年来

表 5 - 4　1985~1999 年新养老金体制中个体劳动者覆盖率

单位：人，%

年份	按期交费人数	个体劳动者人数	覆盖率
1986	48350	1001460	4.8
1987	52611	1032370	5.1
1988	50729	1142650	4.4
1989	51186	1245050	4.1
1990	47922	1235900	3.9
1991	50840	1271270	4.0
1992	51721	1335970	3.9
1993	52655	1385670	3.8
1994	55320	1435300	3.9
1995	57077	1427570	4.0
1996	51343	1448820	3.5
1997	59925	1464950	4.1
1998	59458	1544690	3.8
1999	62999	1538320	4.1

资料来源：Alberto Arenas Mesa：*Cobertura Previsional en Chile：Lecciones y Desafíos del Sistema de Pensiones Administrdo por el Sector Privado*（《智利养老金覆盖面：私营养老金管理体制的教训和挑战》），Unidad de Estudios Especiales，Cepal，Santiago de Chile，diciembre de 2000。

经济增长缓慢，失业人口增加，非正规经济部门扩大。在非正规经济部门就业的人，工资低且不稳定，尤其是印第安人更无储蓄能力。这部分人群已成为社会不稳定因素，有待于通过立法来解决。

二　商业性私营养老基金管理成本过高

传统的理论认为，私有化是提高经营管理效率及降低成本的有效途径。然而，智利的养老保险体制的改革却面临着高成本的困境。目前，智利私营养老基金管理公司年平均管理成本相当于它每年吸收的养老金存款的 12%～13%，大大高于西方国家现收现付式公共养老保险体制 1%～3% 的管理成本。据有关统计，1988 年 12 月～1996 年 9 月，养老基金经营成本从 0.32 亿美元上升到 1.8 亿美元，增加了 5.6 倍。管理高成本的原因是多方面的。第一，新体制建立初期管理者经验不足，新体制的覆盖面不能一下子达到既定的规模等因素，形成管理的高成本是不可避免的。第二，大量广告信息费和推销人员费用的支出。私营管理机构为了吸引更多的投保人，花费很多的钱来雇佣推销员开展推销宣传活动。1988 年 12 月～1996 年 9 月间，推销人员数量就增加了 6.7 倍。[①] 第三，投保人自由选择和变换养老基金管理公司的人数及频繁度加大，管理成本自然要升高。管理的高成本必然给商业性养老金管理公司带来经营风险。自 1994 年以来，智利原有的 21 家养老金管理机构中，就有 11 家发生了经营亏损问题。

由于养老基金经营成本高，向投保人收取的费用也相应地高。目前，投保人要向管理公司缴纳相当于工资 2% 的管理费。

---

① 〔智利〕胡安·阿里斯蒂亚主编《AFP：三个字的革命——智利社会保障制度改革》，第 271 页，中央编译出版社，2001。

2002 年，为解决这一问题，智利劳动和社会保障部已提交给议会一个法案，准备将管理费从 2% 降至 1.4% 左右。

三 国家在体制转换中承担沉重的财政负担

从理论上说，体制的私有化转换将会减轻政府的财政负担，但从实际的转换过程看，并非如此。因为智利政府在新旧体制转换中，实际上面临着双重负担，不但要为新制度注入资金力量，而且还要为妥善解决旧体制下的养老保险问题承担大量责任。智利目前是新、旧两种养老金制度并存，旧养老金制度大约要到 2035 年左右才会自然消失。在这个过程中出现的一个突出的财政问题是，国家必须兑现为从旧制度转入新制度的人发放的 "认可券"。截至 1999 年，国家发出的 "认可券" 总额已占国内生产总值的 1% 且呈上升趋势。根据拉美经委会有关资料统计，1999 年，智利政府在社会保障方面的财政赤字相当于国内生产总值的 5.9%，1981～1989 年年均为 6.1%，1990～1999 年为 5.3%，这种局面还要持续 20 多年。在养老金体制改革前，也就是实行 "旧制"（公共养老保险机构）时，全国约有 200 万职工参加养老保险计划，其中退休人员有 80 万。实行 "新制" 后，仍有 40 万职工没有转制，留在 "旧制" 中。目前，"旧制" 中还有 30 万人，退休人员增加到 90 万。现存的旧制也不再实行雇主缴费制，同样完全由个人缴费（约工资的 15%），但不建立个人账户，而实行社会互济。单靠 30 万人的缴费无论如何也养不起 90 万退休人员。实际上，90 万退休人员的养老金有 75% 是由政府财政支出的，只有 25% 的资金来源于缴费。所以，政府的财政负担是可想而知的。

四 对新制度宣传不够

虽然新制度已运行了 20 多年，但仍有一些人对此知之甚少，不太了解新制度的基本内容和运作方式，对与养老金相关的信息了解不多。有些人对养老基金管理公司缺乏信任，虽然投保但逃避或拒绝缴费。今后，应加大这方面的宣传力度，才有利于新制度的推广。

　　智利新的养老金制度建立已 20 多年了，养老保险制度有它自身的演变规律。现在来最后判断一种养老保险制度的优劣或成败还为时过早。但毫无疑问，智利养老金制度改革经验对于发展中国家更具有实践意义，是一种新思路和新尝试。但同时还要注意到智利改革中暴露出来的问题和不足，这样才能避免在改革中顾此失彼，以致付出较大的社会经济代价。

第六章

教育、科学、文化、卫生

第一节　教育

一　发展概况

智利是拉丁美洲文化教育事业比较发达的国家之一，国民素质较高。

1561 年，智利沦为西班牙殖民地。在整个殖民地时期，智利的教育完全由西班牙天主教会所垄断。欧洲中世纪的经院哲学成为教育的基础。智利教育处于十分落后、黑暗的状态，居民文盲率很高。为配合西班牙殖民者征服美洲，方济各会、多明我会、耶稣会等教会纷纷来到新大陆，向当地印第安人传播"福音书"，灌输和推销所谓"西方文明"，用创办殖民地教育来强化殖民统治。他们相继在智利建立了一批以宗教教育为主的初级小学，以及为数不多的拉丁语学校和神学院。1756 年，在圣地亚哥建立了圣费利佩大学，设有法律、医学、哲学、神学和拉丁文等课程。殖民地时期的教育主要注重宗教、文学和艺术，其内容带有强烈的贵族烙印和种族主义的特点，灌输人与人之间不平等思想，以确立殖民者在新大陆的统治地位。

独立后，智利历届政府都很重视国民教育的发展，对教育课程及内容不断进行改革，改变了殖民时期重视宗教教育的倾向，加强了文化教育。与此同时，建立国家主管教育的职能机构，发挥国家的作用，使教育逐步摆脱了教会的控制。1833 年颁布的智利宪法规定，国家干预教育的权力高于教会，国家要实施重视教育发展、大力推动教育发展的政策。1842 年，智利政府将原属于内政部的国民教育局独立出来，成立国民教育部，成为主管教育的职能机构，确立了国家对教育事业的领导权，智利教育事业从此掀开了新的一页。为了发展国民教育，国家成立公立学校。1842 年，在首都圣地亚哥建立了拉丁美洲的第一所师范大学；同时创办了智利大学，该大学后来逐渐发展成为全国的教育中心，至今还在智利高等教育中起着举足轻重的作用。除此之外，这个时期还开办了艺术学校、农业学校、矿业学校、贸易学校、女子师范学校等一些中等专业学校。1860 年政府颁布了《教育组织法》。该法规定，初等教育为免费教育；公共教育的资金由国家提供；强调保障女子受教育的权利；扩大劳动者子女的就学机会等。这一时期的智利教育体制，基本上是仿效欧洲模式建立的。但是，智利独立初期，由于资产阶级力量薄弱，封建寡头和宗教势力的反对和阻挠教育改革，致使一些改革措施仅停留在法律条文上，没有能全部贯彻执行。

进入 20 世纪后，随着智利经济的发展，资产阶级力量在不断壮大，工人阶级日渐成长，社会与经济发生重大变革，社会上要求教育进行相应变革的呼声日益高涨。一些教育家提出了教育与经济、科学、道德同步发展的主张，使教育走上与经济发展相结合的道路。1920 年，亚历山德里政府颁布了《小学义务教育法》。该法规定 7 岁以上儿童必须接受免费义务教育；小学毕业生可以直接进入中学；同时规定职员、手工业者以及矿工都有享受小学教育的权利，并规定公民受教育的最低年限为 4 年。政府呼吁社会重视教育，并责成家长保证送子女上学读书。同时提出，教育科目从单学科向多学科发展，并明确规定了各类教育的培养目标。1939年，智利教师联盟提出将单一的教育体制改为普通教育与职业技术教育相结合的双重教育结构。

第二次世界大战后，各届政府投资发展了基本教学设施，在加大普及和发展初、中等教育力度的同时，提出了教育发展多样化。总的来说，战后智利的教育体系逐渐形成，教育思想逐渐完善。教育宗旨被列入宪法，赋予人民接受教育和自由开办学校的权利。政府在支持和保护自由办学的同时，对各类自由开办的学校拥有检查其功能、监督其管理、评估其质量的权力。

1964～1970年爱德华多·弗雷·蒙塔尔瓦政府期间，实行了以发展教育服务设施、学校体制多样化、提高国民教育质量为主要内容的教育改革。为此，弗雷政府设立了全国教育监督委员会、全国教育评定委员会等机构，以促进教育的发展和教学质量的提高。1970～1973年阿连德执政期间，"在智利建设社会主义"的思想指导下，政府提出："整个社会关心科学文化事业的发展，是国家社会结构改革的基本因素。因此，必须实行开放教育，使全国人民在向社会主义过渡时，都能自觉地担负起建设新社会的责任。"为此，阿连德政府确定了教育改革的五大目标：第一，迅速扫除文盲；第二，普及初等教育，使所有适龄儿童都能接受教育，使教育向民主化方向发展；第三，大力发展中、高等职业技术教育，使职业技术教育向普遍化、多样化的方向发展；第四，加强非正规教育体系的发展；第五，改善教育工作者的待遇。

1973年军人执政后，把大批教授、教师投入监狱或流放。军政府派军队代表进驻学校和教育机构，严格限制教师和学生的活动，监视学校各方面工作，更换了各级学校的所有校长等。同时，学校的教材、教学大纲和授课内容都受军代表监督，教师的任期也由军代表掌握，一时智利教育出现大倒退。随后，军政府在对经济进行深刻改革的同时，也在教育方面开始了相应的改革，旨在使教育面向实际，面向自由市场经济。1974 年，军政府成立了"教育工作者商议会"，以此作为完善教育体制的基本机构。1979 年，军政府提出要在智利实现劳工、福利、教育、卫生、司法、农业和行政管理等 7 个部门的现代化，并把教育现代化列为国家的首要任务。为了实现上述目标，1980 年，军政府颁布了"补贴法"，规定给私立学校提供资助；决定教育行政管理权和财权下放，发挥地方办教育的积极性；加强对教师的培训，提高教师的地位和增加教育经费等。同时，政府特别提出鼓励私人办学，减少国家负担。

20 世纪 80 年代末期，智利的经济改革初见成效，社会上要求教育改革的呼声日益高涨，特别是对中、高等教育的需求尤其强烈。随着时间的推移，军政府对高等教育的种种限制渐趋松动，在鼓励私人办学的推动下，首先是大量私立中等学校应运而生，随之而来的是大批私立高等学校纷纷开办，智利教育面临新形势。

进入 20 世纪 90 年代，在文人政府的领导下，智利的教育改革向纵深方向发展。1994 年，爱德华多·弗雷·路易斯—塔格莱政府明确提出，为了提高生产率和成功地走向 21 世纪，国家要把教育放在第一位。通过教育改革来增加人力资源投资。政府提出教育四大任务，其内容是：①教学内容现代化。在校学生在整个受教育的过程中，其教育内容要符合智利经济和社会发展的需要。②教育的实效性。要培养有社会经济头脑的人才，在其结束学业以后，就能投身到社会经济发展的实践中去。③学校特别是中等教育要更多地吸收低收入家庭的子女就读。④改善教育系统的管理，以保证资金的有效使用。在注重发展教育的同时，弗雷政府还特别强调高等教育改革的重要性。弗雷总统曾在议会一次专门研究高教工作的会议上指出："我们必须从长远的观点看，在当今世界里，对民族的发展和昌盛而言，知识是如此重要，它赋予高等教育和科学技术以至关重要的地位。为此，从战略决策的角度出发，我们必须为建立新的高等教育和科学技术体系而奋斗。为了保证扩大招生后高等教育的质量，我们必须进一步确定和发展在学术界实施的评估制度。为了高等教育的进一步发展，我们必须寻求新的办法，根据国家需要，通过招标、竞争等方式，吸引民众的兴趣，把公共资金和私人资金很好地结合起来，以解决高等院校的财政问题。此外，我们还必须做好工作，使高等教育的发展同民族和地区的发展紧密结合。"为了提高高等教育的质量，90 年代智利着重对高等教育进行了重大改革。除对高等教育进行改革外，智利还对初、中等教育进行深入改革：实施全日制，使每周课时增加约 20%。到 2002 年，所有学校都必须这样做。届时，政府将对实施全日制的学校增加补贴。

总的来看，二战后智利在发展经济的同时，教育也有了较大发展。从扫盲、普及初等教育开始，到发展各层次的高等教育，智利政府做了大量工作。政府已认识到，教育对推动本国经济发展的直接作用。目前，智利已有较为健全的教育体系，学生入学率大幅度增加，教育质量也在不断提高。战后几十年的努力，已为继续加强和发展教育事业、赶超发达国家的水平打下了良好基础。但由于受到经济条件的限制，还存在很多困难和问题。例如，教育经费的紧缺。经济压力造成的投入不足，直接影响了学校数目的增加和教育质量的改进。私立学校的发展虽然有助于解决"供需"矛盾，但是没有扭转教育特别是高等教育面向中、高收入人群的局面。教育体系的多样化，也没能理想地解决教育平等问题。据联合国教科文组织报道，智利在校大学生中有 31% 的学生来自占人口 40% 的中产阶层；52% 的学生来自占人口 20% 的富人；在占人口 40% 的低收入人口中，只有 17% 的人可以走进大学。[①] 尤其是妇女在学习机会、专业选择、就业问题上都存在受歧视的现象。

二　行政管理与财政经费

教育部是国家管理教育的最高行政机构，其主要职能是：管理全国的公立中、小学校；负责制定长期、中期、短期教育计划；制定教学规范，编制全部课程设置等。教育部的直属机构有：高等教育局，负责协助教育部管理各大学的教学工作；中等教育局，负责管理全国公立中等教育；初等教育局，负责管理全国公立初等教育；专业技术教育局，负责管理全国公立技术职业学校的教学工作。除中央级教育机构外，各省、市都设有教育局，负责本地区教学工作和行政管理事务，教育部对其行使监督权。

从 20 世纪 80 年代起，智利所有的大学（包括国立大学）一律实行收费制度，学费数额根据专业不同而不同。一般专业，国立大学每学期要交 1000 美元，私立大学要交 1200 美元。有些专业要更高一些，如医学专业每学期要交 2000 美元左右，向学生收取的费用有效地补充了国家对高等教育投入的不足。除此之外，资金来源还有私人捐助和私人基金等。

在财政管理方面，原则上政府只对享受国家补贴的高等院校进行财务检查。检查办法是，每年 3 月 31 日以前，院校必须将本单位的年度财政预算在当地日报上公之于众；每年的 6 月 30 日之前，公布上一年的财政收支情况。与此同时，每年的 1 月和 7 月必须向财政部和教育部报告上一年度本院校的财政资金支配

---

① 曾昭耀等主编《战后拉丁美洲教育研究》，第 319 页，江西教育出版社，1994。

情况，包括收入、支出、雇佣人员、借还贷款、捐助使用及学生人数等。对于那些接受国家部分财政补贴的私立大学，只需报告所接受部分资金的使用情况。政府对各大学的财政管理，绝不损害它们各自的自治权，法律规定这些院校在支配及筹措资金方面，享有其他部门所没有的诸多自主权。

智利的初级和中级教育经费分为三种不同的类型：市立学校（包括职业技术学校）、提供补贴的私立学校和收费私立学校。市立中、小学校和职业技术学校的财政经费，分别由教育部下属机构中等教育局、初等教育局和专业技术教育局提供并管理。另外，市立学校还可以得到市政府追加的经费。提供补贴的私立学校，其补贴的资金数额取决于在校学生的数量。具体做法是，每个月根据学校最近 3 个月的平均就学人数提供补贴。政府提供补贴的目的，是为了鼓励这类学校之间的竞争，以吸收和留住更多的学生。如果学校不能留住学生，那它应该同其他学校合并或关闭，以便将这部分资金拨给完成任务好的学校。这部分补贴资金和上述各教育局给市立学校提供的资金，都来自于政府的财政预算。为节省政府财政开支，在 1981 ~ 1986 年期间，政府逐步把公立学校下放给学校所在地的市政当局，并在条件成熟时把部分公立学校改为国家提供补贴的私立学校。实施此项计划使国家的教育经费大大减少，但同时使大批教师失业，教学质量下降，因而遭到广大师生的强烈反对。收费私立学校的经费，100% 依靠学生交的学费。

20 世纪 90 年代以来，智利政府对教育投入加大，教育经费增长较快（见表 6 - 1）。1999 年，智利教育经费为 13840.85 亿比索，约占社会开支的 24.3%。2007 年巴切莱特总统提出，改善教育是智利政府的重要目标。2008 年，政府为教育增加 6.5 亿美元的附加投资，至此对教育系统的投资将首次超过 50 亿美元。

表 6 – 1 1990 ~ 1997 年国家教育经费的投入

单位: 千比索

年 份	教 育	教育研究
1990	95530926	85168
1993	330424394	224040
1994	445369638	266427
1997	986917574	208495

资料来源: Boletín: *Proyecto Principal de Educación en América Latina* (《拉丁美洲主要教育计划》)。Unesco, 1999, 12, Santiago, Chile。

三 现行学制

智 利现行学制分学前教育、基础教育、中等教育和高等教育四级。此外,还有研究生教育,分硕士和博士学位研究生两级。智利学校的学年始于 3 月上旬,止于 12 月中旬。12 月中旬至 3 月上旬为暑假,7 月中旬开始有两周寒假。正规教育一学年上课 37 周。

1. 学前教育

智利是拉丁美洲兴办幼儿教育较早的国家之一。1911 年,在德国教师指导下,智利建立起第一所幼儿园,但在 20 世纪上半期,全国入园的幼儿人数极少,教育经费也微乎其微。二战后,随着民族工业的发展,世界科学与技术的进步,加强 0 ~ 5 岁幼儿的学前教育已成为各界人士的共识。1948 年,智利政府将学前教育纳入公立小学教育系统,办学规模不断扩大,对学前教育的投资也在不断增加。1980 年,智利学前教育的投资占教育总支出的 1.9%,1989 年上升至 7.7%。20 世纪 80 年代,智利学前教育注册人数高速增长。到 90 年代,0 ~ 5 岁儿童在学率已经超过该年龄段儿童总数的 15%。随着学前教育注册人数的迅速增长,教师队伍不断扩大,学前教育机构不断增多。1975

年，智利学前教育教师总数为 2512 人，学前教育机构 1761 所，学生总数为 124697 人。到 1989 年，学前教育教师人数增至 9205 人，学校增至 4722 所，学生总数增到 278443 人。[1] 智利的学前教育分为幼儿阶段（0~2 岁）、中间阶段（2~4 岁）和过渡阶段（4~5 岁）。学前教育机构基本上根据幼儿的年龄特点，组织各种活动和游戏，发展儿童的智力、想象力、天赋、爱好和特长，为接受小学教育打下良好基础。1993 年，全国接受学前教育的儿童（公办和私办）达 25.6 万人，比 1992 年的 24.2 万人增长了约 5.8%。1998 年又增加到 27 万人（见表 6－3）。智利学前教育的重点是 5 岁儿童，每一所学前教育机构规模一般在 100 人以上。

2. 基础教育

智利基础教育包括小学 4 年和初中 4 年，为 8 年制义务教育，法定入学年龄为 6~14 岁。

智利的基础教育一般有统一的教学大纲，全国使用统一的教材，有一定的培养方向。基础教育分为两个阶段。第一阶段为小学（1~4 年级），每周上课 30 节，主要课程有西班牙语、算术、社会学、地理、历史、常识、图画、手工、音乐和体育等。在这一阶段内，除体育、图画和音乐由专职教师教授外，其他课程由一个教师负责。第二阶段为初中（5~8 年级），每周上课 30 节，主要课程与第一阶段相同，但各科的教学时间稍有调整。有条件的学校，到 5 年级或 6 年级时可开设外语课。7 年级或 8 年级每周必须有 3 节外语课。在音乐、图画和手工课中，学生可任选两门。目前，智利大部分农村地区的学校也实行基础教育。边远地区学校的课程除完成教育部规定的教学内容外，还增设职业技术课程，如木工、捕鱼、缝纫、烹调、建筑、农艺等。这样，可使一部分不能

---

① 曾昭耀等主编《战后拉丁美洲教育研究》，第 250 页，江西教育出版社，1994。

升入中学的小学毕业生掌握某一种专业技能，便可作为谋生的手段。

1998 年，智利全国基础教育注册学生总数为 2314918 人（包括特殊基础教育和普通基础教育，见表 6 - 3）。

3. 中等教育

智利中等教育仅指高中（初中纳入基础教育系统），学制为 4 年，法定入学年龄为 14 ~ 18 岁。智利的中等教育是正规的基础教育的继续，培养学生有分析和独立思考的能力，并能掌握一门手艺或技能，以便在社会生活和生产中发挥积极作用。按其教育目的，智利的中等教育划分为普通高中和职业高中两类。前者培养目标主要是为高等学校培养和输送毕业生，毕业后也可就业。后者的培养方向是向社会输送技术人员、专业人员和管理人员。普通高中没有文、理科之分，其课程规定有必修课和选修课。必修课有西班牙语、外语、数学、智利历史和地理、哲学、生物、政治与经济、品德教育和爱国主义教育、体育等。普通高中分为两个阶段，前两年为第一阶段，后两年为第二阶段。第一阶段的课程全部为必修课，每周 30 学时。第二阶段除每周开设 21 学时的必修课外，还增设 3 门选修课，每周 9 课时。

职业高中的任务主要是，培养有一技之长的劳动者，以满足社会经济发展对技术人才的需要。智利的职业高中分商业、工业、农业和师范等类，其课程设置按照各种职业的不同要求来安排。在注重专业技术知识的同时，教授一般基础知识，使学生掌握一定的专业技能和文化科学知识，以适应将来工作的需要。职业高中毕业后，除就业外，也可以进入大学深造。1998 年全国中等教育学生注册人数为 848936 人（见表 6 - 3）。

4. 高等教育

与其他拉美国家一样，二战后智利的高等教育发展较快。一方面是由于中等教育的扩大和毕业生的增加，造成对高等教育需求的增长，高等院校不断扩大招生量；另一方面是为了适应社会经济的发展，政府重视高等教育，并制定了发展高等教育的政策。特别是 20 世纪 80 年代以来，智利高等教育规模空前扩大，高等学校的数量大幅度增加，其中私立大学无论在规模上，还是在教学质量上都在智利的教育界占有重要地位。直至 80 年代，智利高等教育都是由国家主办。当时，全国只有 2 所全国性国立大学、6 所私立大学和 16 所地区性国立大学。80 年代初，军政府允许和鼓励私人办学，刺激了私人办学的积极性，智利高等学校数量随之大大增加。短短 10 余年内便新成立了 35 所私立大学、57 所私立专业学院。截至 1999 年，智利全国共有 16 所国立大学、9 所国家给予部分资助的私立大学、41 所私立大学，另外还有 66 所专业学院，122 个高等技术培训中心，总共 254 所高等院校（见表 6 - 2）。从 1989 ~ 1998 年间，智利高等学校的学生从 229796 人增加到 402943 人（见表 6 - 3），增加了 75.3%。其原因是私立院校接收了大量学生。近 10 年时间内，进入私立高等院校的学生从 13773 人上升到 87401 人，增幅达 6 倍多。

表 6 - 2 1980 ~ 2007 年智利高等院校数量

单位：所

类 别 \ 年 份	1980	1986	1990	1992	1994	1996	1997	1999
大　学	8	23	60	67	69	67	68	66
专业院校	0	23	81	76	74	69	70	66
高等技术培训中心	0	132	161	143	122	126	119	122
总　计	8	178	302	286	265	262	257	254
类 别 \ 年 份	2000	2001	2002	2003	2004	2005	2006	2007
大　学	64	60	63	63	64	63	61	61
专业院校	60	51	51	48	48	47	43	44
高等技术培训中心	116	111	112	115	117	111	105	100
总　计	240	222	226	226	229	221	209	205

资料来源：www.mineduc.cl（智利教育部网站）2009 年 10 月。

表 6 – 3　1992～2007 年智利全国各级教育学生注册人数

单位：人

类别 \ 年份	1992	1993	1994	1995	1996	1997	1998
总人数	3037706	3083433	3123455	3188271	3353538	3396448	3836797
学前教育	241759	256348	263337	283061	289762	280302	270000
基础教育	2084203	2116194	2137793	2167498	2261161	2293140	2314918
中等教育	711744	710891	722325	737712	802615	823006	848936
高等教育	280533	309574	321248	337604	358082	370798	402943

类别 \ 年份	2000	2001	2002	2003	2004	2005	2006	2007
总人数	3944106	4023729	4102376	4171291	4219232	4305346	4280719	4341047
学前教育	277361	287296	298419	286381	287454	301177	317064	324116
特殊教育	52608	59292	64806	82999	92536	93907	102782	112259
基础教育	2355594	2361721	2341519	2312274	2269388	2227777	2183734	2145102
中等教育	822946	850713	896470	947057	989039	1029366	1042074	1033285
高等教育	435597	464707	501162	542580	580815	653119	635065	726285

资料来源：www.mineduc.cl（智利教育部网站）2009 年 10 月。

　　智利的高等教育分大学、专业教育学院、高等技术培训中心和军事院校 4 类。

　　大学　1981 年颁布的《新大学法》规定高等教育的任务是：促进和加强科学文化知识的研究和传播，推动科学研究；为发展本国的传统文化做贡献；培养具有专业知识和工作能力的专门人才及技术专家；有办学自治权的大学，可颁发国家承认的各级学历学位证书，即学士、硕士、博士、博士后等，也可授予专业毕业证书；进行教学、科研以及科研成果的推广应用。

　　专业教育学院　培养学生具备某一领域的专门知识。获得办学自治权的学院，可以向学生颁发国家承认的毕业文凭。专业教育学院可以获取经济利润。

高等技术培训中心 培养学生为从事某项专业活动而具备的专业技能。有办学自治权的学校，可颁发国家承认的专业技术毕业证书。高等技术培训中心可以获取经济利润。

军事院校 属于智利国防部管辖。5 所相当于大学等级的军校可授予毕业生各级学历学位证书，即学士、硕士、博士，和其他大学的学位具有同等意义。还有 3 所军校只授大学毕业证书，不授学位证书。

智利高等学校的修业年限，随学校类型和专业的不同而有所区别。一般综合性大学修业 5 年，医科大学为 7 年，专业学院为 2～5 年，高等技术培训中心为 2～3 年；法定入学年龄为 18～23 岁。1981 年智利教育部颁布法令规定，各大学可以招收中学毕业生或具有同等学力的学生，并要通过被称为"PAA"全国统一的知识水平考试。考生可报考一个或几个系，有些系还需要单独进行专门考试。各所大学根据情况分别设立律师、建筑、生物、化学、外科、牙科、农艺、土木工程、商业、林业、兽医、心理学或医学化学等专业，并均有权授予学士、硕士或博士学位。

智利的主要大学有：

智利大学（Universidad de Chile） 享有最高声誉，是智利也是拉美最古老的大学之一，创办于 1842 年，位于首都圣地亚哥。在瓦尔帕莱索、安托法加斯塔、阿里卡等城市设有数十所分校。智利大学设有工程系、艺术系、农业科学系、经济管理系、数学物理系、化学和药物系、兽医学系、法律系、哲学、人文和教育系、医学系、牙科学系等 12 个系，学生约 2 万人，教职员工近 5000 人。大部分学生学习医药、法律或工程学。最大的系为医学系。智利大学拥有 3 个研究所：国际问题研究所、政治学研究所和营养、食品技术研究所；还设有附属医院、出版社和广播电台。

首都技术大学（Universidad Tecnológica Metropolitana）原名为国家技术大学，1947 年创办，校址在圣地亚哥，在外地设有 8 个分校。设有机电、机械、建筑、数学、物理和化学、矿业、冶金和工业化学、社会学和哲学等系，年限为 4 年。该大学是培养工程技术人员的主要学府，每年为国家培养数千名工程师和技术人员。大学还有培训职业学校教师的任务。

智利天主教大学（Pontificia Universidad Católica de Chile）智利最为重要的大学之一。建于 1888 年，校址在圣地亚哥。在全国有 20 所分校。修业 4～7 年不等。设有农艺系、建筑美术系、生物系、经济管理系、社会学系、教育系、物理系、历史、地理和政治学系、工程系、语言系、数学系、医学系、化学系、神学系等 14 个系。全校有 20 多个专业招收硕士生和博士生，在校研究生人数占全国研究生总数的 1/3 左右。该大学在课程设置和管理机构等方面与智利大学相似。目前，在圣地亚哥本校有 1 万名学生和 1000 名左右教师。

除上述大学外，智利还有瓦尔帕莱索天主教大学、康塞普西翁大学（校址在康塞普西翁城）、南方大学（校址在瓦尔迪维亚）、费德里科·圣玛丽亚技术大学（在瓦尔帕莱索）等数十所大学。

二战后，智利政府增加对高等院校科研活动的投资，以适应世界科技革命的潮流，促进工农业的发展。高等院校在培养高级人才的同时，加强基础科学、应用科学和尖端科学的研究。在高等院校中纷纷成立各种学科的研究所或研究中心。20 世纪 80 年代初，国家投入研究和发展的经费在国内生产总值中的比重为 0.41%，人均科研经费为 8.6 美元。到 80 年代末，这一比重上升到 0.63%，人均科研经费增加到 10.6 美元。1990 年，智利用于高校科研的经费为 3312 万美元，1999 年增加到 5798 万美元，增长了 75.1%。

智利政府在增加对高校科研投入的同时，重视开展国际协作和交流，积极参与世界性和区域性教育组织的活动。联合国教科文组织，在智利首都圣地亚哥，设立了联合国教科文组织拉丁美洲和加勒比地区办事处，主要负责该地区的基础教育和中等教育，定期出版刊物和教育书籍。智利同阿根廷、巴西、墨西哥等国的教育界人士建立了"促进拉丁美洲和加勒比地区研究人员交流网"，负责组织该地区高等院校青年研究人员到各国重要学术中心进行交流。智利政府还积极开展同世界各国的文化合作与交流活动，每年派遣大批留学生出国深造，学习外国的先进科学技术，同时也接纳许多外国留学生。

5. 成人教育

智利的成人教育起步较晚，成为教育体系的组成部分则是在 20 世纪 60 年代之后。作为教育体系的一个组成部分，成人教育日益受到政府的重视。

1920 年智利颁布了《初等义务教育法》，规定职工有享受初等教育的权利，并确定了公民受教育的最低年限。在成人教育制度化的过程中，政府通过立法来保障成人教育的实施。1965 年智利颁布了终身教育法和终身教育计划，将成人教育纳入教育体系。1968 年，政府颁布法令，开设成人文理中学，并具体规定了这类学校的教学计划、办学原则以及相应的评估标准。同时，在教育部内设立国家成人教育局，其主要职责是：了解成人教育的需求，制定成人教育发展计划，制定年度预算，规定课程和教材，配备人员，为从事成人教育的人员提供在职培训和保持对内外联系等。为推动成人教育的发展，国家创办了综合性的成人教育设施。除此之外，智利的几所大学还承担了成人教育的研究课题。1984 年教育刊物《远距离教育简报》创刊，由远距离教育中心主办，主要刊登有关成人教育的信息。

智利成人教育的对象是 15 岁以上的成年人、农民、城市贫民、土著居民、低收入职工等。教育内容包括扫盲、初级技术教育、初等和中等文化教育、囚犯的自新教育等。智利成人教育的形式主要有：

扫盲教育 扫盲教育是智利成人教育的重要组成部分。早在1971年，智利教育部就发起大规模的扫盲运动，组织了大批志愿人员奔赴农村和边远地区开展扫盲活动。除进行扫盲外，还进行基础文化教育。但到1980年，全国15岁以上的文盲仍有70多万人。为了进一步提高全体居民的文化水平，1980年政府成立了扫盲专门机构——全国协调委员会，负责领导和实施教育部制定的扫盲计划。1980～1984年，智利又开展了一个为期5年的全国扫盲运动，在全国范围内扫除文盲40万人。在全国13个大区中，有6个大区的文盲率已降至5%，提前达到扫盲计划的目标。1998年在15岁和15岁以上的人口中，文盲率由1980年的9.18%、1990年的6.15%，降为4.62%，是拉美文盲率最低的国家之一。

特殊教育 政府关心聋哑残疾人，为他们开办专门的学校，使他们同样得到受教育的机会。1982年，全国有盲、聋、哑人学校174所，学生有2万多人。1998年在这类学校就读的学生增加到4万多人。

成人基础教育 是对正规学校教育的一种弥补性教育。主要对象是15岁以上的成年人。他们曾经上过学，但由于种种原因中途辍学，虽受过一定的教育，但与社会发展的要求相差甚远。为使这些人重新有机会受到教育，使那些尚未完成小学或中学学业即工作的人，完成他们的学业，具有现代社会所需的文化知识，教育部主要通过制定政策和发展计划来实施成人基础教育。1984年，智利实施了成人基础教育计划，目的是帮助那些处于社会、经济低层的人们，获得道德、文化、职业方面的基础教育。智利强调的成人基础教育包括面较广，既有基础的文化知识，又有基础的技术以及手工艺、艺术方面的内容。成人基础教育3年为一期，结业时达到初中毕业水平。

除上述教育外，智利政府还很重视成人职业技术教育、中等速成职业教育和中等文化教育。有一些高校也面向全国进行函授高等教育，举办成人培训班。如智利天主教大学设有许多工农分校，在全国开办成人培训班。

6. 师范教育

19世纪中后期，随着免费义务教育的实施，教师及师范学校短缺的问题变得突出了。为了解决这个问题，1842年，在圣地亚哥创立了拉丁美洲的第一所师范学校。1889年，智利邀请德国的教授帮助建立了一所高等师范教育学院。随后，智利的师范教育有了一定的发展，并建立了中学教师培训及进修学院。同时规定，在国家的教育结构中，师范教育要占有一定的比例。从20世纪70年代开始，智利出现了由高等师范学院取代中等师范学校的趋势，一些中等师范学校或被淘汰、或升格为师范学院。1966年以前，智利由中等师范专科学校培养小学教师，大学培养中学教师。1967年后，改为由智利大学的教育系承担培养各级教师的任务。1981年后，智利对高等教育结构进行调整，改由高等师范院校与大学共同培养中小学教师。智利目前有2所高等师范学院，学制为4~5年。另外，在17所大学和10所专业研究所中，也开办了师资培训班。

第二节　科学技术

一　自然科学

与其他拉丁美洲国家相比，智利的科学技术发展有较长的历史。1782年，智利人、耶稣会教士胡安·伊格纳西奥·莫利纳（Juan Ignacio Molina）发表了智利历史上第一部学术专著《自然史》，对国家的气候、地质、植物群、动物志做了详尽的描述。智利大学建立后，其首任校长安德烈斯·贝略（Andrés Betto）就明确规定，除教学任务外，科学研究也是该校的重要任务之一。1843 年 9 月，智利大学正式开始了学术研究工作。1873 年出版了智利第一张地质图。除智利大学外，1888 年成立的智利天主教大学，是智利科研活动的又一个重要中心。1929～1933 年资本主义世界经济危机严重地冲击了智利的经济。为了摆脱困境，发展经济，改变本国科学技术和高等教育的落后状况，1939 年创办的生产开发公司兴建了一批高技术企业，促进了农牧业、林业、能源、矿业、制造业等经济领域内新技术的运用和发展。在这一时期，涌现出爱德华多·克卢斯·考克（Eduardo Cluz Kauc）、弗朗西斯科·霍夫曼（Francisco Hoffman）等知名科学家。霍夫曼教授的重要贡献之一是，使智利出现了第一批专职科学研究人员，使他们脱离繁重的大学教学任务，从而推动了智利科研事业的发展。1936 年智利创办了第一个专业研究机构——生物研究所。第二次世界大战后，智利科学研究进一步受到重视。20 世纪 50 年代以后的历届政府，开始把科技发展列入政府的议事日程和国家发展战略，并把科研经费列入国家预算，兴建了一批与国家生产活动有关的科学实验室。同时创建了大学校长理事会，负责制定优先发展的科研项目和协调科学研究计划。1944 年，成立了全国技术研究和规范化研究所。这是智利在高等学校以外创办的第一所独立的科研机构，也是整个拉丁美洲第二个同一类型的研究机构。1957 年以后，智利政府又成立了一批研究机构，它们是：地质研究所（1957 年）、林业研究所（1961 年）、全国自然资源研究所（1964 年）和渔业研究所。这些研究所的任务是：勘查和合理使用本国自然资源；开发新产品和新的工艺流程；引进新技术。20 世纪 60 年代，智利还创办了一批多学科的综合性研究机构，如农牧科学研究所、智利能源委员会（以上两家均建于 1964 年）、工艺技术研究所（1968年）、矿业和钢铁研究中心（1970 年）。

目前，智利设有国家科学院、全国科学技术研究委员会和智利核能委员会等机构，负责领导全国的科学技术研究工作。具体科研活动主要在高等院校和独立的科研机构内进行。其科研经费主要由国家提供。

20 世纪 60 年代中期以来，智利的原子能科学研究事业也取得了一定的进展。智利核能委员会是负责核能研究事业的专门机构，有 500 多名工作人员，其中专业科技人员占 60%，拥有 2座核反应堆：1974 年在英国帮助下建立的拉雷娜反应堆和 1973年由西班牙通过国际原子能机构援建的洛阿吉雷反应堆。智利是国际原子能机构的成员国，并 6 次当选为该机构的理事国。

智利是世界上在南极地区最早建立考察站的国家之一。目前，智利在南极地区有 5 个科学考察站：阿图罗上尉考察站，位于格林威治岛，创建于 1947 年 2 月 6 日，属智利海军管辖，主要研究领域是通信、电离层和气象学；奥希金斯将军考察站，位于南极半岛，创建于 1948 年 2 月 18 日，属陆军管辖，主要研究领域为地震学、地图绘制学、气象学等；马歇中尉气象站，位于南设得兰岛，属智利空军管辖，主要为整个南极地区提供气象预报，同时也从事电离层、大气放射现象等方面的研究；冈萨雷斯总统考察站，位于南极半岛，1951 年 3 月 12 日由空军创建，是一个南极科学研究的补给站；塞尔达总统考察站，位于南设得兰岛，1967 年由空军重建，是一个综合性的科学考察站。

20 世纪 90 年代以来，随着世界科技革命的发展，智利在发展电子商务和推广生物技术等领域投入了重金。根据国际数据公司发布的报告，2000 年智利在科技领域的投资达 11.37 亿美元，同比增长了 5.5%，占当年国内生产总值的 1.6%，这一比例在拉美地区仅次于巴西。统计表明，这一年智利在科技咨询、管理、培训、技术支持等服务领域的投资达到 4.07 亿美元，占科技总投资的 35.8%。此外，在更新改善硬件和软件方面的投资分别达到了 3.78 亿美元和 1.58 亿美元。2001 年，智利在科技领域的投资达到 12.47 亿美元，比上年增长 9.7%。电子商务迅猛发展、企业科技创新加速、生物技术的推广、中小企业积极投入网络产业以及政府上网工程的启动是促进智利在科技领域投资持续增长的五个主要原因。尽管智利在科技领域的投资不断增长，但是投资水平和发达国家相比仍有一定差距，在拉美地区的科技总投资中所占比重非常有限。政府要发展经济，成为信息产业大国，必须进一步加大在科技领域的投资。

2001 年 11 月，智利政府决定成立航天局，以便制定国家空间技术发展方面的政策，推动实施空间科学研究计划。这一决定是在国防部、总统府秘书处和外交部副部长联席会议上做出的。根据决定，航天局设在国防部，并由政府有关部门的官员和从事空间科学研究的专家共同组成。智利国防部空军部副部长内尔松·阿达德宣布，航天局将作为共和国总统的顾问机构为政府提出、制定和实施发展空间技术的政策，并推动、协调国内有关科研机构的空间研究计划。此外，它还代表智利同外界联络，处理同空间问题有关的事务，并与国外航天机构订立和执行有关协议，开展国际交流与合作。

二　人文社会科学

智利是拉丁美洲人文社会科学研究机构成立较早、学科较全、研究水平较高的国家之一。早在 1813 年它就成立了国家研究院（Instituto Nacional），开始对经济学进行研究。1886 年创刊的《经济评论》月刊，对这门学科的发展起到很大的推动作用。政治学的研究也从 19 世纪前半期开始。在整个 19 世纪，智利有许多社会学方面的著作和论文问世。但是，直到建立社会学学院、社会学中心和社会学研究所后，这门科学才真正发展起来。智利大学于 1936 年开始讲授社会学，这是智利最早开设的社会学正式课程。自从智利大学哲学系成立了社会学研究所后，这门学科的研究才进入正规化。

进入 20 世纪，通过天主教大学设立商业与经济系（1922年）、智利大学设立商业与工业经济系（1935 年）后，经济学作为一门学科明确建立起来。二次大战以来，随着国家社会经济的发展，智利的社会科学研究取得了较大进展，新成立了一批研究机构和院系。在经济学方面，1945 年智利大学成立了经济研究所，为系统研究经济的常设机构；1950 年设立了管理研究所；1956 年成立了统计和数学研究中心。同年，智利天主教大学也设立了经济研究中心。这是由一批公费研究生在美国芝加哥大学进修后回国创办的。1957 年康塞普西翁大学开办了经济与管理学院。在经济学的教学和研究方面，智利大学、天主教大学和康塞普西翁大学发展得最早，也最为重要。在社会学方面，1946年智利大学成立了社会学研究所；1957 年经联合国教科文组织倡议并与智利大学达成协议，在圣地亚哥创办了拉丁美洲社会科学院（FLACSO）；1958 年智利大学成立了社会学学院；1959 年天主教大学也设立了社会学学院，1961 年又成立了社会学研究所；同年康塞普西翁大学也设立了社会学研究中心。在政治学方面，政治学在智利还是一门较新的学科。但就其起源可追溯到19 世纪前半叶，当时法学和政治学是 1842 年创办的智利大学最初的五大系科之一。1954 年智利大学成立了政治学与行政学研究所、政治学与行政学院；1969 年天主教大学设立了政治学系，讲授和研究这门科学。1970 年该系改为政治学研究所。在国际问题学科方面，1966 年智利大学成立了国际问题研究所。在人类学方面，1954 年智利大学成立了人类学中心；1960 年康塞普西翁大学也设立了人类学研究所。

1973 年 9 月智利军政府执政后，许多知名社会科学学者被迫流亡国外，一些留在国内的教授和学者被开除出大学和研究机构，国际组织与智利合办的一些学术研究机构也先后迁出智利，对智利社会科学的发展产生了很大影响。70 年代后期以来，军政府迫于形势而同意部分流亡的学者和教授回国。在困难的条件下，智利的社会科学工作者创建了不少非官方的研究机构，并在社会科学领域中取得了不少成绩。特别是 20 世纪 90 年代文人执政后，智利的社会科学处在宽松的环境下，进入了一个新的发展阶段。目前，智利主要的社会科学研究机构有：

拉丁美洲社会科学院（**Facultad Latinoamericana de Ciencias Sociales, FLACSO**） 1957 年创立于圣地亚哥。是一个地区性、自治的国际研究机构，其宗旨是促进拉美各国社会科学的研究和教学工作。秘书处原设在圣地亚哥，1973 年后迁往哥斯达黎加的圣何塞。除在智利保留分院外，还在墨西哥、厄瓜多尔、哥斯达黎加、巴拿马、巴西、古巴、阿根廷和玻利维亚设有分支机构。拉丁美洲社会科学院圣地亚哥分院，原来的规模较大，后因军政府从 1979 年起停止对它的财政资助，规模有所缩小。在该分院的研究人员中，一部分是固定研究人员，一部分是临时聘用的。分院共设政治研究室、社会运动研究室、文化教育和思想研究室、国际问题研究室等 4 个研究室。除进行学术研究外，分院还设有研究生班和各种讲座。公开出版发行《南锥体》双月刊，还出版内部交流的论文选编。

基督教人文研究院（**Academia de Humanismo Cristiano**）建于 1975 年 11 月，是目前智利重要的社会科学研究机构之一。该研究院的宗旨是促进社会科学和人文科学的研究、发展和交流。其成立初衷是：以教会的名义保护被军政府开除出大学和官方研究机构的教授和学者，给他们提供一个继续进行社会科学研究的场所。研究院院长由圣地亚哥大主教兼任，实际上由副院长负责。该院下设 7 个研究单位。

当代现实研究中心。成立于 1983 年 1 月，主要研究智利和拉美的现实问题，下设历史、哲学、国际关系和政治 4 个研究室，出版《抉择》季刊。

农村研究小组。建于 1978 年，主要研究智利和拉美的农业发展战略、土地问题和农村社会问题。

地区农业研究小组。成立于 1977 年，主要研究智利的地区性农业问题。

妇女问题研究课题组。成立于 1979 年，主要研究智利劳动妇女状况、农村妇女组织和城市贫民妇女组织等。

劳工经济研究课题组。成立于 1978 年，主要研究劳工的社会经济问题、工会组织、劳动人民的劳动条件和生活状况等。

人权问题的教育和传播及跨学科研究课题组。成立于 1980 年，主要从人权角度研究智利的司法体制、经济政策和社会问题。

教育问题跨学科研究课题组。成立于 1977 年，主要研究教育与国家、社会的关系，教育制度，教育改革，民众教育问题等。

拉丁美洲经济研究社（**Corporación de Investigaciones Económicas para Latinoamérica，CIEPLAN**） 1976 年成立。其宗旨是对智利和拉美国家的社会经济问题进行比较研究。主要研究课题有：智利和拉美国家的就业、移民和收入分配问题；智利和拉美国家经济开放政策的得失；拉美经济一体化；国际金融关系及其对拉美经济的影响；巴西和南锥体国家的经济结构变化和政府稳定政策；国家的作用，公共和社会政策，发展战略和民主问题等。出版《拉美经济研究社研究集》双月刊。2000 年因资金等方面原因而解散，部分研究人员转到其他研究机构工作。

拉丁美洲跨国问题研究所（Instituto Latinoamericano de Estudios Transnacionales, ILET）　成立于 1980 年。是一个国际性的非官方研究机构，在墨西哥、阿根廷等国设有分支机构。其宗旨是研究拉美跨国化进程及其对政治、经济、文化的影响，促进智利和拉美民主化进程和自主发展。该所下设政治与社会研究室和通信与发展研究室。主要研究课题有：跨国经济关系；南锥体国家的跨国化与独裁政权；国际通信新秩序；政治和思想的国际化；智利外交政策的抉择；拉美政治合作的可能性等。出版《通讯》。

智利大学国际问题研究所（Instituto de Estudios Internacionales, Universidad de Chile）　建于 1966 年。是官办的、有相对独立性的学术研究机构，是拉美较有影响的国际问题研究机构之一。该所共设 4 个研究室，它们是：国际法研究室、国际政治和国际关系研究室、国际经济和社会问题研究室、历史研究室。研究所的主要任务是研究、教学和普及，但以研究为主。主要研究课题有：国际关系；地区经济合作与一体化；国际经济新秩序与南北关系；海洋法及其他有关资源的问题；南北对话和南南合作等。研究的重点是拉美地区。该所曾举办过一系列重要的学术讨论会并对重大国际问题进行了研究和探讨。1978年起开办了攻读国际问题硕士学位的研究生班。出版《国际研究》季刊。

智利大学政治学研究所（Instituto de Ciencia Política, Universidad de Chile）　成立于 1981 年 11 月。主要从事分析和研究本国和外国的政治现实和政治体制，培养政治学研究人才。研究的主要课题有：政治理论；比较政治；地缘政治和战略研究；智利制度化发展；教会与国家关系等。该所还开办了攻读政治学硕士学位的研究生班。出版《政治》杂志和《政治学丛书》。

发展研究中心 （Centro de Estudios del Desarrollo，CED）成立于 1981 年。主要研究社会经济发展政策，并预测民主的发展前景。主要研究课题有：智利新自由主义模式的教训；工业发展政策；矿业政策；智利地区性问题；民主的外部条件等。该中心研究人员大部分是基督教民主党人。

公共研究中心 （Centro de Estudios Públicos，CEP） 创办于 1980 年。是一个由智利私人企业家协会资助的研究机构，直接为私人企业家提供服务。其宗旨是研究和传播西方经济和政治思想的最新表现形式。主要研究课题有：金融制度；教育发展；经济模式；社会保险；税收制度等。出版《公共研究》季刊。

维克托—社会经济研究中心 （VICTOR-Centro de Estudios Económicos y Sociales） 成立于 1977 年。主要研究领域是智利当代的经济、政治和社会问题。中心下设经济、劳工问题和政治等 3 个研究室。主要研究课题有：经济发展模式；经济趋势；劳资关系；劳工组织；工会运动和政治组织等。出版《经济趋势报告》双月刊。

除上述研究机构外，还有大学促进社、文化艺术研究和表现中心等一批社会科学研究机构。

在智利社会科学的发展中，国际学术交流起了很大作用。在各种协议和助学金的资助下，智利许多社会科学工作者都到国外大学进修取得学位。同时，很多外国客座教授也到智利各大学直接从事教学和研究工作，一些学者在智利持续工作数年，对智利研究机构的发展有着重大影响。另外，有一点值得一提，大量国际机构或地区性机构在智利圣地亚哥设有总部，通过与智利政府或智利大学的合作，并与智利国内的学术机构保持密切联系，这大大促进了智利社会科学的发展。

智利全国科学工作者（包括自然科学工作者和社会科学工作者）人数占全国总人数的 3.68%，居拉美第四位。

第三节 文学艺术

一 文学

从16世纪开始，西班牙文化和当地土著文化在传统、语言、宗教信仰、社会习俗、饮食方式、房屋和服饰等方面互相渗透，形成了智利独特的生活和文化方式。今天，智利人的文化生活是多姿多彩的，它把西班牙的传统文化和当地民族文化精髓巧妙地融合在一起，其文学、诗歌、绘画、音乐和舞蹈均具有独特的拉美情调。

西班牙殖民者佩德罗·德瓦尔迪维亚在征服智利的过程中，曾给当时的西班牙国王写过5封信。在信中大肆吹嘘自己的"功绩"，同时对智利温暖的气候、肥沃的土地、秀丽的景色、丰富的自然物产等都做了详尽的描述，大加赞赏。这些信件文笔流畅，语言富于表达力，具有较高的文学价值，被认为是在智利出现得最早的文学作品。1569~1589年间问世的长诗《阿拉乌干之歌》（La Araucana）是拉美殖民地时期最早的史诗，是一部反映阿拉乌干人争取独立、爱国主义斗争的作品，在拉美文学史中享有重要地位。作者阿隆索·德埃尔西利亚—苏尼加（Alonso de Ercilla y Zúñiga）出生在一个西班牙贵族家庭，早年受过良好教育，参与了征服智利的过程。他用自身的经历，在这部史诗中赞扬智利南方的印第安阿拉乌干人为保卫自由和家园而对西班牙征服者进行顽强抵抗的精神。1596年发表的《被征服的阿拉乌干人》（El Arauco Domado），是征服时期另一部以阿拉乌干人为题材的诗作。作者佩德罗·德奥尼亚（Pedro de Oña）在诗中对印第安人采取蔑视态度，对西班牙人的暴行倍加颂扬。这一时期，综合了西班牙和印第安民间创作的人民诗歌也比较发达，例如·

科里达（Corrida，安达鲁西亚的民间歌曲）、对唱以及其他保持有西班牙抒情诗形式的作品，其主题基本上是反映对奴役者的仇恨。

在殖民地时期，智利的文学也和整个拉丁美洲地区一样，主要是模仿当时流行于欧洲的巴罗克（Barroco）文学，因而没有产生什么较有价值的作品。后来随着智利人民族意识的形成和民族独立斗争的发展，反映这种意识和斗争的民间诗歌获得蓬勃发展。当时较有名气的民间诗人贝尔纳迪诺·瓜哈尔多（Bernardino Guajardo）和卡米洛·恩里克斯（Camilo Enríquez）等人，都写了很多以渴望独立和自由为题材的诗歌。18世纪末期，弗朗西斯科·洛佩斯（Francisco López）、洛伦索·穆希卡（Lorenzo Mújica）、曼努埃尔·奥泰萨（Manuel Oteiza）等，都是智利诗坛名噪一时的抒情诗人。洛佩斯的诗作《致患天花失去美貌的妹妹》曾广泛流传。

独立战争时期，智利涌现出一批杰出的诗人和作家。爱国诗人卡米洛·恩里克斯曾因参加独立战争而被捕入狱。他的代表作《爱国歌》充满热爱自由和反抗殖民者的情感，深受人们喜爱。诗人兼作家何塞·安东尼奥·德伊里萨里（José Antonio de Irisarri）也是民族独立运动的积极参加者。他的代表作有诗集《讽刺与戏谑的诗》、自传体小说《流浪的基督徒》等。梅塞德斯·马林·德尔索拉尔（Mercedes Marín del Solar）是一位精通乐理的女诗人。她的诗歌富于音乐感，代表作品是《波塔莱斯葬歌》。

共和国时期，智利的作家更加面向人民的生活，他们的作品延续了民族传统和爱国主义，为建立民族文学而创作。一批民族作品应运而生，如智利最早的民族话剧《南方的女儿》、《智利女人》，小说《玫瑰》、《乞丐》等。智利文学发展也深受外国移民和侨民的影响。这一时期，智利邀请或接纳了一些外国文学

家，其中较为主要的有：委内瑞拉的安德烈斯·贝略，他于
1829 年到智利从事外交与教育工作，创办《阿拉乌干》杂志，
对培养智利青年一代文学家做出了贡献；西班牙文学家何塞·华
金·德莫拉（José Joaquí de Mora），在智利避难期间创办了《智
利信使报》，积极宣传资产阶级进步思想，对智利 1842 年的文学
运动产生了较大影响；阿根廷著名作家、思想家和政治家多明
戈·福斯蒂诺·萨米恩托（Domingo Faustino Sarmiento），两次到
智利政治避难。在他的思想影响下，智利一批进步青年作家于
1842 年组建了一个文学团体——文学社（Sociedad Literaria），
在圣地亚哥等地创办多种文学刊物，对开创和发展智利民族文学
做出了贡献。在智利文学史上称之为 1842 年文学运动。在这批
青年作家中，何塞·华金·巴列霍（José Joaquín Vallejo，笔名
霍塔维切 Jotabeche）、萨尔瓦多·圣富恩特斯（Salvador
Sanfuentes）、曼努埃尔·安东尼奥·托科纳尔（Manuel Antonio
Tocornal）和弗朗西斯科·比尔巴鄂（Francisco Bilbao）等人，
在智利当时的文学界享有盛誉。

　　1842 年文学运动后，浪漫主义和风俗主义诗歌在智利颇为
流行。浪漫主义倾向的诗人和代表作有：欧塞维奥·利略
（Eusebio Lillo）和他创作的智利国歌歌词沿用至今；萨尔瓦多·
圣富恩特斯及其创作的诗歌《钟楼》；吉列尔莫·布莱斯特·加
纳（Guillermo Blest Gana）是智利十四行诗的奠基人之一；吉列
尔莫·马塔（Guillermo Matta）是提倡改革和进步的多产诗人，
其代表作是《诗中故事》；何塞·安东尼奥·索菲娅（José
Antonio Sofía）的作品在智利和哥伦比亚广为流传。风俗主义诗
人中比较著名的有何塞·萨皮奥拉（José Zapiola）和维森特·佩
雷斯·罗萨雷斯（Vicente Pérez Rosales）等人。

　　20 世纪，智利文学成为拉丁美洲最繁荣的文学之一。在小
说方面，以阿尔韦托·布莱斯特·加纳（Alberto Blest Gana）为

代表的现实主义作家在智利土地上崛起。加纳一生著作甚丰，重要作品有《马丁·里瓦斯》、《在光复时期》、《爱情的数学》、《移居者》等。受法国巴尔扎克和斯丹达尔的影响，加纳的作品反映了独立战争以后到 19 世纪末期智利社会的种种变迁，不仅为智利的现实主义小说奠定了基础，而且在思想性和艺术性方面都对拉丁美洲文学有重大影响。今天他仍然被认为是智利最重要的长篇小说家之一。华金·爱德华兹·贝略（Joaquín Edwards Bello）在他创作的小说《徒劳无益》中，用现实主义手法描写了首都底层人民的生活。费尔南多·桑蒂万（Fernando Santiván）的小说《洪炉》，1952 年获得智利国家文学奖。现实主义作家中还有维森特·路易斯·奥雷戈·卢科（Vicente Luis Orrego Luco）、曼努埃尔·奥尔蒂斯（Manuel Ortiz）等人。

20 世纪初期，智利又出现了一批受现代主义诗歌运动影响的诗人，主要代表人物及其代表作有佩德罗·安东尼奥·贡萨莱斯（Pedro Antonio Gonzalez）的诗集《节奏》；胡利奥·比库尼亚·西恩富特斯（Julio Vicuña Cifuentes）的诗集《秋天的收获》；安东尼奥·博尔克斯·索拉尔（Antonio Borquez Solar）的《孤星的神话》；萨穆埃尔·阿·利略（Samuel A. Lillo）的长诗《康塞普西翁》等。后期现代主义诗人的代表人物主要有佩德罗·普拉多（Pedro Prado）和玛里亚·蒙内尔（María Monner）。

20 世纪 20 年代，现代主义诗歌衰落，智利出现一批具有独创风格的诗人，其中最负盛名的有加夫列拉·米斯特拉尔（Gabriela Mistral）和巴勃罗·聂鲁达（Pablo Neruda），他们的文学实践对整个拉丁美洲的诗歌都产生了重大影响。

加夫列拉·米斯特拉尔（1889～1957）是智利最杰出的女诗人，1945 年荣获诺贝尔文学奖，是拉丁美洲第一个获得这一荣誉的文学家。她的作品被称为是一座充满温情的精神家园，洋溢着一种对美对理想孜孜不倦的追求。她的诗歌和散文集中展示了她对祖国、对拉丁美洲炽热的爱，鲜明地表现了她独特的艺术韵味。"她那富于强烈感情的抒情诗歌，使她的名字成了整个拉丁美洲的理想的象征"。她的一生作品甚丰，主要代表作有：《绝望》、《柔情》、《葡萄压榨机》、《塔拉》、《死的十四行诗》等。

　　加夫列拉·米斯特拉尔（笔名，取之法国诗人米斯特拉尔和意大利诗人加夫列尔的姓名），真名为卢西拉·戈多伊·阿尔卡亚加，1889 年 4 月 6 日生于智利北部埃尔基山谷一个小镇上。家乡清澈的泉水、芬芳的土地、花香鸟语孕育了诗人对大自然的无比热爱和对家乡的深厚感情。米斯特拉尔的父亲是小学教师，在她 3 岁时就离家出走了。比她大 13 岁的同母异父的姐姐埃梅丽娜也是小学教师，是她童年的良师益友。米斯特拉尔的渊博知识和文学修养来自于她的刻苦钻研和博览群书，其中《圣经》是她最重要的启蒙课本，被她称为"书中之书"。米斯特拉尔 9 岁时就能即兴赋诗，展现出诗歌方面的天才。为了生活，14 岁时她便开始在山村做小学助理教师。1909 年，当她 29 岁时，就在省内的报纸和刊物上发表诗歌和短篇小说。1910 年她从助理教师转为正式教师，从小学转到中学，并担任过中学校长的职务。1914 年米斯特拉尔参加了在智利首都圣地亚哥举行的"花奖赛诗会"，以 3 首《死的十四行诗》荣获了金质奖章。1922 年应墨西哥政府的邀请和受智利政府的委托，米斯特拉尔前往墨西哥去帮助实施教育改革。同年，在纽约的西班牙研究院出版了她的《绝望》，并一举成名。两年后，在西班牙马德里发表了《柔情》集。1925 年 2 月回到智利后，政府给予她最优厚的条件退休。米斯特拉尔一生的大部分时间是在国外度过的。除了旅游外，曾多次以外交官的身份去过欧美许多国家。她不仅是一个享有盛名的诗人、记者、教育家，也是一个外交使者。

　　米斯特拉尔的前期作品大部分是描写个人爱情的悲剧，情调感伤，带有宿命论和神秘主义色彩；后期诗作充满人道主义和博爱精神。

巴勃罗·聂鲁达（1904～1973）是智利伟大的民族诗人，是拉丁美洲进步文学的杰出代表。他继承西班牙民族诗歌的传统，接受法国现代派诗人的影响，吸收智利民间诗歌的特色，形成了自己独特的创作风格。1971年10月获诺贝尔文学奖。他的作品被译成多种文字，享誉国际文坛。

巴勃罗·聂鲁达原名内夫塔利·里卡多·雷耶斯·巴索阿尔托，1904年7月12日生于智利中部拉帕尔城的一个工人家庭。他的祖辈以种植葡萄和酿酒为生。聂鲁达年幼丧母，性格比较乖僻忧郁。1906年全家迁居特木科镇。从童年时代他就表现了非凡的写诗天才，自13岁起，在特木科中学读书时就不断发表诗作。1917年7月他在特木科《晨报》上发表了题为《热情与恒心》的文章，署名内夫塔利·雷耶斯，这是诗人第一次见报的作品。从此以后，他不断以不同的笔名在首都和家乡刊物上发表诗文并获奖。从1920年起，正式使用巴勃罗·聂鲁达为其笔名，成为当时最有名的诗人。

聂鲁达16岁时进入圣地亚哥教育学院学习法语。曾任智利驻外领事、总领事和大使等职。1936年，西班牙爆发内战，聂鲁达参加了西班牙人民保卫共和国的战斗。1945年当选为智利议会议员，并获得智利国家文学奖。同年加入智利共产党。1946年智利共产党被宣布为非法组织，聂鲁达流亡到国外从事和平运动，1950年在苏联获得加强国际和平列宁奖。1952年回国。1957年任智利作家协会主席。1973年9月逝世。巴勃罗·聂鲁达是一位多产的诗人，生前发表的诗集有数十部，达2000多页。他的诗歌题材广泛，艺术风格多样。聂鲁达的早期作品表现出强烈的浪漫主义、自由主义的情调，富有创造性，以爱情为主要题材。其主要作品有：《二十首情诗和一支绝望的歌》、《大地上的居所》、《诗歌总集》、《西班牙在我心中》、《葡萄和风》等。

同期，智利的重要诗人及其代表作还有维森特·维多夫罗（Vicente Huidobro）的《逆风》、《亚当》；巴勃罗·德罗卡（Pablo de Roka）的《无名诗》；1948 年获国家文学奖的安赫尔·克鲁查加·圣玛丽亚（Angel Cruchaga Santamaría）的《看不见的城市》。被称为拉丁美洲后先锋诗人的代表人物之一的尼卡诺尔·帕拉（Nicanor Para），1937 年发表第一部诗集《没有名字的诗歌》，1948 年发表《毒蛇》、《圈套》和《现代世界的罪恶》等。1954 年发表了诗集《诗与反诗》，轰动拉美文坛，引起西班牙语文学界的重视，并获得智利国家文学奖。帕拉不断探索、丰富和实践自己的诗歌理论，是诗歌领域的开拓者。为了开阔视野，他曾漫游过中国、苏联和法国。1958 年发表诗作《长长的河谷》；1964 年发表《俄罗斯歌曲》等。1991 年获得拉丁美洲文学奖及胡安·鲁尔福文学奖。2001 年 6 月，由于"他对大西洋两岸共同的文化遗产的杰出贡献"，西班牙索菲娅王后把以她的名字命名的第十届伊比利亚美洲诗歌奖授给尼卡诺尔·帕拉，同时称赞他是"最后的语言先锋主义者"。智利大学校长霍夫雷在代表诗人领奖时说，诗人帕拉的作品是"爆发性的、口语化和散文化的"，他发出的是那些"可敬的狂热者的声音"。他说，帕拉终止了西班牙的抒情诗时代，永久性地改变了西班牙的诗歌史，并用他那多重性的声音把激动人心的诗歌带给人们。帕拉是反传统诗歌派的创始人和最优秀的代表，多次获诺贝尔文学奖提名。

智利现代小说的发展趋于多种流派和多种风格。继承现实主义传统的著名作家有华金·爱德华兹·贝略，他的作品题材都是城市贫民的生活。1943 年曾获国家文学奖。其《贫民》、《无用的人》等长篇小说通过对下层人物的描述，揭示社会的不公正，抨击贵族、政客和神父的虚伪、奸诈和贪婪。曼努埃尔·罗哈斯

（Manuel Rojas）也是一位擅长描写下层人民生活的作家。他的长篇小说《贼的儿子》被认为是最深刻和最生动地描绘下层社会的一部作品。1937 年他被选为智利作家协会主席，1957 年获国家文学奖。

智利当代最著名的小说家有何塞·多诺索（José Donoso），他的主要作品有《加冕》、《别墅》等，深受智利人民的喜爱。1990 年获国家文学奖；豪尔赫·爱德华兹（Jorge Edwards）的作品也拥有众多读者，他的主要作品有《石头的访客》、《院子》、《城市人》等。1999 年获得西班牙塞万提斯文学奖，是第 25 位得到该奖项的作家。其他较有影响的小说家还有：尼科梅德斯·古斯曼、马里亚·路易莎·博姆巴尔、胡安·戈多伊、贡萨洛·德拉戈和马尔塔·布鲁内特等。

二 戏剧

智利戏剧起源于礼仪、宗教仪式、民间舞蹈、哑剧、诙谐的即兴表演等。西班牙征服智利后，神父和传教士企图利用各种仪式和活动来宣传宗教，便产生了"传教士戏剧"。16 世纪后半叶，这种戏剧形式就不存在了。17 世纪中叶，在智利用西班牙语演出的业余戏剧非常流行。上演的主要剧目有洛佩·维加（Lope Vega）的《被征服的阿劳坎人》、费·冈萨雷斯·布斯托斯（F. González Bustos）的《在智利的西班牙人》等。1693 年，在康塞普西翁市上演了无名作家的剧目《智利的大力士》，这是智利文学界中第一部戏剧作品。1818 年智利独立后，在圣地亚哥建立了国家剧院。1823 年和 1827 年在这个剧院分别上演了本国剧作家曼努埃尔·马加良斯（Manuel Magallanes）的民族话剧《智利的独立》和《智利女人》。1842 年上演了民族剧作家——浪漫主义作家卡洛斯·贝略（Carlos Bello，安德烈斯·贝略的儿子）的剧本《诗人的爱》及其他人的一些作品。同时期在智利舞台上，还上演了欧洲剧作家维克多·雨果和大仲马的作品。

19 世纪 40 年代，被流放到智利的阿根廷作家维森特·菲德尔·洛佩斯（Vicente Fidel López）和多明戈·福斯蒂诺·萨米恩托的文学艺术思想及作品，都对智利当时的戏剧发展有很大影响，为智利文学和戏剧确定了浪漫主义的方向。19 世纪后半叶，智利剧作家丹尼尔·巴罗斯·克雷斯（Daniel Barros Gres）的古典戏剧《几成配偶》、《像在圣地亚哥一样》、《成双成对》等剧目开始公演。这些剧本反映了人民的生活和风俗习惯，运用了富有表现力的人民语言，揭示和批判了社会的不良现象，深受智利观众的喜爱。19 世纪比较有名的剧作家还有吉列尔莫·布莱斯特·加纳、拉蒙·比亚尔、曼努埃尔·孔查等人。1915 年 7 月 26 日成立了智利剧作家协会，其主要成员有：卡洛斯·卡里奥拉、本哈明·科恩、拉斐尔·弗郎陶拉、比森特·维多夫罗、雷内·乌尔塔多等人。第一任主席是马丁·奥瓦列·伊尼格斯。20 世纪三四十年代，智利戏剧艺术发展较快，几乎在所有城市都建立了以大学生和工会会员为主要成员的业余剧团。1943 年在圣地亚哥成立了第一个市政戏剧团，新、老剧作家的剧目不断排练和上演，戏剧舞台呈现出繁荣景象。

1941 年成立的智利戏剧学会，每年在国内举办《戏剧节》，评选和奖励优秀剧目。智利大学在校长佩德罗·德拉巴罗的积极倡导下，于 1941 年成立了《智利大学实验剧团》，致力于传播民族文化和开展戏剧改革。该剧团提倡上演本国剧作家创作的剧目，尤其是用现实主义手法反映智利现实的剧目，此外还包括使用现代舞台布景等。1945 年，国家创办了戏剧艺术学校，以培养戏剧艺术人才。二战后，智利的戏剧创作开始走向繁荣，表演水平日趋提高，涌现出一批杰出的剧作家，如卡洛斯·卡里奥拉、安东尼奥·阿塞韦多、古斯塔沃·坎帕尼亚等。何塞·里卡多·莫雷拉斯是智利大学实验剧团的创始人之一，他擅长用现实主义手法描写当时社会上各种人的心理状态，有20多部剧目被搬上了舞台。1943年组建的天主教大学实验剧团的创始人之一费尔南多·德贝萨也是一位优秀的剧作家，他的代表剧目《罗莎神》和《贝贝树》曾多次获奖。埃贡·沃尔夫的作品《侵略者》展示了贵族的没落和下层社会的崛起。剧作家塞尔希奥·博达诺维克较有影响的作品《让狗叫吧》，揭露了政府的腐败，后被搬上银幕，并在西班牙、墨西哥、阿根廷、乌拉圭和美国等国放映。

智利规模较大、较有影响的剧团，都集中在首都圣地亚哥。除国家剧团、智利大学实验剧团和天主教大学实验剧团外，还有伊克图斯剧团，它是一个独立自主、自负盈亏的剧团。该剧团已有30多年的历史，其成员是军政府时期的反对派人士，主要在国内巡回演出。此外还有"无声"剧团、"大车"剧团、民族喜剧团、亚美利科·瓦尔加斯剧团等。这些剧团除了上演本国剧作家创作的剧目外，也经常上演外国的古典剧和现代剧。自1978年起，智利每年举行一次全国戏剧大奖赛，对促进戏剧创作和发展起到了很好的作用。

三　电影

智利的电影事业不发达，起步较晚。大量美国和欧洲影片的流入，也影响了智利本国电影事业的发展。智利的第一部电影诞生于1902年，其片名是当时在瓦尔帕莱索市放映的、只有几分钟的纪录片《消防队员总演习》，它标志智利电影时代的开始。从此，智利的电影事业开始有了不同程度的发展。1910年拍摄了庆祝智利独立100周年的纪录片。除此之外，当时摄制的都是一些短小的、反映人们日常生活的纪录影片。在1902～1934年的无声电影时代里，智利生产了大量的无声影片，例如，从 1910~1934 年间就生产了 78 部，其中 1925 年一年就拍摄了 15 部，是智利电影发展史上产量最高的一年。在智利电影发展史上，有两个人曾起了重要作用，他们就是被称为智利"电影之父"的萨尔瓦多·甘巴斯蒂亚尼（Salvador Gambastiani）和佩德罗·西恩纳（Pedro Sienna）。

萨尔瓦多·甘巴斯蒂亚尼是一位意大利人，1915 年他以摄影师和文献学家的身份来到智利首都圣地亚哥，与其同行的还有智利的首批电影工作者。1916 年，他在智利摄制了《死亡的争吵》，是一部警察题材的影片，在当时引起轰动。另外，还有《古老的圣地亚哥》（1915 年）、《大学生们的节日》（1916 年）、《埃尔特尼恩特铜矿》（1919 年）等影片。

佩德罗·西恩纳生于智利圣费尔南多，是智利电影演员、导演。他曾当过话剧演员。1921 年编导并主演了第一部电影《小丑们走了》。他自编、自导、自演的《海的呼唤》（1924 年）在次年的拉巴斯国际博览会获金质奖章和名誉证书。1925 年由他编剧、制作和主演的电影《轻骑兵之死》，作为智利电影的一部经典作品被保存下来，于 1962 年被复制并配上音乐。由于西恩纳从影前是位颇有声望的舞台演员，所以在他从影后，唤起了观众对电影的热情。1926 年摄制了《最后一次守夜》、《光和影》等。

豪尔赫·德拉诺（Jorge Délano）是智利早期著名的电影导演，为推动智利电影事业的发展起了很大作用。他生于智利圣地亚哥，是一位多才多艺的艺术家，先后当过记者、作家、画家，对漫画也很有造诣，在智利电影界享有较高声誉。1929 年他编导的《梦中的街道》在西班牙塞维利亚举行的国际博览会上获得奖章和名誉证书，被认为是当时"智利电影的新支柱"。1930~1933 年政府派他到好莱坞学习有声电影的拍摄技术。1934 年回国后，他编导了智利第一部有声影片《南方和北方》，以及后来的《丑闻》、《克里略的姑娘》等影片。

在智利无声电影时代，著名的导演除上述几人外，还有卡洛斯·博科斯克、胡安·佩雷斯·贝罗卡尔、尼卡诺尔·德拉索塔、阿尔韦托·桑塔纳、何塞·博尔、豪尔赫·德拉诺等人。在有声电影诞生后的 1934~1942 年间，智利国产电影业没有多大发展，一直处于落后状态。而同期邻国阿根廷、墨西哥等国的电影事业却蓬勃发展。直到 1942 年，在"智利生产开发公司"的支持和帮助下，成立了智利电影公司。从此，智利的电影事业进入了新的发展时期。当时该公司拥有南美最先进的摄影技术，它的第一部影片是 1944 年摄制的《一首半个世纪的歌谣》，1945 年生产出第一部大型艺术片《安第斯山的磨房》，此后又连续摄制了《天蓝色的宝石》、《出租汽车司机回忆录》、《被带走了的人》等影片。这时期的电影不仅在国内放映，而且还在英国、印度等国家展映。

50 年代下半期，由于国内市场狭小和外国电影的冲击，智利的影片生产几乎停止，电影院里放映的主要是好莱坞的影片。此时，由于缺少技术领导人员和明确的指导思想，政府没有把电影作为一种产业来发展，这也是智利电影事业发展缓慢的原因之一。1955 年，由拉斐尔·桑切斯成立并领导天主教大学电影研究所（70 年代与广告艺术学校合并）。1958 年，开展了以大学生为主的电影俱乐部运动。60 年代，爱德华多·弗雷政府期间，对国产电影给予了积极支持，创建电影促进会，制定促进电影发展的法律、法规，使智利电影业重新获得了发展。1967 年，在智利比尼亚德尔马举办了"第一届新拉美电影节"。

60 年代末期和 70 年代初，在智利涌现了一批优秀的电影工作者，并生产了一批新的影片，如阿尔多·弗郎西亚（Aldo Francia）的《瓦尔帕莱索，我亲爱的》和《祈祷是不够的》；劳尔·鲁伊斯（Raúl Ruiz）的《三只伤心的老虎》、《没有人说什么》和《白色的玉米花》等；米格尔·利蒂（Miguel Littin）的《总统同志》；埃尔比奥·索托（Helvio Soto）的《选票加步枪》；帕特里西奥·古斯曼（Patricio Gusmán）的《第一年》和《十月的回答》等。

军人执政后，智利的电影发展进程中断，大批电影工作者流亡到国外。他们在国外仍不断进行学习和创作，并拍摄了许多影片。在 1973～1987 年间，流亡在外的智利电影工作者共摄制了约 200 部电影，国际上称之为"智利流亡电影"现象。在这期间，又出现了一批新的电影工作者，如巴莱里亚·萨缅托、塞瓦斯蒂安·阿拉尔孔、安东尼奥·斯卡尔梅塔等。1978 年，军政府开始了"智利电影重整"阶段。由于实行私有化，私人开始参与电影的制作，并生产出大量影片。随着经济的发展，电影生产设备和生产水平大大提高。在 1990 年瓦尔帕莱索电影节上放映了西尔维奥·加约西（Silvio Caiozzi）的《镜中的月亮》、伊格纳西奥·阿圭罗（Ignacio Agüero）的《等待火车的一百个孩子》、巴勃罗·佩雷尔马（Pablo Perelma）的《隐蔽的画像》等国产影片，受到好评。

80 年代后期，流亡在外的智利电影工作者陆续回国。1990 年文人政府执政后，广大电影工作者有了较为宽松的创作环境和极大的创作热情，智利的电影事业在寻找一条既持续、稳定发展，又具有艺术和产业特点的道路。据智利国家统计局初步统计，1999 年智利全国总共有 255 家电影院，其分布很不均，绝大部分在首都圣地亚哥（158 家）。

智利当代主要电影工作者有：

塞瓦斯蒂安·阿拉尔孔（Sebastián Alarcón，1949～　）智利电影导演。毕业于瓦尔帕莱索大学电影专业。1975 年在前苏联国立电影学院学习，1973 年智利政变后，他拍摄了以新闻为主要素材的、反映政变后智利人遭遇的纪录片《第一页》（获坦佩雷和奥伯豪森国际电影节奖），随后又拍摄了影片《三个巴勃罗》（介绍了画家巴勃罗·毕加索、诗人巴勃罗·聂鲁达和音乐家巴勃罗·卡萨尔斯）。1977 年，与 A. 科萨列夫合作，导演了故事片《黑暗笼罩智利》。另外，1980 年他还导演了《圣埃斯佩兰斯》，1982 年导演了《康多尔下跌》，以及 1984 年的《独身商人的中彩》。

西尔维奥·加约西（1944~   ） 智利电影摄影师、导演。生于圣地亚哥。毕业于美国芝加哥哥伦比亚艺术学院。1968~1969 年任圣地亚哥电视制片厂电视导演。1969 年因拍摄影片《带血的沙粒》而获智利电影记者协会颁发的最佳摄影奖。截至1985 年，作为摄影师他拍了 13 部故事长片，其中有《仅仅祈祷是没有用的》、《胜利》、《复活节岛的阳光》等；作为导演他执导了两部故事片《胡里奥从七月开始》和《镜中的月亮》。他还先后担任过几个国际电影节的评委。

塞尔希奥·卡斯蒂利亚（Sergio Castilla，1942~   ） 智利电影导演。曾在法国巴黎学习电影专业，1967 年开始从事电影工作，1968 年起在智利记者学校教授电影蒙太奇课程。1970 年摄制了纪录片《米希塔》。1971~1973 年间完成了影片《历史》的拍摄工作。此外，他在瑞典导演了描写智利儿童绘画的影片《我希望有个儿子》。1975 年导演了《皮诺切特：法西斯、叛徒、凶手、帝国主义走狗》和《卡米拉的红玫瑰》等影片。1979 年，他在古巴根据从监狱逃出来的智利囚徒的叙述，拍摄了影片《失踪的囚徒》。

帕特里西奥·古斯曼（1941~   ） 智利电影导演。曾就读于智利大学。1965~1966 年，在圣地亚哥天主教大学电影系工作期间，拍摄了一些短片，其主要代表作是《电子游艺表演》（1966）。1969 年毕业于西班牙马德里电影学校，并拍摄了影片《矫形的天堂》。1971 年起任智利电影公司纪录影片部的导演。

1971和1972年分别拍摄了影片《第一年》和《十月的回答》。1973年在圣地亚哥电影技术工作者联合会任教，同时，从事纪录影片的研究工作。政变后，他和摄制组其他人员遭到逮捕，已拍摄完的影片被运往国外。1979年，他在古巴完成了具有政治倾向的《为智利而战》、《政变》和《人民的权力》等三部曲的拍摄工作。上述3部影片中的前两部曾获1976年莱比锡国际电影节特别奖和其他奖项。

帕特里西奥·考伦（Patricio Kauren，1921～ ） 智利电影导演、编剧。生于圣地亚哥。1939年从事电影工作，担当过电影演员和助理导演。1942年他编导了第一部故事片《仅仅是爱情》。在他40年的电影生涯中，拍摄的故事片不多，但却拍了200多部纪录片和上千部广告片。他拍摄的大部分纪录片都同智利的政治、经济和社会的发展有关。例如：《正在建设中的智利》、《水和铜》等。1966年他编导的由3个小故事组成的故事片《长途旅行》，反映了智利现实生活中的问题。该片在卡罗维法利国际电影节获特别奖。他编导的其他影片还有《十字路口》(1947)、《我们住过的家》(1970)。另外，他还担任过一些影片的制片主任和艺术指导，曾任智利导演和制片人协会主席。1965～1970年任智利电影公司经理。

米格尔·利蒂（1942～ ） 智利电影导演。生于潘比亚。曾就读于智利大学戏剧系，毕业后同他人合作拍摄过几部短纪录片，并编导过少量舞台剧。20世纪70年代前曾任智利教育电视台台长。1970年阿连德执政后，任国营智利电影公司的第一任总裁。1971年执导了第一部大型纪录片《总统同志》。1973年导演了第一部故事长片《希望之乡》。军事政变后，他流亡墨西哥、古巴、西班牙、法国等地。1975年他在墨西哥拍摄了《马路西亚纪事》，轰动了国际影坛，并获得奥斯卡最佳外国语片金像奖提名。1978年拍了《总统万岁》，在法国引起较大反响，参加了戛纳国际电影节比赛。1980 年执导的《蒙铁尔寡妇》获得法国艺术最佳影片奖、首轮影院协会最佳影片奖和第 6 届韦尔瓦哥伦布金奖。1982 年在尼加拉瓜执导了影片《孩子与雄鹰》，再次获奥斯卡奖提名。1985 年他曾秘密回国，拍摄了一部反映智利人民生活的纪录片。目前，利蒂是拉美地区及西、葡两国受人尊敬的知名电影导演之一。在文学方面，他也很有天赋，曾发表过诗和小说。

劳尔·鲁伊斯（1941～ ） 智利电影导演。生于智利南部的蒙特港。曾学过神学和法律。学生时代就喜好文艺，参加过一些舞台剧的演出。20 世纪 50 年代进入电影界，1956～1962 年间，创作了 100 多部电影短片剧本。1963 年担任过短期的电视新闻剪辑，还改编过流行的剧目。随后，赴阿根廷圣菲城电影学校进修。1968 年返回智利，执导他的处女作影片《三只可怜的老虎》，同年问世。1973 年军人政变后，他流亡到法国拍片。到 1985 年，他已拍摄了近 50 部中、短片，其中大部分是纪录片。主要代表作有：《征用》（1972）、《智利新歌》（1973）、《社会主义现实》（1973）、《流亡者的对话》（1974）、《中止的使命》（1977）、《一幅被盗画像的推测》（1978）、《大事件小人物》（1979）、《灰色的金子》（1980）、《领土》（1981，长片）、《水手的 3 个王冠》（1982）、《海盗城》（1983）、《宝岛》（1984）、《曼努埃尔的命运》（1985）等。

四 音乐

智利音乐和其他拉丁美洲国家音乐一样，有着民间风味的朝气、旋律和节奏的闪烁光彩。智利老一辈作曲家在创作中民族热情奔放，他们提出"智利化"的响亮口号，鼓励后人用振奋人心的旋律和植根于民谣的节奏来表达本民族的精神。

早在殖民时期之前，生活在智利这块土地上的印第安阿拉乌干人，就有自己朴素的民歌、民谣，或与之相似的东西，其内容大都反映战争和狩猎或日常生活，其曲调大多是忧郁、悲伤的。西班牙殖民统治时期，阿拉乌干人的生活远离文化活动中心，因此不可能对民族艺术有什么显著影响，而他们的音乐只是作为过去时代的遗产而留存至今。

18 世纪，在智利境内主要流传意大利音乐和西班牙歌谣。独立初期，智利的音乐创作很贫乏，当时谱写的乐曲都是教堂礼拜仪式或一些临时性的重大军事、政治活动所用的。在不多的作曲家中，主要代表有智利第一位音乐家、智利国歌的曲作者曼努埃尔·罗夫莱斯（Manuel Robles）和何塞·安东尼奥·冈萨雷斯（José Antonio Gonzáles）。随着经济的发展和人口的增加，人们的文化生活也丰富了，西方的歌剧开始受到有钱的大、中资产阶级的喜爱。到 19 世纪下半叶，除了意大利音乐外，法国、德国和英国的歌剧也开始在智利流行。为此，政府在圣地亚哥、瓦尔帕莱索、科皮亚波等地修建剧场，以满足人民的需要。这个时期，活跃在智利乐坛的作曲家大都来自国外，他们为丰富智利人的音乐生活作出了重大贡献。其中最著名的是 19 世纪智利音乐"皇后"伊西多拉·塞赫尔斯·德乌内乌斯（Isidora Zegers de Huneeus）。她是法国人的后裔，1803 年生于西班牙马德里，后在巴黎学习音乐，1823 年定居智利。与她同期的外国音乐家还有：1840 年移居智利瓦尔迪维亚的德国音乐家吉列尔莫·弗里克（Guillermo Frick）；1844 年定居瓦尔帕莱索的阿基纳斯·列德（Aquinas Ried），他生于德国的巴伐利亚，受教于英国，1846 年创作了智利第一部表现民族主题的歌剧《特莱斯福拉》。同期，也有来自法国、阿根廷、秘鲁等国的音乐家。而智利本国的作曲家却不多，比较重要的仅有何塞·萨皮奥拉一人。

这个时期，还有许多外国音乐教师在智利圣地亚哥的军乐队、各级学校以及私人家里教课。为了发展民族音乐，培养本国音乐人才，1849 年智利创建了国家乐团，其指挥是法国作曲家阿道夫·德雅尔丹（Adolfo Desjardins）。1851 年成立了智利国家高等音乐学院，院长是伊斯德拉·塞赫尔斯·德乌内乌斯。进入 20 世纪以后，该学院成为智利的音乐创作中心。但是，当时的智利音乐在很大程度上还只是吸收和追随国际上的音乐流派，具有本国民族特色的音乐还没有形成。尽管如此，20 世纪智利本国的作曲家队伍迅速成长，出现了像佩德罗·温贝托、玛尔塔·卡纳莱斯、胡安·卡萨诺瓦·比库尼亚等一批作曲家，但在音乐创作手法上深受欧洲特别是法国音乐的影响。为了培养一支本国的现代作曲家队伍，音乐家多明戈·圣克鲁斯·威尔逊（Domingo Santa Cruz Wilson）于 1918 年倡导成立了巴赫音乐协会。多明戈·圣克鲁斯是智利现代音乐的主要代表人物，号称"智利的亨德米特"，智利青年一代作曲家在他周围形成了现代作曲家学派。1936 年智利成立了国家交响乐团，并演奏了许多欧洲和本国的音乐作品。1945 年组建了大学生合唱团。同年，创办了《智利音乐杂志》（Revista Musical Chilena），这是智利唯一的音乐理论刊物，自创刊以来从未间断过。

随着本国音乐的发展，这一时期智利涌现出一批国内知名的音乐家，如著名的指挥和多产作曲家恩里克·索罗（Enrique Soro），国家交响乐团的奠基者和 1928 年改组后的国家音乐学院第一任院长阿曼多·卡瓦哈尔（Armando Carvajal），智利现代音乐的开拓者温贝托·阿连德（Humberto Allende），古斯塔沃·贝塞拉（Gustavo Becera），阿卡里奥·科塔波斯（Acario Cotapos），胡安·奥雷戈·萨拉斯（Juan Orrego Salas），多产作曲家、1968 年全国音乐艺术奖获得者阿方索·莱特列尔（Alfonso Letelier），等等。有些智利音乐家在欧洲也很有名，如胡安·阿连德·布林（Juan Allende Blin）、豪尔赫·阿里亚加达（Jorge Arriagada）、埃德蒙多·巴斯克斯（Edmundo Vasquez）等。这一时期智利的音乐生活十分活跃，通过乐团演出、出版唱片和乐谱、电台广播等大众传媒，使智利的音乐创作得到很大发展。1947 年创建了国家音乐作品奖，标志着智利音乐进入了其发展的辉煌时代。

军政府时期，许多作曲家，如费尔南多·加西亚（Fernando García）、塞尔希奥·奥尔特加（Sergio Ortega）等被迫流亡国外，智利的音乐创作和研究工作受到很大影响。同期，先前在国外的音乐家也不允许回国。1978 年，圣地亚哥天主教大学音乐学院成立，它是一所拥有国家资助的私人学院，定期举行音乐比赛。1984 年，由一批年轻音乐工作者组成了一个私人团体——阿纳克鲁萨音乐协会（Agrupación Musical Anacrusa）。该协会在爱德华多·卡塞雷斯（Eduardo Cáceres）的领导下，在传播和发展智利国内外音乐作品方面做了大量工作。1985 年，阿纳克鲁萨音乐协会成功地组织了"第一届现代音乐会"，专门演奏智利作曲家的作品。1987 年，举办了"第二届现代音乐会"，演奏的是南锥体国家作曲家的作品。1989 年，举办的"第三届现代音乐会"主要演奏拉美作曲家的作品。20 世纪 90 年代，智利培养出了不少优秀的作曲家。

在智利古典音乐界，指挥家万斯·瓦尔德斯，女高音歌唱家维多利亚·比加拉（Victoria Vigara）、维罗尼加·维亚罗，钢琴家罗伯特·布拉沃、罗西塔·雷纳德、克劳迪奥·阿劳（Claudio Arrau）等，都是值得称颂的艺术家，在国际上享有盛誉。在流行音乐方面，最杰出的要数著名的民族歌唱家、作曲家维奥丽塔·巴拉（Violeta Vara）。

智利交响乐团和智利爱乐乐团是国内最重要的乐团。

民间音乐是智利音乐的重要组成部分，在农村和城市都广受欢迎。其中最为流行的，一种叫"萨马奎卡"的曲调，在智利简称"奎卡"。1924 年通过秘鲁利马传入智利，其渊源于西班牙音乐。"萨马奎卡"无论是歌词还是音乐，都不受任何固定规则的限制，由不同的曲调自由地交织。像大多数拉美曲调一样，"萨马奎卡"既可以唱又可以舞。《你的爱》就是一首典型的"萨马奎卡"乐曲。另一种是在智利农村极受欢迎的流行歌曲"托纳达"（Tonada）。它的特点是节奏缓慢、抒情，具有浪漫主义色彩。属于这类音乐的歌曲《河啊，河啊》、《如果你去智利》、《痛苦》等曾经风靡整个拉丁美洲。为了更好地继承和发展民间音乐，智利每年在海滨城市比尼亚德尔马举行以"托纳达"为主的民间音乐节。早在1946年，智利大学音乐研究所就创设了民间音乐分部，专门汇集、分析、研究、再创作和传播本国的民间音乐。

智利主要音乐家有：

温贝托·阿连德（1885～1959） 智利现代音乐的先驱。生于圣地亚哥。曾就读于圣地亚哥国立音乐学院，并先后完成小提琴班和作曲班的学习。1903年12月，在该院首次演出他的弦乐组曲。1910年，在纪念智利独立一百周年而举行的一次音乐比赛中，他的降B大调交响曲获奖。1911年5月，阿连德被提名为"智利民谣协会"成员。1913年他谱写了一首民族风格的交响组曲，题为《智利乡村风光》。在这部作品中，他完全运用了现代派的创作手法，由此，他被称为"这个国家未来的第一流作曲家"。1920年阿连德用智利风格谱写了他的第二交响曲《街头之声》（根据圣地亚哥街头卖鸡蛋、柠檬或酒类的商贩叫卖声而谱写的），于1921年5月在圣地亚哥演出。1917～1922年间，阿连德谱写了十二首钢琴曲《智利民间风格托纳达》，这是承袭传统风格的民族曲调，其中部分改编成乐队合唱曲，曾在巴黎演出获得相当成功。阿连德晚期的大型作品包括由两个女高音、一个女低音与大型乐队表演的《离别》（1934年5月在圣地亚哥演出）和两首由女高音与乐队表演的歌曲（1938年7月公演）。

1928 年，阿连德曾以智利代表团副团长的身份赴欧洲出席布拉格的国际民间艺术大会。1929 年，他又代表智利再次赴欧洲出席巴塞罗拉的伊比利亚—美洲音乐节。自 1928 年起，阿连德一直在圣地亚哥国立音乐学院教授作曲。

克劳迪奥·阿劳　世界著名的钢琴家。1904 年生于智利的奇廉。在圣地亚哥音乐学院毕业后，赴德国深造。他首次公开演出是 1924 年 2 月与美国波士顿交响乐队的合作演出。1927 年，在日内瓦获得国际钢琴大奖。作为钢琴家，他的主要艺术特点是技巧深湛，极其擅长于消化各种古典与现代音乐风格。

阿卡里奥·科塔波斯（Acario Cotapos, 1889～1969）　智利现代派作曲家。生于瓦尔迪维亚。在圣地亚哥学习钢琴与作曲，1916 年赴纽约，后从师于欧内斯特·布洛克等名师，并在纽约加入了国际作曲协会。1925 年 2 月在协会的赞助下，公演了他的《乐队前奏曲三首》。后又从纽约赴巴黎，于 1930 年 5 月和 1933 年 6 月先后两次演奏了他的作品《乐队前奏曲四首》和《盖斯塔之声》。科塔波斯还创作了《土地的呼唤》和《活泼的支队》等乐曲。

卡洛斯·伊萨米特（Carlos Isamitt）　智利作曲家。1885 年生于伦戈。他主要以当地印第安民族为主题创作新浪漫主义风格的音乐，具有"本土主义"的倾向。他曾经对印第安阿拉乌干人的音乐做过研究，并把一些民族曲调改编成歌曲集《阿拉乌干人的饰带》，其中收有儿童歌曲、妇女歌曲、田歌、狩猎及葬礼音乐等 10 首不同风格的歌曲。阿拉乌干人的民歌也反映在他的钢琴奏鸣曲《阿拉乌干人的回忆》中。小提琴与钢琴合奏的《牧歌》，也表现了阿拉乌干人音乐的旋律。伊萨米特的主要作品是一部包括《圣地亚哥街贩》、《穿过树林》和《骏马奔腾》3 个乐章的交响组曲，1936 年在圣地亚哥首演。他创作的芭蕾舞剧《金井》的音乐，洋溢着阿拉乌干人音乐的风味，在 1841 年

11 月举行的全国戏剧作品比赛中获二等奖。他的钢琴曲《皮契·普伦姆》和《练习曲》以及歌曲《宁静》均由智利大学出版。《骏马奔腾》的钢琴谱收在《拉丁美洲音乐公报》第一卷的乐谱补编中。

卡洛斯·拉温（Carlos Lavín，1883～1962） 智利音乐民俗学专家兼作曲家。生于圣地亚哥。他是一位主要研究民谣的音乐家。曾在欧洲逗留多年，其间在各地图书馆进行研究工作。后定居在西班牙的巴塞罗那，为西班牙的音乐杂志撰写论文。1943年回智利继续从事当地民谣的研究工作。

阿方索·莱特列尔·略纳（Alfonso Letelier Llona） 智利作曲家。1912 年生于圣地亚哥。主要从事声乐和乐器曲的创作。曾在智利国立音乐学院师从于温贝托·阿连德，同期又在农学院就读，1935 年同时在音乐和农学两个专业毕业。莱特列尔很早就开始作曲，14 岁时他的弦乐组曲公演。随后他就开始宗教歌剧《玛丽亚·玛格达列娜》的创作，但未完成。1936 年 6 月，他的乐曲《歌曲》公演于圣地亚哥。他的另一部作品《乡村生活》，在 1941 年纪念圣地亚哥建城 400 周年音乐比赛中获三等奖。莱特列尔的创作特点是具有浪漫主义风格、流畅的旋律。智利大学出版了他的钢琴曲《荒诞组曲》和歌曲《秋天》。

多明戈·圣克鲁斯·威尔逊 智利民族先锋运动的作曲家。1899 年生于拉克鲁斯。他先后师从于恩里克·索罗和康拉多·德尔坎波学习音乐。1928 年，被聘为圣地亚哥国立音乐学院音乐史与音乐分析课教授。1933 年任智利大学艺术系主任。1940年 10 月，被任命为新成立的业余音乐学院理事会理事长，负责组织智利的音乐活动。在他的领导下，智利大学艺术系制定了发展民族音乐事业的方针。他主持智利作曲家的钢琴曲和歌曲的出版工作，并监督唱片公司为智利乐曲的录音工作。在智利他被称为"身建百功、心系万户的大力士海格立斯"。

作为作曲家，圣克鲁斯在创作中采用了一种新古典主义的作曲风格，又包含了浪漫主义的内涵。他的作品各种体裁都有，素有"智利的亨德米特"之称。新古典主义时期圣克鲁斯最有代表性的作品是为弦乐队创作的组曲《短曲五首》，它是在一周内写成的，1937年5月，由智利交响乐队首演。他的《孤寂之歌》（包含《忧郁》、《我的母亲》和《摇篮曲》三首歌曲）以其浪漫主义色彩著称。他最重要的作品是为合唱与乐队创作的《智利河大合唱》，分三个部分，它热情地歌颂了智利的大好河山。这首大合唱曾在1941年11月的圣地亚哥音乐比赛中获25000比索的一等奖，但被政府以某种理由宣布无效。次年11月，大合唱的第一与第二乐章在圣地亚哥公演并大获成功。圣克鲁斯在其创作中具有非凡的表现才能和孜孜不倦的学习精神，他的艺术是真正现代派的，不仅在素材上，在精神上也是如此。圣克鲁斯的作品《维涅塔斯》、《歌曲二首》、《米斯特拉尔诗四首》中的第二首、《悲怆音诗五首》、《孤寂之歌》和《童稚的印象》等在圣地亚哥出版。钢琴曲《小夜曲》收入《拉丁美洲音乐公报》第四卷的乐谱补编中。《乐曲三首》由《新音乐》杂志出版，并于1941年由哥伦比亚公司灌制唱片，收入《南美室内音乐集》。

豪尔赫·乌鲁蒂亚·布隆德尔（Jorge Urrutia Blondel） 智利作曲家。生于拉塞雷拉。主要利用民间题材创作合唱和戏剧音乐。曾师从于温贝托·阿连德和圣克鲁斯等音乐家。1928年4月就任圣地亚哥国立音乐学院学术秘书，1928年7月赴欧学习。1931年返回智利后，开始采用民族风格进行创作，从智利民歌中汲取灵感。1941年，他谱写了一部由弦乐器、竖琴与钢琴组成的小乐队演奏的组曲《智利画像》，在同年11月圣地亚哥音乐比赛中获奖。《智利画像》的总谱已收入费城弗莱谢尔藏书。他还创作过一部芭蕾舞剧音乐《魔鬼的吉他》，其中一部分于1942年11月在圣地亚哥公演。

五 舞蹈

在殖民地时期，当地印第安阿拉乌干人中，流行一些带有宗教色彩的舞蹈和西班牙征服者带来的舞蹈，以及表现小丑的"小丑舞"和 18 世纪的舞蹈，其中有些保留至今。智利的民间舞蹈在全国各地不尽相同，其中最流行的是传统的民间歌舞"奎卡舞"（原称萨马奎卡）或叫"智利奎卡"。"萨马奎卡"一词的来源已无法完全查清。一般的说法是，此词系由"萨姆巴"（原意是摩尔人的一个节日）与"奎卡"（意为"母鸡的咯咯声"）两词组合而成。"奎卡舞"的主题诙谐，一般表现男女爱情，伴奏音乐具有西班牙和印第安特色，活泼、明快、节奏感强。表演时，男女成对，男的农村牧人身着鲜艳的传统服装，佩戴叮当作响的饰物；女的身穿镶边的长裙。双方手持手帕在头顶晃动，同时变换各种动作。这种舞蹈易学易跳，音乐简单，因而深受智利人民的喜爱，被定为智利的国舞。另外，在拉美其他国家流行的"萨帕特奥"（原意为"踢踏舞"）几个世纪来在智利长盛不衰。"库安多"也是智利人民喜爱的民间舞蹈。曾在智利流行的"阿布埃利托"（意为"小祖宗"）现已绝迹。智利阿拉乌干人的一种舞蹈"西吉米里吉"，现仅存于奇洛埃岛。

目前，智利舞蹈艺术的发展以及人才的培养，主要由智利大学、圣地亚哥市政剧院、独立舞蹈团、圣地亚哥私人舞蹈研究院、古典舞工作室等 8 个机构负责。智利大学艺术系建有一个舞蹈学校，舞蹈表演专业学习年限为 8 年，招收 8~9 岁的儿童。该校还设有高级舞蹈教育和编导专业。圣地亚哥市政剧院是一个由圣地亚哥文化协会和私人提供资助的、非营利的私人机构。它拥有一个舞蹈学校和圣地亚哥芭蕾舞团。除此之外，智利于 1942 年成立了国家芭蕾舞团，在国内外享有盛誉。1960 年前后又创建了现代艺术芭蕾舞团。

六 雕刻

在西班牙人来到之前，当地土著人中就有雕刻匠、制陶匠、石匠、木匠等艺人。他们使用的材料来源于安第斯山上的矿石、黏土和森林中的木材，其雕刻作品带有浓厚的宗教色彩且比较粗糙。16～18世纪殖民地时期，智利的雕刻艺术有了发展，西班牙人带来了欧洲风格的雕刻艺术，雕工比较精细而且上色。这个时期的作品大都摆放在教堂内。智利本民族最早的雕刻艺术品，出自18世纪末的胡利安·巴尔多维诺斯（Julián Baldovinos）之手。直到今天，圣地亚哥许多教堂里还保存着他的作品。智利独立后的19～20世纪，随着欧洲自由主义思想在智利的传播，新古典主义和浪漫主义的雕刻作品问世。这个时期的雕刻艺术品开始走出教堂，走上街头。在当时的圣地亚哥市中心和主要街道上，都可以看到一座座雕刻的纪念碑。雕刻的材料也发生了变化，从木头的变为青铜和大理石的。大约在19世纪中期，智利的现代雕刻艺术才开始发展。1854年，法国艺术家奥古斯托·弗朗科伊斯（Augusto Francois）在智利创办了雕刻艺术学校并任校长。1873年，他的学生尼卡诺尔·普拉萨（Nicanor Plaza，1844～1897）出任该校校长，并成为智利的第一位雕刻大师。他的辉煌作品《狮头羊身龙尾吐火兽》，使他名噪全球。其他著名作品有《考波利坎》、《争吵》等，前者今天仍放在圣地亚哥市中心的圣卢西亚山上。19世纪末20世纪初，智利优秀的雕刻家比希尼奥·阿里亚斯（Virginio Arias，1855～1941）的群雕像《达弗尼斯和克洛埃》，在艺术上有较高价值。他在巴黎创作的表现基督升天的《耶稣的遇难》塑像，使他进入了世界最优秀雕刻家的行列。他的另一件优秀作品是《祖国的保卫者》，展现的是太平洋战争中一个英勇士兵的形象；何塞·米格尔·布兰科（José Miguel Blanco，1839～1897）的青铜雕刻作品《安敬的鼓手》，陈列在本哈明·比库尼亚·马肯纳博物馆。这个时期的作品主要是人物雕塑。同期的雕塑艺术家还有：卡洛斯·拉加里格（Carlos Lagarrigue，1858～1927）、吉列尔莫·科尔多瓦（Guillermo Córdoba，1869～1936）、西蒙·冈萨雷斯（Simón González，1856～1919）、埃内斯托·孔查（Ernesto Concha，1874～1908）等。

在智利现代雕刻发展史上，以石雕为主的雕塑家有萨姆埃尔·罗曼（Samuel Román，1907～1992），他曾获得1964年国家艺术奖。1943年他创办了石雕艺术学校；女雕塑家玛尔塔·科尔温（Marta Colvín）以雕刻图腾而闻名于世，1965年9月在圣保罗举行的第8届双年展览会上获得了国际奖；利利·加拉富利克（Lily Garafulic）以从事纪念碑雕刻著称，他强调事物的自然特性，作品具有抽象派风格；塞尔希奥·卡斯蒂略（Sergio Castillo）是一位以钢板为材料，以其作品的巧妙造型而著称的雕刻家；劳尔·巴尔迪维索（Raúl Valdivieso）则以用铜为材料的雕像见长。他们的抽象派作品在国内外广泛展出。20世纪80～90年代，出现了两位优秀的年轻雕刻艺术家，他们是伊万·代贝尔（Iván Daiber）和弗朗西斯卡·努涅斯（Francisca Nuñez），他们的作品引起广泛注意。

七 绘画

在殖民统治时期，智利的绘画先后受到西班牙、法国和德国的影响。智利第一位画家是何塞·希尔·德卡斯特罗（José Gil de Castro），他出生在秘鲁，1807年定居智利。其作品以绘画公众人物和家庭人物肖像为主。从19世纪到20世纪初期，智利的绘画风格是自由主义风格与现实主义风格相结合，其间主要受欧洲特别是法国绘画的影响。19世纪中期，一批来自法国、德国、意大利等国的画家推动了智利绘画艺术的发展。

法国画家雷蒙多·蒙瓦森（Raimundo Monvoisin）和亚历山德里·西加雷利（Alejandro Cicarelli）在智利分别创建了一所美术学校和一家画院。从此，智利的艺术教育走上了正规化的道路。意大利画家亚历杭德罗·西卡雷利担任 1849 年 3 月成立的智利画院的第一任院长。1870 年，慕尼黑美术学校的德国画家埃内斯托·基尔克巴克（Ernesto Kirchbach）担任智利画院第二任院长。第三任院长是胡安·莫奇（Juan Mochi），其作品主要是反映民族和农民的题材。

19 世纪智利最杰出的画家有佩德罗·利拉（Pedro Lira）和拉斐尔·利里亚（Raphael Liria）。利拉是一位自然主义者，他的作品题材广泛，有人物肖像、风景画、历史画等。《圣地亚哥的建立》是他为数众多的画作中最杰出的一幅。利拉还是位著名的艺术教育家和评论家，曾任智利大学美术学校校长，还编纂了《画家文献字典》（1902 年出版）。利里亚以其名画《石桥》脱颖而出，成为智利的杰出画家之一。

20 世纪初期，由于受西班牙人费尔南多·阿尔瓦雷斯·德索托马约尔的影响，风俗派作品再度出现于智利画坛，但印象派继续流行。20 世纪 60 年代，超现实主义派占主导地位。在智利当代绘画艺术家中，罗伯托·马塔（Roberto Matta）享有较高的国际声誉。马塔早年分别在智利和法国攻读建筑学，不久就转向超现实主义绘画。他具有高超的绘画技巧，擅长使用戏剧性的色调。他的油画作品更受人们的推崇。同期的著名画家还有恩里克·卡斯特罗—西特（Enrique Castro y Cit）和埃内斯托·韦特西利亚。卡斯特罗—西特擅长以植物为题材的绘画，作品富有奇妙的想象力，形态栩栩如生。韦特西利亚以肖像画、素描著称。此外，伊斯拉埃尔·罗亚、阿尔贝托·劳沃斯、路易斯·埃雷拉·格瓦拉和巴勃罗·布查德等人，都从事于本国题材的创作活动，在智利画坛享有盛名。在智利当代画家中，何塞·万徒勒里

（Jose Venturelli）无论在智利，还是在国际上都有较大影响。他不仅是智利的著名画家、中国人民的朋友，也是保卫世界和平的国际社会活动家。他经过长期的摸索，克服了象征主义及其他唯心主义倾向，坚定了现实主义立场。他以水彩画和版画见长，在他的作品中反映了智利和拉丁美洲人民的生活和斗争，并具有独特的艺术风格。1953～1958年侨居中国期间，他和中国人民结下了深厚的友谊，同时创作了许多反映中国风情和人民生活的作品。

八　文化设施

图书馆　智利是个文化教育水平较高的国家，有着较好的文化氛围。大、小图书馆遍布全国各大区，为广大读者提供了便利条件。据智利国家统计局的统计，1998年，全国共有图书馆1067家，藏书总数为1700多万册，吸收读者2896万多人次。其中，在首都圣地亚哥的图书馆就有837家，藏书达1041万多册。在众多的图书馆中，最重要的有：国家图书馆，它是南美洲最大的图书馆，1813年建立，藏书约120万册；国会图书馆，1883年建立，藏书约25万册；智利大学图书馆，藏书约20万册；瓦尔帕莱索天主教大学图书馆，藏书约15万册。

博物馆　截至1997年11月，智利全国约有100家博物馆。其中26家直属于国家，由图书档案博物馆总署领导，它们当中只有3家（自然历史博物馆、历史博物馆和国家艺术博物馆）是带有全国性的，其余的博物馆则按专业不同，由分布在国家南部、北部及复活节岛的总署各分支机构来协调管理。智利许多城市都有博物馆，首都圣地亚哥是各种博物馆集中的地方。那里有国家历史博物馆（1911年建立）、现代博物馆、国家自然历史博物馆（1830年建立）、国家艺术博物馆（1880年建立）等，每年都吸引大批国内参观者，也是外国旅游者参观的重要场所。

九 体育

体育活动是当今智利人民文化生活必不可少的组成部分。各项体育活动开展比较普遍。智利政府设有体育和娱乐总局，负责领导、规划和推动全国体育事业的发展。地方则有种类繁多的体育俱乐部，向公众提供体育活动的场所，开展群众性体育活动，推广和普及某些体育项目。

在各项体育活动中，足球运动是智利人民最喜爱的项目。圣地亚哥市拥有一座可容纳8万名观众的体育场，专供职业足球队进行比赛。每年8月中旬到12月初（智利的春、夏季节）举行国内足球联赛。国际性足球比赛一般安排在1月份举行。届时，大批足球爱好者涌向体育场观看比赛，为他们喜爱的球队呐喊助威。智利国内主要足球队有科洛科洛队和智利大学队。赛马和马术也是智利较受重视的体育娱乐活动。每逢节假日，人们成群结队前往赛马场或比尼亚德尔马的体育俱乐部观看赛马和马术表演。滑雪也是智利人喜爱的一项体育运动。圣地亚哥东部不远的地方是世界闻名的波蒂略（Portillo）滑雪胜地。到冬季，人们举家出动，去享受安第斯山上的冰雪带给他们的快乐。在智利，高山冰湖所提供的滑雪条件，可与阿尔卑斯山和落基山脉媲美。其他比较普及的体育运动项目有拳击、田径、排球、篮球、游泳、体操、自行车、钓鱼、网球等。

第四节 新闻出版

在拉美国家中，智利新闻事业发展比较早。在1973年军人政变之前的半个世纪中，智利作为拉美地区资产阶级的"民主橱窗"，历史上各个政党和团体都利用新闻工具制造于己有利的舆论，在客观上刺激了新闻事业的发展。阿连德政府期间，又创办了许多新的报刊、电台，新闻事业繁荣一时。1973 年军人政府上台后，实行党禁、严格新闻检查，"言论自由"一时受到限制。

20 世纪 90 年代初，智利实现了民主化，文人政府开始执政，开放党禁，恢复了新闻自由，智利的新闻事业走上了正常发展的道路。智利国家和地方的新闻媒介及通信系统比较完善，国际新闻的覆盖面也较广。据智利国家统计局的资料，1998 年智利全国共有 102 家报纸，发行量约 2.6 亿份；411 种杂志，发行量约 4000 万份；各种专业性杂志 259 种，发行量约 366 万份；915 家广播电台和转播台，4 家电视台。这些新闻工具，大部分掌握在私人财团手中，少部分属于政府所有。

一　报纸

在全国 102 家报纸中，除了首都 5 家日报在全国发行外，其余都是发行量很小的地区性报纸或城镇小报。智利爱德华兹大财团拥有首都 3 家日报和 7 家重要的地区性报纸。现将影响较大的报纸介绍如下：

《信使报》（Mercurio）　日报，1827 年创刊，传统右派报纸。是智利历史最悠久的报纸，也是世界上最早出版的西班牙文报纸。日发行量约 12 万份，星期日高达 33 万份，行销全国，在国际上影响较大。该报为家族报纸，独立性较强，能较客观地评论国内外大事，主张智利经济开放。其读者层次较高。报社有工作人员 1400 名，其中 600 人为记者，在国外也派有少量记者。社长阿古斯丁·爱德华兹·伊斯门（Agustín Edwards Eastman），社址设在圣地亚哥。《信使报》还以同样报名、不尽相同的内容和版面在瓦尔帕莱索、安托法加斯塔、卡拉马出版。

《第三版时报》（La Tercera de Hora）　又被译为《三点钟报》，也曾译为《时代评判者报》，日报。1950 年创刊，由"智利报业公司"出版,平时发行量为 20 万份,星期日发行 24 万份,行销全国。该报为独立报纸。主要为中产阶级和下层社会代言。社长埃克托尔·奥拉韦·巴列霍斯(Hector Olave Vallejos),社址在圣地亚哥。

《智利共和国官方日报》(**Diario Oficial de la República de Chile**) 智利政府官方法律公报。主要刊登政府各部门的法令公文。1877 年创刊。发行量很小,约 1 万份,行销全国。社长弗洛伦西奥·塞瓦略斯(Florencio Ceballos),社址在圣地亚哥。

《时代报》(**La Epoca**) 日报,1987 年创刊。该报主张恢复民主制度,支持文人政府。每天出版 40 版,以政治消息为主,同时也刊登少量文化和体育新闻。目前日发行量为 3.5 万份。社长阿斯卡尼奥·卡瓦略·卡斯特罗(Ascanio Caballo Castro)。社址设在圣地亚哥。

《世纪报》 (**El Siglo**) 智利共产党和左派创办的报纸,1940 年创刊,先是周报,1993 年改为日报。日发行量为 2 万份,行销全国。社长胡安·安德烈斯·拉戈斯(Juan Andrés Lagos),社址在圣地亚哥。

《战略报》(**Estrategia**) 日报,是智利第一家专业性经济报纸,1978 年创刊。该报对政府的经济政策和市场行情的分析与判断都比较准确,因而在经济部门影响较大。日发行量 3 万份,行销全国。社长维克多·曼努埃尔·奥赫达·门德斯(Víctor Manuel Ojeda Mendez),社址在圣地亚哥。

《最后消息报晚刊》(**La Segunda**) 智利首都出版的唯一的晚报。1931 年创刊,属于《信使报》社。该报内容多为社会、政治、经济和国际新闻,日发行量 5 万份,行销全国。社长:克里斯蒂安·塞赫尔斯·阿里斯蒂亚(Cristian Zegers Ariztia),社址在圣地亚哥。

《最后消息报》（**Las Ultimas Horas**） 1902 年创刊，由《信使报》社出版，主要刊登社会、文化和体育新闻，政治新闻较少，以小市民为主要读者。日发行量 15 万份，行销全国。社长费尔南多·迪亚斯·帕尔马（Fernando Diaz Palma），社址在圣地亚哥。

除此以外，还有《日报》（Diario）、《快报》（Expreso）、《南方新闻》（La Prensa Austral）等报纸。

二 通讯社

环球新闻社（**Orbe Servicio Informativo**） 创办于1954 年，是智利唯一的一家私营通讯社（智利没有官方通讯社）。智利报刊、电台的国际新闻几乎全部采用西方通讯社消息。国内新闻主要靠自己的记者采访。每周一至周五播发新闻，主要是国内新闻，内容比较简单。社长塞瓦斯蒂诺·贝尔托洛内·加列蒂（Sebastiano Bertolone Galletti）。

三 杂志

智利大部分杂志是消遣性刊物，政治性杂志只有 4～5 种。其中主要有：

《埃尔西利亚》（**Ercilla**） 周刊，1933 年创刊。是发行量最大的杂志，主要发映金融财团的观点，每期出版 80～90 页，发行量 10 万份以上。社址在圣地亚哥。

《新情况》（**Qué pasa**） 周刊，1971 年创刊。智利民族党右派刊物，代表本国私人财团利益。每期 40 多页，发行量 10 万份。社址在圣地亚哥。

《今日》（**Hoy**） 周刊，1977 年创刊。智利基督教民主党人和教会支持的杂志。每期约 70 页，平均发行量为 3 万份。社址在圣地亚哥。

四　出版社

曲折出版社（Empresa Editora Zig-Zag）　主要出版文学书籍、参考书和杂志。社长贡萨洛·比亚尔（Gonzalo Vial）。

圣保罗出版社（Ediciones San Pablo）　社址在圣地亚哥。

五　广播电视

据智利国家统计局 2000 年的统计资料，智利全国拥有广播电台和转播发射台 1095 家（包括即将投入使用的），其中主要电台有：

国家电台（Radio Nacional）　军政府时期，在没收原社会党"社团电台"和左派革命运动"国家电台"的基础上创办的政府电台，直属全国社会宣传局领导。

矿业电台（Radio de Minería）　一个具有全国性广播网的电台，在全国许多城市设有转播台。原属于美国安那康达铜公司所有，后转到基民党的企业主手中，克鲁萨特—拉腊因财团于1973 年末买下它的股份，成为智利私人大财团的代言人。

农业电台（Radio de Agricultura）　属"全国农业协会"所有，是大庄园主的喉舌。

波塔莱斯电台（Radio Portales）　原属大棉纺企业主伊尔马家族所有，阿连德政府期间被社会党和共产党买下。1973 年被军政府接管后转让给私人资本家。

合作电台（Radio Cooperativo）　属智利电讯公司所有。在圣地亚哥和其他城市设有电台，组成"合作电台"网。该电台受控于马特—亚历山德里家族。

智利电台（Radio de Chile）　智利历史最悠久的电台。主要股份掌握在教会手中，主要反映教会当局的观点。

智利主要有 4 家电视台。它们是：

国家电视台（Televisión Nacional）　又称"七台"，是智利最大的电视台，下设 108 个转播台站，全国各地都可以收看，拥有固定观众 400 万。

智利大学电视台　又称"九台"，收看范围仅为首都和瓦尔帕莱索。

天主教大学电视台　又称"十三台"，收看范围为首都和中部地区。该电视台影响较大。

瓦尔帕莱索天主教大学电视台　又称"四台"，收看范围为瓦尔帕莱索和圣地亚哥省。

各家电视台一般每天大约播送 10～12 小时节目，星期日 14 小时，其中新闻节目较少，约占 60～70 分钟，其余大都是娱乐、商业性节目。电影、电视、电视短片主要来自美国，其次为西欧、拉美其他国家制作的电视片，本国节目很少。

据最新的一份研究报告，目前智利有线电视用户总数达 81.4 万家，普及率为 22.1%，在拉美地区仅次于哥斯达黎加和阿根廷，居第三位。智利经营有线电视的公司有 27 家，其中勃特尔和梅特罗波利斯两家公司垄断了大部分市场。智利的有线电视有 60 多个频道，其中 32% 是智利本地电视台，68% 是国外的电视频道。

第五节　医药卫生

一　概况

智利是医疗卫生事业比较发达的拉美国家之一。早在 1552 年，智利就建立了圣地亚哥第一所医院，当时只有 50 张床位，接收穷人患者。19 世纪，智利就开始了天花疫苗的接种，并成立了痘苗接种中央委员会（1805 年）。1832 年，建立了医院领导委员会和弃婴之家（后变为慈善委员会）。1907年智利建立的内政部设有卫生管理司，其职能是负责有关卫生和公共慈善事业。1924年，智利政府又成立了卫生、救济和社会保障部。1925年设立中央慈善委员会，负责领导地方慈善机构及其所属医院。1927年，政府各部进行重组，原来的卫生、救济和社会保障部变为社会福利部，1932年颁布法令又改名为卫生部。1953年，再次更名为公共卫生和社会保障部，6年后，该部分别组建独立的卫生部和劳工及社会保障部。除政府有专门的职能部门管理全国的医疗卫生工作外，1931年智利还建立了全国卫生保健局；1938年修订了劳工保险法，制定了疾病预防医疗法；1942年建立全国职工医疗服务局；1952年设立全国卫生体制；1979年3月确定了现行的全国公共医疗体制（SNS）和1981年成立了私人管理的医疗保障机构（ISAPRES）。

目前，智利实行的是一种混合医疗体制，即公共医疗保障体制和私人医疗保障体制同时运行。在上述混合医疗体制中，公共医疗制度是人们根据自己的工资收入情况交纳一定费用，同时得到平均水平的回报。私人医疗体制则相反，私人医疗体制按照风险逻辑提供健康保险，也就是说，所冒风险越大，得到的医疗条件就越好。这样一来，老年人和比较贫困的人群，由于经济条件有限，他们主要集中在公共医疗体制中，而年轻人和收入相对高的人则加入私人医疗保险制度。目前，智利公共医疗部门和私人医疗部门面临的问题主要是：在应付和适应人口变化及对付当前流行病方面行动缓慢。人们在公共医疗部门看病，等候时间长，而私人部门服务价格偏高。据统计，智利全国有68.8%的居民（军人除外）属于公共医疗体制，15.1%的人属于私人医疗保障体制。军政府上台后，对医疗保障制度进行改革，目的是增加一种由私人机构管理的医疗保障制度，作为公共医疗体制的补充，而不是取代原来的医疗制度。ISAPRES是基本提供医疗保

险的公司，他们没有义务直接向会员提供医疗服务，也不能与
SNS 的医疗机构签订医疗服务协定。目前，这种改革还在不断
深化。

2000 年 3 月，拉戈斯政府上台后十分重视改善和提高人民
的医疗健康水平，把医疗卫生改革作为新政府执政期间的主要任
务之一，并确定了这方面的中心目标：根据需要，保证全体智利
人都享有健康的权利，没有种族、性别、宗教信仰、社会经济地
位、年龄或居住地区的歧视，这就意味着确保人民有公正得到卫
生保健及治疗的权利；改善智利人民的健康水平，以减少由于社
会经济地位和居住地区的不同而造成的健康水平的差别。为此，
智利政府提出要扩大防治恶性疾病的覆盖面，从根本上改善和提
高公共卫生医疗保障体制解决问题的能力，特别是提高初级医疗
的水平。2002 年 5 月总统在国情咨文中宣布：从 2001 年起，所
有 1 岁以下的幼儿和 65 岁以上的老人在 48 小时内完成就医并免
费拿药；医院就诊时间延长至晚上 8 点。拉戈斯总统说："我们
希望所有的家庭，无论收入水平的高低，都能够得到应有的、及
时的、高质量的和满意的治疗。我相信智利能够并且应该坚持这
个目标。"

二　现行医疗体制

根据 1979 年 8 月通过、1980 年 8 月生效的一项法律，
智利政府卫生部是负责领导全国医疗卫生的政府机
构，由人力资源司、初级医疗司、环境卫生司、投资和医疗网络
发展司、人员保健司、预算及行政管理司组成。卫生部还另设有
健康服务机构、全国卫生系统基金组织、智利公共卫生研究所、
全国卫生体系供应中心、全国食品及营养委员会等机构，它们也
是公共医疗体制的组成部分。

卫生部的职能是：遵照中央政府确定的政策，领导和组织有

关医疗保障体制方面的所有活动；围绕医疗保障体制为保护、促进人民健康和患者康复所开展的各项活动，颁布有关技术、行政管理和财政上的有关法规；根据政府的总政策，制定整个医疗体制的总体规划和计划；协调和控制医疗保障体制组织间的活动；检查、监督和评估卫生保健政策、计划及有关规定的执行情况；与那些没有参加公共医疗保障体制或卫生部门的公共、私人机构或个人建立联系以及法律、法规所赋予的其他职能。政府卫生部的卫生政策的主要内容包括：母婴保健、青少年保健、口腔保健、视力保健、老年人保健、农村初级医疗、传染病的防治等内容。卫生部附属的健康服务机构下设 27 个服务站，它们的基本任务是促进、保护人民健康和患者的康复。全国卫生系统基金组织具有独立的法人资格，负责筹集、管理和分配卫生保健资金。智利公共卫生研究所的主要研究领域有微生物学、免疫学、营养学、药理学等。全国卫生体系供应中心也具有独立的法人地位，独立核算，但受卫生部有关政策、法规和计划的约束，主要为医疗保障体制所属各单位供应药品。全国食品和营养委员会负责确定有关食品和营养的政策、协调和监督各有关部门的行动。

三　医疗卫生经费

20 世纪 80 年代特别是上半期，由于经济衰退和财政紧缩，使包括医疗卫生在内的公共投资大量减少。到 90 年代，由于经济形势的好转和政府财政收入的增加，智利政府在医疗卫生部门的财政预算和投资也在不断增加。这些投资大大有利于提高人民的健康水平和改善生活环境。1999 年，国家用于医疗卫生的费用为 9766.62 亿比索（约合 19.2 亿美元，按当年比值计算，见表 6−4），占当年财政支出总额的 11.6% 和当年社会支出总额的 17.1%。2002 年，智利用于医疗卫生部门的预算比 2001 年增长了 10%。从 1990 年至今，智利政府在医疗卫生部门的投资，主要用于医疗卫生基础设施的建立和恢复，更新已经过时的医疗设备，建立新的医院等。医疗卫生经费在智利政府财政支出总额中占有较大比重。医疗资金的来源，其 70% 来自政府的财政预算，30% 来自国外的贷款。1990～1992 年，智利卫生部与美洲发展银行、世界银行签订了贷款协定；与意大利、德国等国家签订了双边合作协定。通过上述协定来加大卫生部门的投资和进行科研开发工作。世界卫生组织指出，智利虽然在这方面的开支不算多，但智利人的医疗健康水平是令人满意的。

表 6－4　1990～1999 年的医疗卫生经费支出

单位：百万比索，%

年　份	金　额	占当年财政支出总额	占当年社会支出总额
1990	181435	9.3	15.3
1991	260226	10.0	16.4
1992	351110	10.7	17.4
1993	443742	11.2	17.8
1994	545055	11.8	18.5
1995	614682	11.7	17.9
1996	716877	11.7	17.7
1997	806542	11.7	17.8
1998	917025	11.8	17.9
1999	976662	11.6	17.1

资料来源：Banco Central de Chile：*Boletín Mensual*（《智利中央银行月报》），junio 2000。

四　医疗设施和人员

智利的医疗设施分为三级，第一级为医疗站和诊疗所，属初级医疗设施；第二级是普通医院和产科医院；第三级是综合性大医院。1998 年，全国共有 226 家医院，其中公共医疗保障体制的医院 182 家，私人机构的医院 44 家；诊疗所和门诊部 647 家，其中公共医疗体制的 526 家，私人的 121 家；医疗站 1144 个，农村卫生所 696 个；私人诊所 387 个，私人医疗中心 467 家。全国共有 4.4 万张病床，其中公共医疗机构的病床 3.35 万张，私人机构的病床 1.05 万张。截至 2002 年 5 月，智利又新建或重建了 12 所医院，13 家专科疾病中心，126 家门诊所，117 家医疗站和 50 家急诊室，并使 71 家医院现代化。智利各地区的医疗卫生事业发展不平衡，医疗设施大部分集中在大、中城市，城市中的贫困阶层、农村和边缘地区缺医少药的情况还很严重。为了改变这种状况，政府不断增加在农村新建医院、诊疗所、卫生站等医疗设施中的投资。但离政府的目标还有很大差距。1998 年，在公共医疗机构医院工作的医生有 8308 人，牙医 1078 人，药剂师 323 人，营养师 552 人，社会救护人员 542 人，护士 3479 人。

　　历史上，智利就很重视医学教育事业的发展，早在 1842 年智利大学就设立了医学系，其目的是：发展智利医学；研究在智利的流行疾病；改善公共和家庭卫生。这标志着智利卫生医疗事业的发展，进入了一个新的阶段。智利大学（包括圣地亚哥本部、瓦尔帕莱索分校和特木科分校）现今设有基础医学系、药学系、医学系和牙医系等系。另外，智利天主教大学、康塞普西翁大学和智利南方大学都设有医药教育专业。智利天主教大学设有医学系、医学专科学校和护士学校；康塞普西翁大学设有药学系、医学系和牙医系；智利南方大学设有医学系。此外，各公立医疗机构也从事医护人员的培养工作。各医学教育机构一般都有大学本科和硕士生两级教学体制。医学专业在智利历来都是"热门"专业，在各校都占有较大比重，如智利大学的医学系是全校最大的系，医学专业的学生和教师分别约占全校总数的 1/4 和 1/3。

五　常见病和人民健康水平

心　血管疾病、结核病、斑疹伤寒、高血压、急性腹泻、呼吸系统疾病、循环系统疾病、艾滋病、癌症、纤维性病变、囊肿手术等56种疾病是威胁智利居民健康的疾病，也是导致死亡的主要疾病，因上述疾病而死亡的人数约占全国死亡总人数的53%。交通事故和中毒致死也是死亡的重要原因。

为了不断提高人民的健康水平和生活质量，智利政府加大宣传和普及卫生知识的力度，特别是20世纪90年代以来，积极采取各种常见病的防治措施。政府实施了各种保护和净化环境的计划，如自来水计划、粪便清理计划、防止空气、水和土壤污染计划等。为保障和增强儿童的健康，制定了儿童、孕妇医疗计划，儿童补充营养计划和广泛免疫计划。此外，政府还制定和实施结核病防治计划、妇女保健计划、未成年人健康计划、视力保健计划、控制交通事故伤亡计划等。实施上述各项计划后，居民的健康状况有了较大改善，发病率和死亡率有所下降。例如，高血压、糖尿病和风湿性疾病有所控制，因腹泻和肺炎而死亡的儿童人数明显减少，小儿麻痹症已消灭。由于实施广泛免疫计划，所有儿童都免费接种预防疫苗，从1998年开始，小儿麻疹已得到控制。另外肺结核、破伤风、结核性脑膜炎、白喉、百日咳、败血症等疾病在居民中也得到有效控制，发病率和死亡率大幅度下降。2007年5月，巴切莱特总统在其政府工作报告中宣布，政府计划到当年7月，智利全面医疗保障体系将实现对56种疾病的医疗保障，到2010年时将增加到对80种疾病的医疗保障。

20世纪90年代以来，智利人民的健康水平有了明显提高。作为人民健康水平的主要指数（见表6-5）在智利发生了重要变化。根据智利《中央银行月报》的统计资料，80年代除个别年份外，智利出生率都保持在22‰以上，最高年份1989年为

23.6‰。90 年代中期后呈下降趋势，1998 年为 18.3‰。进入 21
世纪，智利人口出生率继续呈现下降趋势，2001～2005 年分别
为 16.8‰、16.1‰、15.6‰、15.1‰和 14.9‰。死亡率连年下
降，80 年代大部分年份都在 6‰以上，1980 年为 6.6‰，1990
年降至 6.0‰，1998 年为 5.4‰。2001～2005 年智利人口死亡率
基本同于上世纪 90 年代末期。儿童死亡率（一岁以下）的下降
幅度更大，由 1980 年的 33.0‰降至 1990 年的 16.0‰，1998 年
又下降为 10.3‰。同期，新生儿死亡率（出生 28 天以下）也大
大下降。1980 年为 16.7‰，1990 年降至 8.5‰，1998 年又降至
6.0‰。与此同时，人均寿命也在不断提高。1985～1990 年男性
为 69.6 岁，女性为 75.9 岁。1990～1995 年，男性为 71.5 岁，
女性为 77.4 岁。1995～2000 年，男性为 75.2 岁，女性为 78.2
岁。

表 6 - 5　1989～1998 年出生率、死亡率指数

单位：‰

年份	出生率	死亡率	儿童死亡率	新生儿死亡率
1989	23.6	5.9	17.1	9.1
1990	23.5	6.0	16.0	8.5
1991	22.5	5.6	14.6	7.9
1992	21.7	5.5	14.3	7.7
1993	21.1	5.5	13.1	6.9
1994	20.6	5.4	12.0	6.8
1995	19.7	5.5	11.1	6.1
1996	19.3	5.5	11.1	6.3
1997	18.7	5.4	10.0	5.7
1998	18.3	5.4	10.3	6.0

资料来源：Banco Central de Chile：*Boletín Mensual*（《智利中央银行月报》），
junio 2000。

第七章

军　事

第一节　概况

智利拥有一支历史悠久、实力较强、训练有素的军队，是拉丁美洲地区军事强国之一。智利的武装力量由陆、海、空三军组成，宗旨是维护国家的安全，保障共和国制度的稳定。治安部队和公安部队由武警和侦缉警组成，负责保障法律、维护公共秩序和国内治安，及有关组织法所规定的其他方面的职能。武警配合武装部队担负保障国家制度稳定的使命。总统通过国防部对全军和警察部队实施行政领导和作战指挥。武装部队和武警作为武装力量，应服从指挥，不容商议。国防部下属的部队是一支有上下等级、严守纪律的职业部队。武装部队和武警各自决定自己的人员编制和待遇，专业人员和文职人员则由法律予以规定。陆、海、空军总司令及武警总局局长，由共和国总统在军龄最长、又具备条件的将军中任命，不得连任，不得罢免。如事实确凿，共和国总统可与国防委员会协商后，命令陆、海、空军总司令或武警总局局长引退。

智利陆军诞生于1810年。海军始建于1813年，1818年正式建立国家舰队。空军的前身是陆军航空兵，1930年成为独立军种。智利规定，9月19日为陆军节，5月21日为海军节，3

月 21 日为空军节。

智利的陆、海军都诞生于独立战争期间，曾为赶走西班牙殖民军，赢得国家独立做出重要贡献。历史上，智利曾两次战胜邻国秘鲁和玻利维亚。1836 年智利对秘、玻宣战，反对建立秘玻同盟，1839 年秘、玻战败。1879～1883 年，智利又同秘、玻发生争夺太平洋沿岸硝石矿区的"太平洋战争"，智利再次获胜，军队战斗力进一步加强，成为当时的军事强国。智利历届政府都比较重视军队建设，国家军事力量不断发展壮大。1973 年 9 月 11 日，陆军总司令皮诺切特将军利用当时群众的不满情绪和以反对"共产主义威胁"为借口，发动了政变。军政府上台后，大力加强军队建设，不断扩充兵员，更新武器装备，提高部队的机动作战能力。三军总兵力由 1973 年的 6 万人增加到 1989 年的 10.1 万人，其中陆军增加 2.5 万人，海军 1.1 万人，空军增加 0.5 万人。在武器装备方面，据不完全统计，1973～1989 年，陆军购买了约 100 辆坦克，150 余辆装甲车和装甲输送车；海军购买了 4 艘潜艇、4 艘驱逐舰、2 艘护卫舰，以及几十艘小型舰艇；空军购买了约 70 余架作战飞机、90 架直升机和运输机。1990 年文人政府执政后，兵力有所削减，但政府仍重视军队现代化建设，更新了一批武器装备，使部队机动能力得到进一步提高。例如，为了实现空军现代化，在艾尔文政府期间，购买了 10 架蜻蜓 A - 37 战斗轰炸机，20 架易洛魁人 UH - IH 直升机，以及若干架运输机。弗雷政府又批准耗资 8550 万美元购买 29 架幻影战斗机。为了进一步落实军事现代化计划，2002 年 1 月，拉戈斯政府花费 7 亿美元，向美国购买了 10 架先进的 F - 16 战斗机。这是美国在最近 20 年中向拉美国家所做的最大一笔军火买卖。智利的上述行动，在其邻国间引起了强烈反响。外电报道，对秘鲁和玻利维亚来说，"犹如一瓢冷水当头浇下来"。而智利国防部长米歇尔·巴切莱特说："更换陈旧的装备，不应该看做是军备竞赛的开始。"这之前，智利刚刚购买了德国的 200 辆坦克和在法国制造 2 艘潜艇（2006 年交货）。1997 年 3 月，智利前国防部长埃德蒙多·佩雷斯·约马曾指出，政府的军事政策是建立一支人数不多，但武器尖端、技术精良的军队。为此，智利军事当局准备对军队进行深入的改革。

允许妇女参军，是最近几年智利军队在现代化进程中进行的主要革新之一。尽管军队中女性不多，而且从事的大多是管理工作，但是不能排除不久的将来，她们也能担任指挥职务的可能性。智利为妇女建立了专门的军事学校，但是从 1995 年起它同培养未来军官的军事学校合并，实行混合教育制度。据军界人士说，这种制度取得了良好的效果。目前，在陆军军事学院的 600 名学生中，有 36 名妇女。不过妇女学习的课程和年限与男子不同，她们主要学习信息学、财务、管理和公共关系等课程，期限为两年。到目前为止，尽管妇女参军的积极性很高，但军中人数仍有限。妇女参军在智利是件新鲜事物，是个渐进的过程，但却是不可逆转的，尽管目前的晋升制度对妇女晋升有所限制。

军政府期间，由于扩充兵力，军费开支大幅度增加，1981 年的军费高达 21 亿美元，占当年国内生产总值的 6%，比阿连德政府时期的 6 亿美元增加了两倍半。1990 年文人政府执政后，适度削减兵力，1994 年军费开支降至 11 亿美元，比 1981 年下降了 47.6%。1997 年智利国防开支增加到 21 亿美元，1998 年国防开支约 21 亿美元，基本上与上一年持平。

智利的陆军是根据第一届"洪达"政府于 1810 年 12 月 2 日颁布的法令而创建的。在创建初期主要受西班牙军队的影响。为了培养正规军，1817 年 3 月 16 日，最高执政官奥希金斯执政期间成立了智利第一所陆军学校（现名为"奥希金斯"陆军学校）。其宗旨是为军队培养军官、军士长、班长。经过 6 个月的学习，使他们掌握军事演习必需的战术知识。19 世纪下半叶至第二次世界大战前，智利军队建设受德国和英国军队的影响较大。1886 年，陆军按照德国军队的模式，实行征兵制，建立军校，组成一支常备军事力量。海、空军则都是由英国军事使团协助组建和训练的。1947 年，智利加入了美洲国家军事体系。1952 年，智利和美国签订了《双边军事协定》。据此，美国在智利派驻陆、海、空三军使团，向智利提供军事援助，为智利培训军事人员。美军的战术思想和训练方法在智军中占主导地位。1976 年，美国卡特政府以智利军政府"破坏人权"为由停止对智军援，实行武器禁运并撤回了三军使团，智、美军事关系一度恶化。20 世纪 80 年代以来，两国军事关系逐步改善。1990 年文人政府上台后，双方军事关系恢复正常。

智利是拉美国家军火工业比较发达的国家之一，始建于 1811 年。随着国家经济的发展，军火工业也不断发展。第二次世界大战后，智利政府特别是军政府时期非常重视军火工业，在向国外购买先进武器装备的同时，积极发展本国的国防工业。20 世纪 90 年代以来，智利军火工业发展较快，其部分产品已具备一定的市场竞争能力。目前，智利军工企业已具有对武器装备进行维修、独立或与外国合作对现有军事装备进行现代化技术改装和制造新型装备的能力。智利主要军火产品有：枪弹、炮弹、航空炸弹、枪支、火炮、装甲车、教练机、飞机电子情报系统和警报系统等。

智利陆、海、空三军都有自己的军工企业。其主要企业有：

陆军军工军械总厂 建于 1811 年，现有员工约 3000 人，总厂设在圣地亚哥，在全国各地都有分厂。20 世纪 80 年代前，该厂只能生产一些轻武器和弹药。80 年代后，与外国军工企业进行合作，生产水平有了较大提高。除制造轻武器和弹药外，还生产坦克、火炮、机枪、地雷、深水水雷、航空炸弹、迫击炮炮弹、多管火箭炮、集束炸弹、防爆器材、催泪弹等。其中口径为

9毫米、射速达1400发/分钟的机枪为国际上性能最好的枪械之一。

海军造船及军械工厂 建于1960年，现约有员工2800人，总部设在瓦尔帕莱索。海军造船厂可建造和修理岸防舰、巡逻艇、远洋船只、拖轮和渔船等，并能对海军船只进行现代化改装。

国家航空公司 建于1984年，现有员工约1500人，总部设在圣地亚哥。该公司能制造和组装初、高级等多种型号的教练机，并能对飞机系统进行现代化改装，还能生产干扰雷达系统、电子情报系统、警报系统、航空通信器材、电子战设备和飞机零件等。此外，该公司与美国、西班牙和以色列等国家合作，研制生产及改装T—36"哈尔孔"型教练机和"幻影"50型和F—5型飞机。除满足智利空军需要外，还出口西班牙、巴拉圭等国。另外，航空公司还研制了"尼亚姆库"多用途民用飞机。

第二节　国防体制和国防政策

一　国防体制

总统 智利宪法规定，总统为全国武装力量最高统帅，通过各军种司令部和国防部对全国武装力量实施领导和指挥。

国家安全委员会 是国家安全问题的最高国防决策机构。其成员有总统、国防、外交、内政、经济、财政部长等内阁成员以及三军总司令和武警总局局长等，由总统任主席。国家安全委员会会议是总统在国家安全事务方面的顾问机构，负责对损害国家制度基础或安全的行为提出意见，对平时和战时三军编制，以及外国军队入境或本国军队出境执行任务等的规定提出建议，等等。

国防部 为政府中一个部，是最高军事行政机关。国防部长由文职人员担任。它负责制定军队的后勤、动员、防务、军官晋升和国防工业等计划。国防部设陆军、海军、空军、武警和侦缉警 5 个分部。

国防委员会 由共和国总统领导，参议院议长、最高法院院长、武装部队总司令和武警总局局长参加。内政部长、外交部长、国防部长、财政经济部长列席并有发言权。国防部总参谋长任秘书。国防委员会会议由共和国总统或根据两名委员的请求召集，以绝对多数构成合法人数。正式委员有权召集会议并组成合法人数。国防委员会具有下列职能：①应邀就有关国家防务问题为共和国总统提供咨询；②就可能严重有损宪法制度基础或危害国家防务的某个事件、活动或材料，向宪法指定的机构提出自己的意见。③征求有关当局和政府官员对国防与国内安全问题的背景情况的意见，届时有关人员应给予提供，如拒绝提供，当依法惩处；④宪法赋予的其他权力。

国防参谋部 为国防部的执行机构，负责协调和制定三军和警察的作战、训练、动员、情报、军事预算和购买武器装备等事宜。国防部长和国防参谋长均无权调动和指挥军队。各军种司令直接领导和指挥部队。国防参谋长由陆、海、空军参谋长轮流担任。

陆、海、空军司令部 陆、海、空三个军种实行分权独立，无统一的军事指挥机构，陆、海、空军司令部为各自军种的最高军事指挥机构。各军种司令为本军种最高军事长官。陆军总司令部下设总监部、参谋部、首都卫戍司令部、院校司令部、军事工业及工程司令部、后勤支援司令部、通信司令部、工程兵司令部、军事研究中心、总秘书处和军事法庭；海军总司令部下设参谋部、人事总局、服务总局、财政总局、领海及商船总局、情报局、审计局、总秘书处和军事法庭；空军总司令部下设总监部、参谋部、后勤司令部、人事总局、教育总局、秘书处、军事法庭和民航总局。

二　国防政策

智利执行威慑性的、积极防御的国防政策。智利政府在1997年8月公布的《国防白皮书》中对这一政策的含义做了如下阐述：（一）充分利用所拥有的资源来达到国家发展的目标，无意侵略地球上任何国家，也不向邻国提出领土要求；（二）保护人民，保卫国家利益，捍卫政治独立、国家主权和领土完整；（三）形成统一和牢固的国家力量，其中军事力量要保持与国家总体实力相适应的规模；（四）在面临外来威胁时，运用国家力量，甚至必要时运用军事力量来捍卫和保卫国家利益；（五）促进公民履行国防义务，继续实行义务兵役制度；（六）根据国家的利益保卫和促进国际和平。白皮书特别强调威慑作用，认为拥有一支组织、装备和训练得当并一旦运用就可以战胜对手的军事力量是实行威慑的一个特定因素。威慑的目的旨在尽可能提前打消敌手试图干涉智利国家利益的意图。智利国防政策具体体现在以下几个方面。

（1）推动地区缓和，促进增加相互信任措施的实施；改善与邻国的关系，推动军事领域的交流和合作。智利与阿根廷、秘鲁已建立了在安全问题上的政治协调机制和军队参谋部一级的对话、磋商制度。

（2）改善军队和文人关系，加强政府对军队的控制，逐步改变军种各自为政的状况。目前，随着各军种领导人的更换，政府对军队的控制力增强，国防部的职能也在加强。

（3）推动军队现代化建设进程，改进军队武器装备水平，提高军队现代化作战能力。海军已订购了2艘新型潜艇，陆军已草签了购买 200 余辆"豹"—1 式坦克的合同。

（4）不动用军队直接参加缉毒行动。军队在此方面的任务仅限于后勤支援、情报交流、领海和领空控制等。

（5）不依附大国，不参加任何军事集团。在保持独立自主的前提下发展与美国的军事关系。

（6）有选择地参加联合国维和行动。目前，智利向中东、厄瓜多尔、秘鲁边境派遣了军事观察员，向伊拉克派出了核查直升机分队，向波斯尼亚派驻了宪兵分队。

第三节 军种及军事装备

智利武装力量由正规军和准军事部队组成。正规军由陆、海、空三军组成。目前智利三军总兵力 9.45 万人，其中陆军 5.1 万人，海军 3 万人，空军 1.35 万人。准军事部队 2.95 万人，由国防部领导。另外，还有陆军预备役部队 5 万人。

陆军 现有兵力 5.1 万人。设有 7 个陆军防区，编有 1 个军、7 个独立师、1 个航空兵旅。陆军总司令部设在圣地亚哥。

陆军主要装备有：坦克约 211 辆，其中 M—4A3 型 100 辆、AMX—30 型 30 辆、M—24 型 21 辆、M—41 型 60 辆；装甲侦察车 EE—9"响尾蛇"约 50 辆；步兵战车"剪刀鱼"约 20 辆；装甲输送车约 438 辆，其中 M—113 型 228 辆、"剪刀鱼"180 辆、EE—11"蝰蛇"30 辆；各型火炮约 810 门，其中牵引炮 142 门、自行炮 12 门、迫击炮 440 门、无坐力炮 150 门、高炮 60 门；"吹管"型地空导弹约 50 枚；各型飞机约 109 架。

海军 现有兵力 3 万人，其中海军陆战队 3200 人、海军航空兵 800 人、海岸警卫队 1800 人。设有 4 个海区，编有 1 个舰队、1 个潜艇司令部、1 个陆战队司令部和 1 个海空兵司令部。

智利海军装备有各型舰艇约110艘，内潜艇4艘，其中"汤姆森"级2艘、"奥伯隆"级2艘；驱逐舰"普拉特"级4艘；护卫舰"利安德"级4艘。各型飞机约63架，内作战飞机14架，武装直升机12架。坦克约30辆，装甲突击车20辆，装甲输送车40辆，各型火炮约176门。

智利拥有4000多公里长的海岸线。因此，发展海上军事力量具有重要意义。智利对海军现代化建设投入了大量财力，并制定了南美洲国家最庞大的造舰计划，准备在21世纪头20年，在本国建造新的军舰，以逐步代替现在服役的、已经改进过的驱逐舰和护卫舰。智利海军于1999年开始建造首批4艘装备直升机的导弹驱逐舰，这是建造8艘军舰计划中的一部分。首批军舰将于2006年之前竣工，另外4艘将在2010年之前完成。这些军舰将由本国创意并设计，其排水量约为3000吨，将装备舰舰导弹和点式防守导弹，配备反潜武器及"超级美洲豹"直升机。这8艘军舰将是优秀的多用途护航舰艇，其作战系统可能采用美国或以色列技术，它将成为智利海军的中坚力量，也是南美洲国家最强大的海军舰队。改进后的驱逐舰和护卫舰上的舰载直升机可以发射"飞鱼AM—39"空地导弹。同时，智利已经开发并具备了某些生产电子系统及其配件的能力，如SISDEFSP—130作战系统。海军总司令部设在瓦尔帕莱索。

空军　智利空军现有兵力1.35万人。编有5个航空旅。装备有各型飞机约227架，内攻击战斗机37架；战斗教练机36架；战斗/侦察机19架；侦察机3架；预警机1架；运输机46架；教练机约85架。空军总司令部设在圣地亚哥。

智利主要军事领导人：

国防部长米歇尔·巴切莱特（Michelle Bachelet）　1952年出生。她原先是儿科和传染科的医生，但是更热衷于学军事。巴切莱特曾在智利军队政治和战略研究学院学习硕士课程，并由于成绩优秀被授予奖学金，前往华盛顿的美洲防务学院进修。1995年起，巴切莱特成为智利社会党中央委员会的成员。1998~2000年她先后担任卫生部长和国防部长顾问。2002年1月7日，智利总统拉戈斯对内阁进行大改组，巴切莱特被任命为智利也是拉丁美洲国家历史上第一位女国防部长。巴切莱特是在军队摇篮里长大的，其父阿尔贝托·巴切莱特是智利空军的一位将军，1973年军事政变后被捕入狱。1974年在狱中被严刑拷打致死，时年51岁。在就职仪式上，巴切莱特回忆起被军政府迫害致死的父亲。她说："此时此刻，我只想说一句话，如果我的父亲仍然健在，他一定会为我感到无比骄傲，同时我也认为，总统的这一决定不仅对我个人是重要的，对智利也是重要的。"

陆军总司令胡安·埃米里奥·切雷·埃斯皮诺萨（Juan Emilio Cheyre Espinosa）上将 1947年10月生于圣地亚哥。1960~1966年就学于军事学校。1979年毕业于陆军战争学院。1981年前往南非参谋学院学习进修。曾获陆军战争学院军事科学学士、智利天主教大学政治学国际关系专业硕士、西班牙马德里利姆普卢滕塞大学政治学国际关系专业博士学位。历任战争学院教官、英语和法语翻译、阿里卡兰卡瓜第四步兵团、科皮亚波第23步兵团团长、陆军战争学院院长、智利驻西班牙军事使团团长和国防武官、军事院校总管等职。2001年任陆军总司令。

海军总司令米格尔·安赫尔·贝尔加拉·比利亚洛沃斯（Miguel Angel Vergara Villalobos）上将 1944年9月生于圣地亚哥。是一位航海和电子技术专家。曾就读于曼努埃尔·巴罗斯·博尔戈尼奥中学。1966年毕业于阿图罗·普拉特海军学校。在华盛顿美洲天主教大学学习期间获哲学硕士学位。历任海军学院教官、副院长、院长、驻华盛顿副武官、国防部副总参谋长等职。1996年1月晋升少将，2000年1月晋升中将，2001年6月晋升上将，任海军总司令。

空军总司令奥斯瓦尔多·萨拉维亚·比尔切斯（Osvaldo Sarabia Vilches） 2002年11月正式任空军总司令，之前任空军总参谋长。曾获军事管理学硕士学位。

警察总局局长阿尔韦托·西恩富戈斯·贝塞拉（Alberto Cienfuegos Becera） 1947年7月生于兰卡瓜。1966年进入警察部队，曾就读于警察学院。历任警察学校副校长和校长、智利驻美国使馆警察武官、警察部队教育局局长、警察部队人事局局长等职。2001年任警察总局局长。

第四节　兵役制度、军阶及军事院校

智利原实行义务兵役制。1978年颁布的兵役法规定，年满18岁至45岁的男性公民必须服兵役；女性公民平时自愿服兵役，战时必须服兵役。自1997年起开始实行义务兵和志愿兵相结合的兵役制度，即适龄青年先自愿报名服兵役，如名额不满再按义务兵征集。服役期为1年。适龄青年须在每年的1～9月间进行兵役登记。在校或有特殊原因不能服役的青年可缓征。智利实行职业军官和职业军士制度，军官和军士工作满20年后可享受退役金。

智利预备役分为两类：年满18～30岁、尚未服役的青年为基干役；服役期满和年过30岁的公民为预备役，到45岁为止。预备役人员必须每年接受一个月的军训。

智利军衔分为六等20级，即将官3级：上将、中将、少将；校官3级：上校、中校、少校；尉官4级：上尉、中尉、少尉、准尉；军士7级：一级军士长、二级军士长、一级军士、二级军士、上士、中士（海军和空军不设中士）、下士；兵3级：一等兵、二等兵、列兵。

智利历来重视军队建设和军官人才的培养。智利军队严格规定，校级以下军官必须是军校毕业生，将军必须是战争学院毕业生。各军种都有自己比较完整的院校体系和管理机构。目前，智利三军共有 28 所院校。初级军校招收 15 ~ 20 岁、文化程度为中学二年级结业的未婚青年。采取自愿报名，通过考试和体检采取择优录取的方法。学制为四年，毕业后授予准尉军衔，一年后升少尉。战争学院招生对象主要为少、中校军官，学制 1 ~ 3 年，由所在部队选送，学习结束后一般回原部队工作。

智利陆军主要院校有：

陆军战争学院　1886 年 9 月建立，系陆军培养参谋人员和中级指挥官的学校。招生对象为少校军官。主要开办参谋部正规班，学制 3 年。主要课程设有战略战术、情报、人事、行政管理、军事地理和后勤等。此外，还有研究生班，学制一年半；作战部队军官培训班、后勤保障军官培训班、外国军事教官培训班、教官培训班、人力管理培训班、军事新闻培训班等，学制半年至一年。该学院还设有战术作战模拟训练中心，定期对部队和参谋部各级指挥官进行轮训。陆军战争学院设在圣地亚哥。

"奥希金斯"陆军学校　1817 年 3 月创立，是陆军培养初级军官的学校。招收 16 ~ 20 岁未婚的、完成中学 2 年学业的青年经过考试和体检择优录取。学制为 4 年。头 2 年以文化课为主，后 2 年以军事课为主。主要学习内容有作战、战术、情报、后勤、人事等。毕业后授陆军准尉军衔，一部分人进入综合兵种学校学习 1 年，学习合格后授少尉军衔；大部分人分配到部队任排长。"奥希金斯"陆军学校校址设在圣地亚哥。

"罗夫雷多二级军士"学校　1967 年 10 月建立，是一所培养职业化军士的学校。招生对象为完成中学 2 年学业、身体健康、品行优良的未婚男女青年（男性为 16 ~ 23 岁、女性为 18 ~ 25 岁）。学制为 2 年，第 1 年在本校学习，第 2 年转到陆军各兵种学校学习，毕业后授下士军衔。校址在圣地亚哥。

此外，还有一所陆军综合技术学院。

海军主要院校有：

海军战争学院 是智利海军唯一一所参谋指挥学院。其学员为少、中校军官。学院设有参谋指挥基础班，学制为1年，主要课程为海战指挥；参谋指挥高级班，学制为1年，主要课程为政治—战略性指挥；研究生班，学员除海军军官外，也招收文人。此外还设有海军模拟作战训练中心，定期对海军各级指挥官进行轮训。院址设在瓦尔帕莱索。

"阿尔图罗·普拉特"海军学校 1818年8月建立，是海军培养初级军官的学校。设有海军专业和商船专业。海军专业招收年龄不超过18岁半、完成中学2年学业的未婚青年，经考试和体检择优录取。学制为4年，前2年以文化课为主，后2年分专业学习，课程有航海及工程、海上作战、供给、海洋管理以及数、理、化和英语等。商船专业学制为3~4年。招生对象及条件与海军专业类似，但要求完成中学学业和年龄不超过20岁半。上述各专业学员毕业后授准尉军衔。之后需到"埃斯梅拉达"号教练舰实习1年，实习结束后授少尉军衔，成为海军正式军官或商船官员。大部分配到舰艇上任职。校址设在瓦尔帕莱索。

"阿莱杭德罗·纳瓦雷斯"水兵学校 该校主要培养海军舰艇部队所需的职业军士，招生对象为完成中学2年学业的未婚男青年。学制为2年，毕业后授下士军衔。校址设在塔尔卡瓦诺。

海军综合技术学院 是海军专门对初级军官和军士进行专业培训的学校，下辖兵器学校、作战学校、潜艇学校、情报学校等若干专业学校。学制为1~3年不等。院址设在比尼亚德尔马。

另外，还有海军陆战队学校、后勤服务士兵学校。

空军主要院校有：

空军战争学院 1937年4月建立，是空军唯一的一所参谋指挥学院，主要为空军培养中级指挥官和参谋部军官。学员主要来自空军少、中校军官。设有指挥、战术、基础理论和参谋业务等课程，学制为2年。毕业时授予参谋指挥军官称号和军事科学学士学位。此外还设有为期5个月的上尉级军官培训班以及为期1年的研究生班。该学院设有空军模拟作战中心。学院院址在圣地亚哥。

"曼努埃尔·阿瓦罗斯上尉"航空学校 1913年建立，是空军培养初级军官的学校。招生对象为中学3年或已毕业、年龄为16～20岁、身高不低于1.70米的未婚男青年，经考试和体检择优录取。学校设有飞行、防空、航空工程和管理工程四个专业，学制为4年。毕业后授予准尉军衔。校址设在圣地亚哥。

"阿道夫·梅纳迪尔军士"专业军士学校 1939年10月建立，是空军培养各类专业军士的学校。招生对象为完成中学2年学业、身体健康、品行优良的16～20岁未婚男青年。设有防空、维修与兵器、通信与电子、行政管理等专业，学制为2年，毕业后授予下士军衔。校址设在圣地亚哥。另外，还有一所空军综合技术学院。

此外，智利军队还有一所国家政治与战略研究学院，直属国防部领导，系培养陆、海、空、警高级军官和政府高级官员的学校。学员为陆、海、空、警上校军官、政府高级官员及社会人士。学制为1年。主要课程有国防安全、战略战术、国际政策、政治经济学、行政管理、地缘政治、恐怖活动的侦破和国际关系等。

第八章

外　交

第一节　外交政策

一　对外关系

传统上，智利政府外交上采取亲美政策，在重大问题上追随美国的立场。20世纪70年代初，阿连德政府执政期间，对外维护国家主权和民族独立，支持第三世界国家的团结和反帝、反殖斗争。1973年军政府上台后，宣布恢复同西方的"传统联系"和"拉美民族主义"，强调执行"实用主义的开放政策"，公开宣称智利属于第三世界，系不结盟国家。由于美国政府在人权问题上施加压力，智美关系处于低谷。1980年智利提出"向太平洋开放"的新方针，注意在继续改善同美、西欧关系的同时，重视发展同亚洲、太平洋地区国家的关系。1990年文人政府执政后，奉行独立自主多元化务实外交政策。主张尊重国际法，和平解决争端，捍卫民主和人权。大力推行多元化、全方位的外交战略，经济外交日益突出，对外交往十分活跃。在保持与美欧大国传统关系的同时，优先发展同拉美邻国和南方共同市场的关系，积极推动拉美地区一体化。重视开拓同包括中国在内的亚太国家的关系。为了摆脱军人执政时期在国际上的某种孤立状态和改变形象，智利政府积极主动地采取了一系列外交行动，恢复了一些原来失去的外交阵地，并拓展了外交空间，提高了智利在国际上的地位。例如，艾尔文政府执政后，即与原苏联、东欧国家恢复了外交关系；与北美、西欧的关系得到明显改善，特别是实现了与美国关系的正常化；扩大了与亚洲、南太平洋和澳洲国家的关系，等等。1990 年以来，智利重视发挥在国际组织的作用，曾连续 3 次当选为联合国经社理事会成员国、1996～1997 年度联合国安理会非常任理事国，1992～2000 年是联合国人权委员会成员。同新加坡一起积极倡议和推动成立了"东亚—拉美合作论坛"。近年来，智利先后成功地主办了第六届伊比利亚美洲首脑会议、第二届美洲国家组织首脑会议、东亚—拉美合作论坛第二届高官会、第三届高官会暨首届外长会议及一系列拉美和亚太地区组织会议，并将于 2004 年主办 APEC 领导人非正式首脑会议。智利是亚太经合组织（APEC）、太平洋经济合作理事会（PECC）、太平洋盆地经济理事会（PBEC）、不结盟运动、十五国集团、美洲国家组织及里约集团等的成员国。20 世纪 90 年代以来，智利一直积极活跃在世界舞台上，智利的国际地位和影响得到进一步增强和提高，无论在国际事务还是地区性事务方面都发挥着越来越大的作用。目前，智利与世界上 171 个国家建立和保持了外交关系或领事关系。1995 年，智利同古巴复交。

　　进入 90 年代之后，智利所面临的国内形势与国际环境都发生了重大变化。国内形势的变化主要表现为，一是 1990 年 3 月由艾尔文领导的文人政府上台执政，结束了长达 17 年的军人统治和恢复了资产阶级民主体制；二是智利经济发展模式已完成向出口模式的转换，需要进一步对外开放，扩大国际参与。外部环境的变化集中体现为世界冷战格局的终结，及由此在国际关系中引起的一系列重要变动。在新的国际形势下，智利的外交政策在保持某些历史传统的同时，就自然要进行必要的调整以适应新的环境。智利外交政策的调整过程，在艾尔文政府时期基本完成。弗雷政府和现任拉戈斯政府在外交上保持着与上届政府之间的连续性。

在新的国内外形势下，智利政府制订外交政策所遵循的基本原则主要有以下几点：第一，强调外交政策应是一项"国策"，也就是以实现国家的持久性目标为宗旨。它应在国内各派主要政治力量取得基本共识的基础上来制订，以保持外交政策的连续性和稳定性。各届政府可以在外交上有其不同的侧重面，但不能轻易改变基本政策。第二，奉行并捍卫西方世界的价值观。实行此项原则应与不干涉别国内部事务的原则相协调。智利政府认为，捍卫人权的原则高于不干涉原则。第三，遵循现实主义原则。认为智利是个小国，资源有限，所以其对外行动应与国家的资源条件和能力相适应。对外政策目标要有选择性，不在国际上谋求领导地位，不采取以追求国际声望为出发点的行动，不提无实质内容的倡议。第四，奉行多元主义。在不放弃支持民主的价值观的前提下，在相互尊重和互不干涉内部事务的基础上，发展与政治制度不同的国家之间的关系。第五，实行多样化的、平衡的外交。不论是政治关系还是经济关系，都不过于集中于某一个合作对象，以使自己的对外行动有充分的回旋余地和自主性。根据上述原则，智利政府奉行独立自主的和多元化务实的外交政策，主张不干涉内政和人民自决原则；愿与世界各国保持和发展平等互利合作关系；在维护世界和平与安全及社会公正的基础上促进经济发展；把捍卫民主和人权作为其外交政策的基本点，支持建立国际政治经济新秩序。强调立足拉美，进一步改善和加强同周边国家的关系；积极发展和巩固同美国、西欧的传统关系；拓展和加强同亚太国家的经贸合作。2000年拉戈斯总统执政后，继续推行多元化、全方位的外交战略，经济外交特点更加突出，对外交往仍然很活跃。

根据所制定的外交政策，智利政府在外交工作的布局上进行了以下相应的调整。首先，是着眼于当前世界格局多极化特别是正在逐步形成的北美、西欧、亚太三大地区经济集团的趋势，力求使智利与这三大集团的关系同时发展，并行不悖。对北美集团的目标是，力争成为与该集团签订自由贸易协定的第一个非北美国家。因此，与美国的关系，不论从实现上述目标还是从发展双边关系来说，都是至关重要的。在对西欧保持和加强传统的政治、经济、文化联系的同时，适当抵制其贸易保护主义。加强亚太外交，并突出强调智利作为太平洋国家这一地缘因素。这是智利20世纪90年代以来的一个重大调整，其目的一是要参与亚太地区多边经济合作；二是扩展与东亚及澳洲主要国家的双边关系；三是吸取东亚一些国家的发展经验。其次，重视发展与周边国家的关系。拉美国家历来是智利外交的优先领域，但当前形势赋予这种关系以新的内容，即维护本地区的政治稳定，巩固拉美各国的民主体制，营造和睦的周边环境，扩大相互经济合作。再次，外交工作应为国家的社会经济发展服务，即称为"发展外交"。最后，在新形势下，联合国的地位和作用更加突出，支持联合国采取维和行动，推动环境保护和社会发展，等等。2006年巴切莱特政府执政后，强调立足拉美，优先巩固和加强同拉美国家，特别是同周边邻国的关系。她上台伊始，就先后出访了阿根廷、乌拉圭、巴拉圭、巴西、秘鲁、哥伦比亚、厄瓜多尔和海地。巴拿马、厄瓜多尔、墨西哥和秘鲁等国总统也先后访问了智利。巴切莱特政府积极参与联合国维和行动，支持联合国海地稳定特派团延期。

二　智利对当前国际重大问题的态度

有关当前国际形势：智利认为21世纪是充满变革和全球化不断调整的时代。各国应努力寻求建立更加公正、平等、可持续发展的国际新秩序。人权和环境问题超越了国界，传统意义上的国家主权将发生变化。主张加强南南合作和南北对话。在新世纪里世界各国应共同努力面对来自贫困、社会不公正、腐败、贩毒等方面的挑战。

有关建立国际政治经济新秩序：智利政府支持建立国际政治、经济新秩序，反对超级大国凭借实力领导或按其意图建立所谓"新秩序"。主张以不干涉内政、不使用武力或以武力相威胁、和平解决争端为建立国际政治经济新秩序的基础。发达国家应向发展中国家提供更多的生产资金和先进技术，开放市场，帮助发展中国家发展民族经济。

有关人权问题：智利政府认为，冷战后资本主义和社会主义两大意识形态阵营瓦解，国际维护人权制度得以建立。人权问题日益国际化，并已超越国界和政治界限，因此要建立维护国际人权的有效机制。主张地区和国际人权机构更多地关注人类的经济和社会均衡发展的权利，反对任何以经济和社会问题为借口侵犯人权。智利于 1992 年成为联合国人权委员会成员，1994 年、1997 年两次连选连任，任期至 2000 年。

有关全球化问题：智利认为全球化是一柄双刃剑，既是机遇，又是挑战，还可能造成严重的不公正，使发达国家和发展中国家的差距拉大。全球化是一场经济、技术、政治和文化革命，将影响到全球人民的日常生活，有必要采取措施以规范其进程。

有关联合国改革问题：智利政府认为。联合国成立 50 多年来，对维护世界和平与安全，促进国际间的合作与交流发挥了积极作用，是当代国际关系中的有效的多边机制。主张对联合国进行全面和必要的改革，以适应新的国际政治经济形势。在安理会改革问题上应防止只讨论扩充成员，不涉及否决权和工作方式。

有关禁止核扩散和裁军问题：智利反对核扩散和军备竞赛，主张和平使用核能，反对生产、获得、储存核武器和进行核试验。积极参加联合国裁军会议，并于 1996 年 6 月成为联合国日内瓦裁军大会正式成员。同年 9 月签署了联合国《全面禁止核试验条约》，成为首批在该条约上签字的拉美国家之一。智利还是禁止化学武器公约、拉丁美洲禁止核武器条约、禁止核扩散条约和禁止杀伤人员地雷条约等的签署国。

有关拉美一体化：支持拉美一体化进程，认为面对世界日益发展的集团化和全球化的趋势，优先发展与拉美国家特别是与阿根廷、巴西等南方共同市场成员国和邻国的政治、经济、文化和军事关系。主张通过经济与政治的一体化，促进地区贸易、投资，扩大政治共识。智利积极参与美洲自由贸易区进程，率先提出"地区开放主义"，与墨西哥、委内瑞拉、阿根廷、玻利维亚、哥伦比亚和厄瓜多尔等大多数拉美国家签订了双边自由贸易协定或经济互补协定。1996 年 6 月，同南方共同市场正式签署自由贸易协定，成为第一个与南方共同市场签订此类协定的国家。

有关环保问题：智利认为全球污染威胁"人的安全"，主张强化"责任分摊、区别对待"原则，认为工业化国家应承担全球环境恶化的特殊责任。坚持各国拥有开发资源造福于民的自主权，但在发展的同时不应忽略环保。支持加强国际环保机构的制度性，为国际体系中的弱小国家提供平等的保障，但反对任何第三国单方面强加环保标准。在应对气候变化问题上，主张强化"共同但有区别的责任"原则，认为发达国家应承担全球环境恶化的特殊责任。

有关不结盟运动：智利于 1961 年加入不结盟运动。军政府上台后，不结盟运动中止了智利在其中的活动。文人政府执政后，于 1991 年 9 月在加纳召开的第十届不结盟运动国家部长级会议上恢复了其成员国地位，智利表示将为恢复不结盟运动国家在国际事务中的地位和作用而努力。

有关反对恐怖主义：坚决反对任何形式的恐怖主义，认为恐怖主义敌视文明的基本准则，是威胁人类共存的灾祸和人类的共同敌人。反恐斗争是维护民主的要素之一，但反恐不应以牺牲人类自由为代价。

关于里约集团：认为里约集团可以承担地区领路人的角色，为此应加强团结，协调行动，在国际和地区事务中用同一声音说话。

关于朝核问题：反对发展核武器，不赞同朝鲜恢复核试验。认为朝鲜以核武器向亚洲和全世界施加压力，是不可接受的。朝核危机应通过外交途径解决。

关于伊朗核问题的立场：对伊朗重启核燃料研究表示关注，认为伊朗应把核能源用于和平用途，并切实遵守联大有关决议。主张通过外交途径解决伊朗核问题。

对伊拉克问题的立场：反对美在伊拉克采取军事行动，认为联合国应在伊战后重建中起主导作用。支持恢复伊拉克主权和实现"伊人治伊"。

第二节　同美国的关系

历史上，智利与美国的关系密切，智利历届政府都非常重视同美国的关系。美亦把智利作为优先考虑发展关系的拉美重点国家之一。长期以来，美国一直是智利最主要的经贸伙伴和投资国之一。

在20世纪70~80年代军人执政期间，由于美国在外交上转向强调维护西方民主价值观和捍卫人权，并公开支持拉美国家军人还政于民的政治民主化浪潮，智、美关系逐渐出现冲突与裂缝，到军政府后期，两国关系实际上已处于一种不正常状态。1990年3月11日，智利军人向民选的文人政府交权，成为智、美双方调整关系的契机。艾尔文政府不单纯是从传统的观念上认为美国具有举足轻重的国际地位，而且比较准确地把握了整个国际形势正在发生的巨大而深刻的变化，看到了在新形势下迅速改善对美关系的重要意义。因此，尽管在改善对美关系上国内存在着来自军方和右翼势力的巨大阻力，艾尔文政府还是采取了较为果断的行动来恢复和发展与美的关系。智利恢复民主体制意味着拉丁美洲一个最强硬的军人政府的消失，并使拉丁美洲成为"一片民主的大陆"，因而被美国政府视为其外交上的一大成就。新上台的文人政府在经济改革的基本政策取向上保持了与前军政府的连续性，这一点也与美国在新形势下对拉美的政策目标相吻合。此外，艾尔文政府是以基民党为主体，而基民党是美国自 20 世纪 60 年代以来一直看好的智利政坛上的中间力量，并有能力保持国家政局的稳定。可见，1990 年以来智、美关系的迅速修复与发展不是偶然的。在艾尔文政府上台后的一年多时间里，智、美双方通过一系列谈判与协商，基本上解决了两国间存在的一些悬而未决的问题，实现了关系正常化。美国方面重新把智利列入享受普遍优惠制的国家；取消了关于对智利实行武器禁运的"肯尼迪修正案"，恢复了双方"联合演习"。随后，智利国防部长、经济部长和财政部长先后访问美国，寻求进一步加强两国的经贸和军事合作的途径。因此，艾尔文总统在 1991 年 5 月发表的国情咨文中说："我们与美国的关系已进入一个坦诚合作的阶段"。

1990 年 6 月美国总统乔治·布什发表"美洲倡议"后，智利政府当即做出了积极反应，认为这个倡议意味着美国政策的变化，表示智利准备立即开始与美国谈判，以达成一项自由贸易协定。同年 10 月，智、美双方达成关于自由贸易的框架协定，建立双边贸易与投资委员会。布什总统随即访问了智利，并批准减免智利欠美国官方债务的 40%。至此，可以说智利对美国的外交工作中心，已转入到争取尽早加入北美自由贸易区方面。1992

年 5 月,艾尔文总统访美,成为 30 年来第一位正式出访美国的智利国家元首。这次访问的主要目的是向美国社会各界特别是国会和企业各界介绍智利国内形势和基本政策,为两国政府谈判自由贸易协定铺平道路。在这次访问中,美国明确表示,在美国与墨西哥、加拿大完成北美自由贸易协定的谈判后,再与智利谈判自由贸易协定。克林顿执政后,不但保持了前政府所做的承诺,而且表示希望在他任内与智利签署自由贸易协定。1994 年 3 月 11 日弗雷执政后,表示愿意在平等、公正的基础上同美国保持良好的关系。同年 3 月、4 月和 6 月,智利外交部长、财政部长和总统先后访美,寻求智利加入北美自由贸易区的途径。12 月在迈阿密举行美洲首脑会议时,克林顿宣布与智利开始谈判自由贸易协定。智利能成为北美自由贸易区向外扩展的首选对象国,是智利外交的一大成绩。后因美国国会拒绝给予克林顿总统"快速处理权",使智利加入北美自由贸易区的谈判多次被推迟。1998 年 4 月克林顿访问智利。2000 年 12 月初,双方开始进行第一轮自由贸易谈判。在以后的几轮谈判中,两国代表分别就市场准入、反倾销、农业补贴、知识产权等议题进行了讨论。由于双方谈判的重点涉及不少敏感问题,美国方面对一些重点议题又未提出具体建议,所以谈判进展缓慢。2002 年 5 月智、美进行了第十轮谈判,双方代表对谈判取得的进展表示"满意"。2003 年 6 月,智美签署了双边自由贸易协定。2004 年美国总统布什访问智利,2006 年智利总统巴切莱特访问美国。

美国目前仍是智利在全球的最大贸易伙伴、主要债权国和投资国。据智利中央银行统计,2000 年,智利对美国的贸易额为 65.22 亿美元,占外贸总额的 17.9%,其中出口 31.84 亿美元,进口 33.39 亿美元,分别占出口的 17.3% 和进口的 18.5%。智利商界预计,在智利与美国签署加入北美自由贸易协定后,两国间的贸易额可望比现在增加 20% 以上。

第三节　同欧洲和俄罗斯的关系

智利政府重视发展同西欧国家的传统友好关系。20 世纪 90 年代以来，智利不但重视巩固和发展同西欧国家的传统关系，而且积极推动和参加同欧盟的各种贸易谈判。智利与西欧关系的重要性，除了在于历史上早已形成的紧密联系外，而且还有以下几个原因：第一，智利在反对军人统治恢复国内民主的斗争中，曾得到西欧国家的多方支持，双方在基本政治观点上存在广泛共识。第二，西欧是智利重要的贸易伙伴和传统市场。2000 年，智利对欧盟的贸易额为 74.2 亿美元，占外贸总额的 20.3%，其中出口为 45.4 亿美元，进口为 28.8 亿美元，分别占出口的 24.6% 和进口的 15.9%。2001 年，智利对欧盟的出口达 45.94 亿美元，占当年出口总额的 25%，是智利拥有贸易顺差的地区之一。第三，欧盟国家是智利的主要外来投资国和取得贷款、发行债券的重要融资场所之一。第四，20 世纪 90 年代以来，智利与西欧国家的关系面临一些新的形势。例如，随着欧洲统一大市场的形成，其贸易保护主义倾向也在加强，与拉美地区的贸易摩擦会变得激烈，智利曾明确表示反对欧共体在农产品贸易方面的保护主义。又如，西欧国家在对外经济合作方面一般比较侧重于《洛美协定》成员国，加上原苏联东欧国家经济的转轨，也亟须西方国家的大量资金和技术，使智利等一部分拉美国家担心失去西欧国家的合作与支持。

从长期发展战略考虑，智利文人政府上台后，对加强与西欧国家的关系特别重视。艾尔文总统在 4 年执政期间曾两度出访西欧。1991 年 4 月，艾尔文总统访问了西班牙、英国、荷兰、意大利、梵蒂冈、德国和欧洲议会。智利方面表示此次出访目的是，感谢欧洲对智利恢复民主斗争的声援，同时阐明智利政府在强调贸易开放、消除保护主义壁垒、发展双边关系等方面的观点和态度。在这次访问中，智利与上述国家签订了一系列关于促进和保护投资、发展双边卫生、科技合作、旅游和文化等协定。1992年7月，艾尔文总统又出访比利时、西班牙、法国、葡萄牙和欧共体总部，出席了在马德里召开的伊比利亚美洲首脑会议，参加了巴塞罗那奥运会开幕式。访问期间，艾尔文总统突出强调应消除智利产品进入西欧市场的关税障碍，并希望欧洲各国到智利来投资。1994~2000年，弗雷总统执政期间先后访问了英国、法国、西班牙、德国、意大利、比利时、丹麦等西欧国家。智利政府接待了西班牙国王、芬兰总统、比利时首相、瑞典首相、挪威首相、意大利总理等西方国家领导人访智。通过互访加强了智利同西欧国家之间的政治、经济关系。与此同时，智利政府还建议本国企业界向欧盟派出常驻代表，以便能及时抓住商机，了解欧洲的贸易和投资动向，从而更好地开拓和利用欧洲市场。1996年6月，智利与欧盟签署了双边合作框架协定，其最终目标是结成一个政治、经济联盟。该合作框架协定包括4个方面的内容：①政治对话；②促进贸易自由化；③加强经济特别是投资和劳务的联系；④在新的领域进行广泛合作。2000年4月，智利与欧盟自由贸易谈判宣布启动。2002年3月8日智利与欧盟结束了第9轮谈判，在为期5天的谈判中，双方结束了对贸易技术障碍、产品原产地和海关事务等议题的讨论，并对解决双方各自认为重要的渔产品和烈性酒出口，以及金融业务和渔船停靠等服务问题进行了探讨。5月18日，智利与欧盟发表联合声明，宣布双方就建立全面合作伙伴关系达成协议。该协议是在西班牙举行的为期两天的第二届欧盟与拉美加勒比地区首脑会议期间达成的。根据这项经过两年多艰苦谈判达成的自由贸易协议，除在民主、保护人权、反对恐怖主义等方面进行合作外，智利和欧盟还将逐步实行全面的自由贸易。协议生效后的第一年，智利对欧盟的 85.1% 出口产品将享受免税待遇，4 年后这一比例将达到 96.2%，其中包括47.2%的农产品和99.8%的工业产品。今后 5 年，欧盟对智利的 90% 的出口产品也将免税。商业界人士期望，此项协议可以使智利和欧盟之间的贸易 5 年内增长 25%。2001 年，智利同欧盟国家之间的贸易额为 76.58 亿美元。其中智利出口为 46 亿美元，占其出口总额的 1/4。目前，欧盟是智利第一大投资国。1974~2001 年的 25 年间，欧盟 15 个成员国在智利共投资 176.29 亿美元，占智利外国投资总额的 36.3%。① 因此，可以预见，21 世纪智利与欧盟的政治、经济关系将会有更大发展。2007 年，巴切莱特总统先后访问了挪威、芬兰、瑞士和意大利等国。

智利同俄罗斯、前苏联各共和国和东欧国家关系方面，智利政府关注该地区局势的发展，对有关国家发生的变化和进行的政治、经济改革表示欢迎。苏联解体后，智利先后承认并同波罗的海三国、俄罗斯、乌克兰、白俄罗斯、格鲁吉亚、哈萨克斯坦等国建交。1992 年 1 月，承认克罗地亚和斯洛文尼亚独立。弗雷总统执政时表示，愿积极发展同俄罗斯和东欧国家的关系，以开辟新的市场。1996 年，捷克总统哈维尔、保加利亚副外长科里斯分别访问智利。1997 年，智利外长因苏尔萨访问克罗地亚、乌克兰和俄罗斯。同年，匈牙利外长首次访问智利，两国签署了《鼓励和相互保护投资协定》。智利还同乌克兰和俄罗斯签署了《空间技术合作协定》。1998 年，智利先后接待斯洛伐克、斯洛文尼亚和罗马尼亚等国外长的访问。1999 年 3 月和 4 月，弗雷总统先后对捷克、波兰进行国事访问，并接待乌克兰外长访智。2000 年，智利同俄罗斯的贸易额 1.21 亿美元，与该地区其他国家的贸易额不大。拉戈斯总统上台后，将继续推进与上述国家的经贸关系。

---

① *http*：//*www. chinaembago. org. br* 20 de mayo, 2002.

第四节 同拉美国家的关系

作为拉美国家，不论从地理、历史和文化语言方面，还是从政治、经济和安全因素而言，智利与其他拉美国家都有许多相似之处，因此智利政府把巩固和加强同拉美各国特别是周边国家的关系放在其对外关系的首位，积极推动拉美地区一体化进程。现任总统拉戈斯表示，将把解决与玻利维亚的分歧和全面加入南方共同市场，作为智利对外政策的最根本目标。

20 世纪 90 年代以来，智利文人政府在本地区的对外关系方面所关注的问题主要有三个：一是国家之间的经济合作，二是地区性政治协调，三是维护拉美国家的民主制度与和平。

智利在军政府时期处于孤立状态，基本上被排除在拉美地区性政治协调进程之外。1983 年 1 月和 1986 年 12 月，拉美国家为调解中美洲冲突，先后组成"孔塔多拉集团"（哥伦比亚、墨西哥、巴拿马和委内瑞拉）和"利马集团"（又称"支持集团"，阿根廷、巴西、秘鲁和乌拉圭）。上述 8 个国家在里约热内卢举行会议，建立了"协商与政治协商常设机构"。这不仅标志着"8 国集团"的诞生，而且意味着其协调范围已由中美洲冲突扩大到本地区共同关心的其他问题，如债务问题，经济一体化问题，归还巴拿马运河主权问题，支持阿根廷对马尔维纳斯群岛的主权要求问题，等等。由"8 国集团"演化而来的"里约集团"是当前拉美国家之间进行地区性政治协调的最主要、最具有代表性的机制。拉美国家曾把"里约集团"比为拉美地区的、类似于西方"7 国集团"的协调机构。这足以说明该组织的重要地位。1990 年 9 月，艾尔文政府执政时期智利正式加入"里约集团"，并于 1993 年担任集团的轮流主席国。智利对"里约集团"的态度是：第一，认为加入该集团改变了其在拉美地区的孤立状态，以及克服了在拉美政策方面的一大局限，并愿为加强这个集团而积极努力。第二，强调成员国之间应进行必要的政治协商，并要不断增加相互信任。第三，智利政府认为"里约集团"应采取现实主义的方针，要制订具体可行的工作日程和明确的目标。第四，要重视发展与其他国家集团特别是欧洲联盟的关系。此外，智利政府还认为，在冷战结束后的新形势下，美洲国家组织可以在捍卫民主和人权，监督大选，推动地区科技、教育、文化合作，开展扫毒斗争等领域发挥重要作用；拉美一体化协会、拉美经济体系等机构则应在引导和支持地区一体化方面做出贡献。在与其他拉美国家的关系中，智利主张积极开展互利的横向合作。几届文人政府积极主动开展外交活动，总统和高层领导人之间进行互访，在发展国家关系和经贸合作方面都取得了明显效果。

据智利中央银行统计，2000 年智利与拉美国家的贸易额为99.77 亿美元，占外贸总额的 27.3%，其中出口额 40 亿美元，进口额 59.77 亿美元，分别占出口的 21.7% 和进口的 33%。主要贸易伙伴是巴西、阿根廷、墨西哥、玻利维亚、秘鲁、哥伦比亚和厄瓜多尔。

由于历史上遗留的边界问题，智利与阿根廷时有冲突发生，影响了两国关系的正常发展。20 世纪 90 年代以来，由于双方政府的努力，智利与阿根廷的关系得到明显改善和加强，结束了长达 180 年的边界争端，双方关系被外界称为"有了质的飞跃"。1991 年 8 月 2 日，艾尔文与梅内姆两位总统签署了《关于边界问题的总统声明》，这是为两国最终解决 5300 公里边境线上历史遗留问题而达成的一项重要协议，同时建立常设的高级政治协商机构。这项协议的内容主要包括三个方面：①双方在边界线上有分歧的地段共 24 处，通过谈判解决了其中的 23 处，涉及 2500 平方公里土地。解决办法是基本上双方各得一半，即智利得到

1279.65 平方公里，阿根廷得到 1283.65 平方公里。②剩下一处面积为 532 平方公里的沙漠湖地区，双方同意交给一个由 5 名拉美人士组成的仲裁法庭进行仲裁。③两国在沙漠湖以南的大陆冰川地区有 200 多公里长的边界需要划定，但由于这一地区涉及的面积有 2305 平方公里，其划定工作需要进行长时间的、且耗资巨大的调查与勘测，最终两国同意通过签署一项经两国议会批准的边界专约来解决这一地段的边界问题。同时，两国总统还签署了一项全面推动两国经济关系、包括多项内容的经济互补协定。其主要内容有：①相互提供优惠待遇，扩大双边贸易，但没有规定两国建立自由贸易区的目标。②促进相互投资。③相互为对方进出口商品提供过境通道。④为双方共同感兴趣的工业、能源、矿业、基础设施、旅游等领域的合作项目提供便利，并鼓励私人部门积极参与。其中由阿根廷的内乌肯省向智利输送天然气的项目，对满足智利能源需求起到重要作用。1996 年 12 月，智利与阿根廷签署了《两国关于南部冰区协定》议定书。1998 年，弗雷总统访问了阿根廷。1999 年，智利同阿根廷解决了最后一个领土纠纷——南部大陆冰川问题。两国关系进入了良好发展时期。2000 年，智利与阿根廷的双边贸易额为 35.15 亿美元，阿根廷成为智利在拉美地区的第一大贸易伙伴。同时，智利在阿根廷的投资也增长很快。截至 2001 年 3 月，在阿根廷的投资已达 37.8 亿美元，占智利在外投资总额的 17.3%。

　　智利与秘鲁、玻利维亚的关系中，都还存在一些历史遗留问题。在与秘鲁的关系方面，智利政府表示要充分履行两国边界条约中规定的有关义务。特别是关于在阿里卡修建一道堤坝的问题，双方同意为此建立一个专门混合委员会。1999 年，智利同秘鲁签署了 1929 年和平条约的执行协议及补充协议，解决了多年来两国间就该条约有关条款的遗留问题。1998 年，智利与秘鲁签订了《经济互补协定》。近几年来，两国间的经济贸易合作有所增加，双边贸易逐年呈上升趋势。2000 年，双边贸易额为 7.05 亿美元，比上一年增加了 33.5%。在发展经贸关系的同时，两国军方领导人经常互访，保持着双方参谋部之间的协商制度。智利与玻利维亚之间的主要问题，同样是历史遗留问题。玻利维亚政府坚持要获得太平洋沿岸的出海口，经过双方政府多次谈判未果。虽然智、玻在出海口问题上分歧依存，近年来两国元首和外长在许多场合进行了接触，经济往来逐渐增多。1993 年，智利同玻利维亚签订了自由贸易协定。2000 年拉戈斯总统上台后，两国经济贸易往来得到加强。2000 年双边贸易额 1.95 亿美元。

　　智利与墨西哥的关系相当密切。1992 年，两国政府签署了经济互补协定，规定到 1996 年两国形成一个自由贸易区。为此，双方制订了一个为期 4 年的关税减让计划和约 100 种的例外产品单，确定了防止不公平竞争和倾销的条款，以及原产地规则、保护条款和解决纠纷的机制，并建立了一个"管理委员会"作为协定的执行机构。双方还签订了互免签证协定。1998 年智利同墨西哥又签订了《自由贸易协定》，取代了 1992 年的经济互补协定。随着自由贸易协定的实施，两国经贸往来逐年增加，2000 年，双边贸易额 14.34 亿美元。智利之所以非常重视与墨西哥的关系，除了充分利用双方经济合作潜力之外，还着眼于墨西哥是北美自由贸易区成员国，其在谈判北美自由贸易协定过程中积累的经验可供借鉴。另外，墨西哥与智利都是太平洋岸国家，双方还可相互协调对太平洋地区的政策。

　　智利与其他拉美国家的经贸关系也在不断发展。1993 年智利与委内瑞拉、1994 年与哥伦比亚、1995 年与厄瓜多尔、1996 年与巴拉圭等国家签订了双边自由贸易协定。巴西是智利在拉美地区的第二大贸易伙伴，2000 年，双边贸易额约 23 亿美元。因此，智利十分重视加强与巴西的关系。1991 年 7 月，智利同古巴恢复了领事关系，1995 年 4 月，两国恢复了中断近 22 年的外交关系。1999 年，智利与古巴在拉美自由贸易协会框架内签署了部分协议。20 世纪 90 年代以来，智利与中美洲和加勒比地区国家的关系普遍有所加强。1999 年，智利与巴拿马、萨尔瓦多、危地马拉等中美洲五国签署了自由贸易框架协定，这是中美洲国家与南美洲国家签署的第一个自由贸易协定。

在加强与拉美国家双边经济合作的同时，智利也很重视发展与南方共同市场各国的关系。1996 年 6 月，与南共市正式签订了《自由贸易协定》，并于 10 月 1 日生效，成为南共市的联系国。1997 年 12 月，在南共市首脑会议上被接受为准成员国，全面参与南共市各个机构的工作和一切政治活动。1998 年 7 月，智利与南共市举行经济合作协议管理委员会会议，决定加快贸易自由化进程，建立必要的检查机制。1999 年 6 月，弗雷总统参加在亚松森举行的南共市首脑会议上表示，由于南共市国家间经济金融政策方面缺乏进展等原因，目前智利还不愿成为南共市成员国。2000 年 3 月，拉戈斯就任总统后宣称，智利将全面加入南共市。但由于关税、经济发展水平之间的差距较大，因此，智利在短时期内加入南共市的可能性不大。近几年来，南共市已成为智利的重要贸易伙伴和对外投资场所。2000 年，智利与南共市的双边贸易额 60.5 亿美元。1995～2000 年，智利对南共市的出口由 13.65 亿美元增加到 17.09 亿美元，增长了 25.2%。同期进口由 26.77 亿美元增至 43.38 亿美元，增长了 62%。

第五节　同亚太国家的关系

智利政府把加强同亚太地区的关系放在其外交的重要位置，认为 21 世纪将是太平洋国家的世纪，发展同该地区的关系对智利当前和未来经济发展都具有重要战略意义。

从地区概念上说，智利所说的亚太地区主要是指东亚地区、南太平洋岛国和澳洲。早在 20 世纪 70 年代中期，军政府就开始关注亚洲市场，提出："立足拉美，面向亚太"的方针。90 年代以来，智利与亚太地区的经贸关系发展迅速，并且制定了使其成为拉美国家通向亚洲的门户的战略。智利对于发展与这一地区的关系表现出前所未有的兴趣，这主要是因为亚太地区是一个充满活力和挑战的地区，市场潜力巨大；亚太地区国家正在形成一个强大的经济集团，它对世界经济和政治格局的影响不容低估；智利实行"开放的地区主义"政策，符合亚太地区国家所采取的原则和政策；智利作为西半球太平洋岸的国家，具有发展与亚太地区关系的地缘优势，积极扩大在亚太地区的存在，不但不会削弱、反而会加强其在拉美以至西半球的地位。在艾尔文政府时期，曾把智利在亚太地区的外交目标概括为三个方面：一是巩固智利在这一地区的存在；二是深化智利对这一地区现有合作机制的参与；三是加强与这一地区主要国家的关系。与此同时，智利政府强调，加强亚太外交并不意味着要削弱与北美、拉美、西欧等地区的关系。

智利几届文人政府对亚太地区进行了一系列重要的外交活动，总统和政府部门高级领导人相继访问了马来西亚、中国、日本、印度尼西亚、韩国、澳大利亚、菲律宾等国家，并与这些国家签订了诸如促进和保护投资、贸易、发展教育、文化、科技等多方面的合作协定。目前，智利与亚太地区的几乎所有国家都有外交关系，已参加了太平洋流域经济理事会、太平洋经济合作理事会，并于 1994 年成为亚太经合组织的成员，是拉美地区继墨西哥之后参加该组织的第二个国家。智利还成为"日本—南太平洋 21 世纪委员会"的第一个合作伙伴。智利同亚太地区的经济关系是以贸易为基础的，目前亚太地区是智利最大的贸易伙伴。2000 年，智利同亚太地区的贸易额 88.38 亿美元，占其外贸总额的 24.2%。其中出口 57.36 亿美元，进口 31.02 亿美元，分别占出口的 31.1% 和进口的 17.1%，智利与亚太地区的贸易处于出超地位。亚太地区约占有智利出口市场的 1/3，由此可见，这个地区在智利外交中的重要地位。智利向亚太地区出口的主要商品是铜及其副产品，新西兰、日本等国购买智利的葡萄酒。在亚洲金融危机期间，智利对亚太地区的贸易跌幅较大，2000 年开始有所恢复。

在亚洲国家中，日本已成为智利最重要的贸易伙伴之一。20 世纪 80 年代中期以前，智利对日本的出口每年不超过 40 万美元。在此以后，对日本的出口年均增长率超过 30%，其中 1995 年对日本的出口额达 28.07 亿美元，增长率高达 36.1%，超过对美国的出口。90 年代前半期，智利从日本进口有所增加，一般保持在 8 亿~10 亿美元，后半期处于下降趋势。据智利中央银行统计，2000 年，智利、日本双边贸易额 32.57 亿美元，其中出口 25.49 亿美元，进口 7.10 亿美元，分别比上一年增长了 13.8% 和 3.9%。出口日本的主要产品是铜、锌等矿产品、木材、纸浆、水果、鱼粉和其他渔产品，制成品占的比重很少。2007 年 3 月智利与日本签署了自由贸易协定。

智利与韩国的关系也有了新的发展，1999 年 9 月 11 日，智利总统弗雷出席在新西兰奥克兰召开的亚太经合组织第七次领导人非正式会议期间，与韩国金大中总统举行了会谈，双方就签署两国自由贸易协定达成一致意见，将进一步加强和扩大两国间的经济合作，推进双边贸易自由化。这是第一个拉美国家与亚太经合组织中的亚洲成员国之间的谈判。对此，智利总统弗雷给予高度评价：他认为韩国在拉美选择智利，意味着其他亚洲国家也将对智利产生兴趣，这是极其重要的。经过 3 年的协商，2002 年 10 月 25 日，智利和韩国正式签订了自由贸易协定。智韩自由贸易协定包含商品谅解方案、市场准入、原产地规定、投资、服务、贸易规范、知识产权保护等内容。2003 年上半年正式生效。

第六节 同中国的关系

中智建交 30 多年来，两国关系有了长足的发展，特别是在 20 世纪 90 年代以来，中智在各个领域的互利合作不断深化。

新中国成立以来，智、中关系经历了一个逐步发展的过程。在 20 世纪 50、60 年代，两国间尚未建交，但已开始有许多民间往来。1952 年 10 月 1 日，一批智利对华友好人士发起建立"智利—中国文化协会"，致力于促进同中国的友好与文化联系，是拉美国家中成立最早的对华民间友好组织。在智中两国人民的积极推动下，20 世纪 50 年代期间，两国民间交往相当活跃。"智利—中国文化协会"代表团以及阿连德、万徒勒里、聂鲁达等智利各界知名人士先后来中国访问。1953 年，在圣地亚哥举办了中国艺术展览会。1954 年，中国文化代表团参加了在圣地亚哥举行的拉丁美洲大陆文化会议。1956～1959 年期间，中国民间艺术团、中国人民银行代表团、中国杂技团、中国新闻工作者代表团、中国工会代表团等先后访问智利。与此同时，双方贸易往来也开始起步。60 年代，智、中关系得到进一步发展。1961 年 5 月，南汉宸率中国国际贸易促进委员会代表团访问智利。同年 11 月，中国在智利设立了中国进出口公司商业新闻办公室。1963 年 9 月，智利外长托米奇在贝尔格莱德举行的各国议会联盟会议上发言，要求恢复中国在联合国的合法地位。1964 年，中国在智利成功地举办了经济贸易展览会。同年 11 月，在智利成立了争取与中国建立外交关系委员会。1965 年 4 月将原中国进出口公司商业新闻办公室，改为中国国际贸易促进会商务处。根据中国方面的统计，1960～1969 年间，中、智双边贸易额为 4000 多万美元。

1970 年 12 月 15 日，智利同中国正式建立外交关系，智利成为南美洲第一个与中国建交的国家。建交后，两国双边贸易开始正常发展。1971～1973 年间，两国政府先后签订了贸易协定、经济技术合作协定、商品贷款协定、贸易支付协定和海运协定等。至 20 世纪 90 年代初，阿尔梅达、库维略斯、德尔巴列三任智利外长访问中国。来访的还有军人执政委员会成员、空军司令马太、众议院议长比埃拉加略等。

1990 年 3 月艾尔文总统就职，中国政府派航空航天工业部部长林宗棠作为特使参加就职仪式，并转达了杨尚昆主席对艾尔文总统的访华邀请。同年 5 月，杨尚昆主席应邀访问智利，这是中国国家元首对智利的首次访问，受到智利政府的盛情款待。两国领导人就双边关系和共同关心的国际问题举行会谈，取得了广泛的共识，双方签署了植物检疫合作备忘录。1992 年 6 月，艾尔文总统和李鹏总理在出席于巴西里约热内卢举行的联合国环境与发展大会期间，亲切会见。同年 11 月，艾尔文总统访问中国，再次把智、中关系推向高潮。访问期间，双方签署了关于签订两国领事条约的谅解备忘录，中国地质矿产部和智利矿业部地学科技合作谅解备忘录。1993 年 3 月，中国外长钱其琛访问智利。1994 年 3 月新上任的弗雷总统表示，要继续加深与中国的关系。中国政府曾派外交部副部长刘华秋为特使前往出席弗雷总统就职典礼。1995 年 11 月，弗雷总统访问中国。1996 年李鹏总理访智。通过这一系列的高层互访，特别是两国国家元首的互访，智、中两国之间大大加深了相互了解，签订了多项合作协定，建立了两国外交部长之间的政治磋商制度以及经济贸易混合委员会、科技混合委员会等常设机构，智、中关系已进入一个全面发展的阶段。特别是 2001 年 5 月，江泽民主席对智利的访问为推进 21 世纪中智长期稳定、平等互利的合作关系，为扩大经贸、科技合作、增加双向投资、提升合作水平，实现优势互补起到了积极作用。拉戈斯总统也表示：智中两国建交后，尽管国际形势和各自国内发生了重大变化，但两国致力于发展友好合作的决心未变，对新世纪智中关系的前景十分乐观。他希望两国在国际多边事务中加强联系，密切合作。2001 年 10 月拉戈斯总统出席在上海举行的亚太经合组织会议后，又对中国进行了国事访问。

2006 年 11 月，胡锦涛主席出席在越南河内第 14 次亚太经合组织领导人非正式会议时与巴切莱特总统会晤。2007 年 9 月，胡锦涛主席在出席澳大利亚悉尼第 15 次亚太经合组织领导人非正式会议时与又巴切莱特总统进行了会晤和交谈。

2008 年 4 月 11~15 日，应中国国家主席胡锦涛邀请，巴切莱特总统对中国进行了国事访问，并出席博鳌亚洲论坛 2008 年年会。在其访问期间，双方签署了多项合作文件。同年 11 月，胡锦涛主席出席在秘鲁利马第 16 次亚太经合组织领导人非正式会议时与巴切莱特总统会面进行了交谈。

2008 年 7 月，全国人大常委会副委员长乌云其木格访问智利，同时举行两国议会间政治对话委员会第三次会议。其他重要访问还有解放军副总参谋长葛振峰、空军司令许其亮、中央军委副主席徐才厚、中国人民银行行长周小川、武警部队政委喻林祥分别访问智利；智利空军司令奥尔特加、矿业部长冈萨雷斯等也访问了中国。

在 2008 年中国遭受雨雪冰冻灾害和"5·12"汶川特大地震后，巴切莱特总统致电胡锦涛主席表示慰问，同时参、众两院分别通过决议对中国人民表示同情。

智、中两国的合作领域非常广泛。两国的最高立法机构和司法机构之间都先后派出高级代表团互访，建立了比较密切的关系。两国的政党、军队之间也建立了广泛的联系。智利的"埃斯梅拉达"号训练舰已先后 4 次访华。双方的科技合作已涉及海产养殖、电信、地震、农业、林业、矿业、畜牧业等众多的领域。智利对于中国的南极科学考察活动提供了宝贵的支持与合作。在文化教育领域，两方除互派留学生外，各种文化、艺术、学术交流活动不断增加。双方经济贸易混合委员会基本上每年轮流在对方首都举行会议，成为推动两国经济贸易合作的重要机制。智、中两国已签署的重要双边协议如下。

《中国和智利建立外交关系联合公报》（1970年12月15日）

《政府贸易协定》（1971年4月20日）

《经济技术合作协定》（1972年6月8日）

《科学技术合作协定》（1980年10月14日）

《互设总领馆协议》（1985年4月29日）

《互免外交公务签证协议》（1986年4月8日）

《政府文化合作协定》（1987年6月16日）

《外交部间建立政治磋商制度》（1988年8月19日）

《植物检疫合作议定书》（1990年5月29日）

《鼓励和相互保护投资协定》（1994年3月）

《海运协定》（1995年11月）

《林业合作协议》（1996年6月）

《民用航空运输协定》（1996年11月）

《农业技术合作协定》（1996年11月）

《空间技术合作协定》（1996年11月）

《植物检疫合作协定》（2001年10月）

《农业科技合作协议》（2001年10月）

《中智地震局合作协议》（2001年4月）

《中智关于保护和恢复文化财产协定》（2001年4月）

《中智关于动物检疫及动物卫生的合作协定》（2002年5月）

《中智旅游合作协定》（2002年11日）

近几年来，智中贸易关系发展迅速并保持了强劲的增长势头，特别是中国对智利的出口额在逐年增长。据智利中央银行统计，双边贸易额由 1990 年的 1.01 亿美元上升至 1997 年的 13 亿美元，增长了近 13 倍。2000 年为 19.7 亿美元（见表 8-1），中国已成为智利第五大贸易伙伴，智利则是中国在拉美地区仅次于巴西的第二大贸易对象国。另据中国海关统计，2001 年中智贸易达 21.18 亿美元，智利是中国在拉美的第三大贸易伙伴，仅次于巴西和墨西哥。2008 年双边贸易额已增加到 166.5 亿美元，其中智利出口为 98.5 亿美元，进口为 68 亿美元。目前，智是中国在拉美的第二大贸易伙伴，中国是智在全球的第一大贸易伙伴。据有关报道，2009 年 1~9 月智利向所有主要贸易伙伴的出口额几乎都出现了下降，唯独向中国的出口累计上涨 6.3%。1~9 月智利出口总额为 360.11 亿美元，其中智利向中国出口额达 82.56 亿美元，占全部出口的 22.9%，中国进一步巩固了在智利的第一大出口市场地位。同期，智利进口额达 276.12 亿美元，同比下降 37.4%，其中从美国的进口占 19.2%，为智利第一大进口来源国，中国居第二，占 13.1%。中智两国的双边贸易近年来为什么能取得如此瞩目的成绩呢？其原因如下：首先，如前所说，近年来双边关系发展平稳，高层互访不断，为两国的贸易往来打下了坚实基础。其次，中智两国出口产品互补性强，竞争性少，对双边贸易的稳定持续发展十分有利。目前中国从智利进口的商品主要是铜、矿砂、纸浆、鱼粉、硝石和木材等初级原料。中国向智利出口的商品主要是轻工业品、纺织品、鞋类产品、塑料橡胶产品、皮革产品、化工医药原料、机械设备、小五金、小农具等。再次，智利是拉美地区经济最为开放的国家之一，在对外贸易中始终奉行"贸易自由"的原则，对进口产品设置的关税和非关税壁垒相对较少。近年来，随着中国对外开放的不断深入，国民经济的持续发展及加入了世贸组织，智利政府和企业界对于前景广阔的中国市场兴趣越来越浓厚，出现了一股不小的"中国热"。

表 8 - 1　1990 ~ 2008 年智中贸易统计

单位：百万美元

年　　份	智利出口	智利进口	总　　额
1990	34.29	67.14	101.43
1991	106.99	94.20	201.19
1992	128.15	409.64	537.79
1993	260.2	300.7	560.9
1994	222.1	363.0	585.1
1995	365.5	498.5	864.0
1996	472.6	635.9	1108.5
1997	579.2	721.2	1300.4
1998	586.3	760.7	1347.0
1999	567.1	709.7	1276.8
2000	967.7	999.9	1967.6
2001	—	—	2118.0
2002	1224.82	1101.49	2326.31
2003	1836.07	1289.40	3125.47
2004	3212.20	1846.51	5058.71
2005	4389.82	2539.48	6929.30
2006	4394.15	3487.20	7881.35
2007	9950.42	4878.15	14828.57
2008	9851.20	6795.04	16646.24

资料来源：www.ine.cl（智利国家统计局网站）2009 年 9 月。

　　综上所述，中智双边贸易的发展势头相当喜人。可以预见，经过双方的共同努力，21 世纪，两国的经贸关系将会在现有基础上取得更大发展。

　　目前，智、中相互投资规模还不大，中国在智利有 14 家企业，中方投资总额 4600 万美元。主要企业有：中信集团所属美国西林公司成立的西林智利公司、上海机械进出口公司开办的上

海机械智利贸易公司等。截至 2000 年，智利在中国投资项目有
20 多个，协议投资额 3000 万美元，实际投资额 1500 万美元。
主要企业是科尔波拉（CORPORA）公司果汁厂。

中国、智利双方都乐观积极看待未来智中经贸合作。2009
年 6 月智利驻华大使费尔南多·雷耶斯·马塔表示，智利和中国
同为发展中国家，"合作是推进两国关系不断向前发展的关键所
在"，尤其在当今金融危机席卷全球之时。与此同时，随着智利
与中国经贸关系日益深化，也会为中国开拓其他南美国家市场提
供良好平台。智利驻华商务参赞马里奥·阿尔塔萨也表示，近年
来智利和中国的经贸联系日趋紧密，已成为发展中国家之间合作
的典范，而两国在金融和投资方面的合作将为双边经贸关系增添
新的元素。他还认为，智利—中国自贸协定实施近 3 年来，"两
国经贸合作发展势头良好，经贸关系不断跃上新台阶"，但双边
经贸合作仅限于商品和货物贸易，还未涉及金融服务和投资等。
在智中自由贸易协定框架下，双方将逐步拓展更多领域的合作，
为两国经贸关系注入新的活力。2006 年 9 月，享有"智利银行
业名片"之誉的智利银行在北京建立办事处，是唯一在中国设
立代表处的拉美国家银行，这表明了智方希望与中国开展金融领
域合作的意愿和信心。另外，中国国家开发银行与智利银行于
2008 年 8 月签署合同，向后者发放 1 亿美元授信贷款，这是智
利和中国旨在增加经贸合作多元化，提升双边经贸关系而采取的
"具体和积极的举措"。

智利总统巴切莱特于 2008 年 4 月 11 日至 15 日访华期间，
中智双方签署了《中智自由贸易协定关于服务贸易的补充协
定》、《2008~2011 年度文化交流执行计划》、《关于智利樱桃、
李子输华检疫议定书》、《中国柑橘、胡葱输智检疫议定书》、
《关于中智进出口猪肉、乳及乳制品检验检疫议定书》、《关于防
止盗窃、盗掘和非法进出境文物的协定》、《关于开展文化遗产

领域交流合作的协议》、《关于中小企业合作的谅解备忘录》、《智利参加 2010 年上海世博会参展合同》等重要合作文件。在 2009 年 4 月举行的中国—智利经贸合作论坛上，王岐山副总理就发展中智经贸关系提出三点建议：第一，抓住机遇，提升合作水平。以自由贸易区建设为契机，在更大范围、更高层次加强双边经贸合作；第二，创新方式，拓展合作领域。根据新签订的《中智自由贸易区补充协议》，两国将进一步相互开放计算机、管理咨询、采矿、体育等服务业市场，双方应充分利用有利条件，深化服务贸易领域的合作；第三，优势互补，促进共同发展。双方应在自由贸易区框架下，将农业、矿业和基础设施建设作为重点，推动双边经济技术合作稳定向前发展。王岐山指出，中国的发展为世界发展注入新的活力，带来新的机遇，欢迎智利经济工商界人士来中国开展互利合作，从中国的发展中获得更多、更好的商机，中国政府也积极支持中国企业"走出去"，到智利投资兴业。

除上所述外，20 世纪 90 年代以来，为扩大海外市场，智利政府努力开拓同非洲的合作。1997 年 10 月，智利同博茨瓦纳建立了正式外交关系，博是智利在非洲建交的第 27 个国家。智利政府还接待了南非共和国副总统的来访，这是历史上南非首位副总统对智利进行的访问，也是自国大党执政以来对智利进行的最高级别的访问。1998 年弗雷总统访问了南非，并同南非签署了《促进与保护投资协定》、《禁毒合作协议》和《建立政治磋商机制谅解备忘录》。

附 录

一 智利历届国家元首

姓 名	任 期	备 注
贝尔纳多·奥希金斯	1817～1823	最高执政官
拉蒙·弗莱雷	1823～1826	最高执政官
曼努埃尔·布兰科·恩卡拉达	1826～1827	第一任总统
弗朗西斯科·安东尼奥·平托	1827～1829	
何塞·托马斯·奥瓦列	1829～1830	
弗朗西斯科·鲁易斯·塔格莱	1830～1831	
华金·普列托	1831～1841	连任两届
曼努埃尔·布尔内斯	1841～1851	连任两届
曼努埃尔·蒙特	1851～1861	连任两届
何塞·华金·佩雷斯	1861～1871	连任两届
费德里科·埃拉苏里斯·萨尼亚图	1871～1876	
阿尼瓦尔·平托	1876～1881	
多明戈·圣玛丽亚	1881～1886	
曼努埃尔·巴尔马塞达	1886～1891	任内逝世
豪尔赫·蒙特	1891～1896	
费德里科·埃拉苏里斯·埃乔伦	1896～1901	
赫尔曼·列斯科	1901～1906	
佩德罗·蒙特	1906～1910	任内逝世
拉蒙·巴罗斯·卢科	1910～1915	

姓　名	任　期	备　注
胡安·路易斯·圣富恩特斯	1915～1920	
阿图罗·亚历山德里	1920～1925	
埃米利亚诺·费格罗亚·拉腊因	1925～1927	
卡洛斯·伊瓦涅斯·德尔坎波	1927～1931	
胡安·埃斯特万·蒙特罗	1931	
阿图罗·亚历山德里	1932～1938	
佩德罗·阿吉雷·塞尔达	1938～1941	任内逝世
胡安·安东尼奥·里奥斯	1942～1947	
加夫列尔·冈萨雷斯·魏地拉	1947～1952	
卡洛斯·伊瓦涅斯·德尔坎波	1952～1958	
豪尔赫·亚历山德里·罗德里格斯	1958～1964	
爱德华多·弗雷·蒙塔尔瓦	1964～1970	
萨尔瓦多·阿连德·戈森斯	1970～1973	政变中以身殉职
奥古斯托·皮诺切特·乌加特	1974～1990	
帕特里西奥·艾尔文	1990～1994	
爱德华多·弗雷·路易斯－塔格莱	1994～2000	
里卡多·拉戈斯·埃斯科瓦尔	2000～2006	
米歇尔·巴切莱特	2006～2010	
塞巴斯蒂安·皮涅拉	2010～	

二　智利主要社会经济指数

类别 ＼ 年份	1990	1997	1998	1999	2000 *	2001 *
人口（千人）	13100	14622	14822	15018	15211	—
城市人口（％）	82.8	84.4	84.4	84.4	85.7	—
人口增长率（％）	1.7	1.4	1.4	1.3	1.3	—
非自立人口（％）	56.7	56.7	56.7	56.7	55.3	—
预期寿命	74.4	75.2	75.2	75.5	76.0	—

续表

类别＼年份	1990	1997	1998	1999	2000*	2001*
出生率(‰)	21.8	19.9	19.9	19.9	18.2	—
死亡率(‰)	5.5	5.6	5.6	5.6	5.7	—
婴儿死亡率(‰)	14.0	12.8	12.8	12.8	11.6	—
识字率(%)①	94.0	95.2	95.2	95.2	95.7	—
城市失业率②	7.8	6.1	6.4	9.8	9.2	9.5
GDP(百万美元)③	44862	74437	77080	77016	—	—
人均 GDP	3425	5091	5201	5129	4700	—
PIB 增长率④	3.7	6.8	3.6	-0.1	4.9	3.0
净外国直接投资(百万美元)	661	3353	1842	4366	-1106	940
净外国直接投资占 GDP 的%	2.18	4.45	2.52	6.45	—	—
通货膨胀率	27.0	6.0	4.7	2.3	4.5	3.1
实际工资年增长率	2.0	2.4	2.7	2.4	1.5	1.6
出口额(百万美元)	8522	16678	14842	15619	18215	—
进口额(百万美元)	7022	18111	17086	13893	16621	—
贸易比价(1995=100)	84.1	83.0	73.3	73.5	73.6	68.6
经常项目结算(百万美元)	485	-3726	-4143	-78	-966	-1200
国际收支(百万美元)	2323	3165	-2139	-748	234	-200
国际储备(百万美元)	6711	17838	15905	14724	15047	—
外债余额(百万美元)	18576	20701	31691	34167	36849	37060
人均外债(美元)	1416	1826	2136	2275	2423	—

　　说明：①15 岁以上人口。②全国城市的失业率。③国内生产总值，1995 年价格。④按市场价格计算。* 估计数字。

　　资料来源：ALADI-Asociación Latinoamericana de Integración（《拉丁美洲一体化协会》），Indicadores Socioeconómicos Chile 1990～2001。

三 智利行政区划

行政大区及省名称	首 府
塔拉帕卡（Tarapacá）大区	伊基克（Iquique）
伊基克省	伊基克
塔马鲁加尔（Tamarugal）省	波索·阿尔蒙特（Pozo Almonte）
阿里卡和帕里纳科塔（Arica y Parinacota）大区	阿里卡（Arica）
阿里卡省	阿里卡
帕里纳科塔（Parinacota）省	普特雷（Putre）
安托法加斯塔（Antofagasta）大区	安托法加斯塔
托科皮利亚（Tocopilla）省	托科皮利亚
埃尔洛阿（el Loa）省	卡拉马（Calama）
安托法加斯塔省	安托法加斯塔
阿塔卡马（Atacama）大区	科皮亚波（Copiapó）
查尼亚拉尔（Chanaral）省	查尼亚拉尔
科皮亚波省	科皮亚波
瓦斯科（Huasco）省	巴列纳尔（Vallenar）
科金博（Coquimbo）大区	塞雷纳（la Serena）
埃尔基（Elqui）省	科金博（Coquimbo）
利马里（Limarí）省	奥瓦列（Ovalle）
乔阿帕（Choapa）省	伊利亚佩尔（Illapel）
瓦尔帕莱索（Valparaíso）大区	瓦尔帕莱索
佩托尔卡（Petorca）省	拉利瓜（la Ligua）
洛斯安德斯（los Andes）省	洛斯安德斯
圣费利佩·德阿空加瓜（San Felipe de Aconcagua）省	圣费利佩（San Felipe）
基略塔（Quillota）省	基略塔
瓦尔帕莱索（Valparaíso）省	瓦尔帕莱索
圣安东尼奥（San Antonio）省	圣安东尼奥
复活节岛（Pascua）	安加罗阿（Hanga-Roa）

行政大区及省名称	首　府
解放者奥希金斯将军（Libertador G. B. O'Higgins）大区	兰卡瓜（Rancagua）
卡查波阿尔（Cachapoal）省	兰卡瓜
卡尔德纳尔．卡罗（Cardenal Caro）省	皮奇莱穆（Pichilemu）
科尔查瓜（Colchagua）省	圣费尔南多（San Fernando）
马乌莱（Maule）大区	塔尔卡
库里科（Curico）省	库里科
塔尔卡（Talca）省	塔尔卡
利纳雷斯（Linares）省	利纳雷斯
考克内斯（Cauquenes）省	考克内斯
比奥－比奥（Bio-Bio）大区	康塞普西翁（Concepción）
纽夫莱（Nuble）省	奇廉（Chillán）
比奥－比奥省	洛斯安赫莱斯（los Angeles）
康塞普西翁省	康塞普西翁
阿劳科（Arauco）省	莱布（Lebu）
阿劳卡尼亚（Araucania）大区	特木科（Temuco）
马列科（Malleco）省	安戈尔（Angol）
考廷（Cautín）省	特木科
洛斯拉戈斯（los Lagos）大区（群湖区）	蒙特港（Puerto Montt）
奥索尔诺（Osorno）省	奥索尔诺
延基韦（Llanquihue）省	蒙特港
奇洛埃（Chiloé）省	卡斯特罗（Castro）
帕莱纳（Palena）省	查伊滕（Chaiten）
洛斯里奥斯（los Rios）大区（河流区）	瓦尔迪维亚（Valdivia）
瓦尔迪维亚省	瓦尔迪维亚
兰科（Ranco）省	拉乌尼翁（la Unión）
伊瓦涅斯将军艾森（Aisen del General Carlos Ibánez del Campo）大区	科伊艾克（Coihaique）
科伊艾克省	科伊艾克
艾森（Aisen）省	艾森港（Puerto Aisen）
卡雷拉将军（General Carrera）省	智利·奇科（Chile Chico）

行政大区及省名称	首　府
普拉特舰长(Capitán Prat)省	科克兰(Cochrane)
麦哲伦—智利南极(Magallanes y de la Antártica Chilena)大区	蓬塔阿雷纳斯(Punta Arenas)
乌尔蒂马·埃斯佩兰萨(Ultima Esperanza)省	纳塔莱斯港(Puerto Natales)
麦哲伦(Magallanes)省	蓬塔阿雷纳斯
火地岛(Tierra del Fuego)省	波维尼尔(Porvenir)
智利南极(Antártica Chilena)省	威廉斯港(Puerto Williams)
圣地亚哥首都联邦(Región Metropolitana de Santiago)大区	圣地亚哥(Santiago)
圣地亚哥省	圣地亚哥
查卡布科(Chacabuco)省	科利纳(Colina)
科尔迪列拉(Cordillera)省	普恩特阿尔托(Puente Alto)
迈波(Maipo)省	圣贝尔纳多(San Bernardo)
梅利皮利亚(Melipilla)省	梅利皮利亚
塔拉甘特(Talagante)省	塔拉甘特

四　中、智重要双边协议

（一）1970年12月15日签署《中华人民共和国政府和智利共和国政府关于建立外交关系的联合公报》。

（二）1971年4月20日签署《中华人民共和国政府和智利共和国政府贸易协定》。

（三）1971年8月19日签署《中华人民共和国政府和智利共和国政府电信协定》。

（四）1972年6月8日签署《中华人民共和国政府和智利共和国政府经济技术合作协定》。

（五）1972年6月8日签署《中华人民共和国政府向智利共

和国政府提供商品贷款的协定》。

（六）1980 年 10 月 14 日签署《中华人民共和国政府和智利共和国政府科学技术合作协定》

（七）1985 年 4 月 29 日，中智两国政府就互设总领事馆进行换文。

（八）1986 年 4 月 8 日，中智两国政府就互免签证进行换文。

（九）1987 年 6 月 17 日签署《中华人民共和国政府和智利共和国政府文化协定》。

（十）1988 年 8 月 19 日，中智两国就外交部间建立政治磋商制度进行换文。

（十一）1990 年 5 月 29 日签署《中华人民共和国政府和智利共和国政府植物检疫合作备忘录》。

（十二）1992 年 11 月 16 日签署《中华人民共和国政府和智利共和国政府关于签订两国领事条约的谅解备忘录》。

（十三）1992 年 11 月 16 日签署《中华人民共和国政府和智利共和国政府地质学科技合作谅解备忘录》。

（十四）1994 年 3 月 23 日签署《中华人民共和国政府和智利共和国政府关于鼓励和相互保护投资协定》。

（十五）1995 年 11 月 24 日签署《中华人民共和国政府和智利共和国政府海运协定》。

（十六）1995 年 11 月 24 日签署《中华人民共和国政府和智利共和国政府渔业合作谅解备忘录》。

（十七）1996 年 6 月 3 日签署《中华人民共和国政府和智利共和国政府民用航空运输协定》。

（十八）1996 年 11 月 6 日签署《中华人民共和国政府和智利共和国政府关于空间合作的协定》。

（十九）1996 年 11 月 6 日签署《中华人民共和国政府和智

利共和国政府农牧科技合作协定》。

（二十）1996 年 11 月 6 日，中智两国政府就智利共和国在中华人民共和国香港特别行政区保留总领事馆进行换文。

（二十一）1998 年 5 月 6 日，中智两国政府就智利驻香港总领事馆在澳门执行领事职务进行换文。

（二十二）1999 年 11 月签署《中华人民共和国政府和智利共和国政府关于中国加入世界贸易组织的双边协议》。

（二十三）2001 年 4 月 5 日签署《中华人民共和国政府和智利共和国政府保护和收复文化财产协定》。

（二十四）2001 年 10 月 23 日签署《中华人民共和国政府和智利共和国政府关于植物检疫的合作协定》。

（二十五）2002 年 5 月 27 日签署《中华人民共和国政府和智利共和国政府关于动物检疫及动物卫生的合作协定》

（二十六）2002 年 11 月 25 日签署《中华人民共和国政府和智利共和国政府旅游合作协定》。

（二十七）2004 年 11 月 18 日签署《中华人民共和国政府与智利共和国政府关于卫生与医疗合作框架协定》。

（二十八）2004 年 11 月 18 日签署《中华人民共和国商务部与智利共和国对外关系部关于加强两国间经济贸易合作的谅解备忘录》（智方在文件中承认中国的完全市场经济地位）。

（二十九）2005 年 11 月 18 日签署《中华人民共和国政府和智利共和国政府自由贸易协定》。

（三十）2006 年 9 月 6 日签署《中国商务部与智利矿业部合作谅解备忘录》。

（三十一）2006 年 9 月 6 日签署《中国商务部投资促进事务局与智利外国投资委员会双向投资促进合作谅解备忘录》。

（资料来源于中华人民共和国外交部网站）

主要参考文献

一　西班牙文著作

Sergio Villalobos, R. : *Chile y su Historia*, Editorial Universitaria 1997.

Carlos Aldunate, Horacio Aránguiz etc : *Nueva Historia de Chile-Manual*, Zig-Zag, Instituto de Historia de la Pontificia Universidad Católica de Chile 1996.

Hernán Godoy Urzúa : *Cultura Chilena*, Editorial Universitaria 1982.

Fernando Gamboa Serazzi : *Panorama de la Cultura Chilena*, CESOC Ediciones Chileamérica 2000.

Editor Ernesto Miranda, R. : *La Salud en Chile : Evolución y Perspectivas*, Centro de Estudios Públicos, CEP, 1994.

Julio de Btun, Rolf Lüders Sch. : *Economía Política de las Reformas Estructurales*, CINDE, CERES 1994.

José Miguel Insulza : *Ensayos Sobre Política Exterior de Chile*, Editorial Los Andes 1998.

José Pablo Arellano : *Políticas Sociales y Desarrollo : Chile 1924 – 1984*, CIEPLAN 1985.

Conzalo Martner : *Chile hacia el 2000 : Desafíos y Opciones*,

Volumen 2, Editorial Nueva Sociedad Unitar/Profal 1988.

La Constitución de Chile 1980.

Mario Marcel, Alberto Arenas: *La Reforma de Previsión Social de Chile*, Banco Interamérica del Desarrollo, Washington 1991.

二　中文著作

李春辉、苏振兴、徐世澄主编《拉丁美洲史稿》第 3 卷，商务印书馆，1993。

〔美〕托马斯·E. 斯基德莫尔、彼德·H. 史密斯：《现代拉丁美洲》，江时学译，张森根校，世界知识出版社，1996。

E. 布拉德福德·伯恩斯：《简明拉丁美洲史》，王宁坤译，涂光楠校，湖南教育出版社，1989。

曾昭耀、石瑞元、焦震衡主编《战后拉丁美洲教育研究》，江西教育出版社，1994。

路易斯·加尔达梅斯：《智利史》，辽宁人民出版社，1975。

胡安·阿里斯蒂亚主编《AFP：三个字的革命——智利社会保障制度改革》，中央编译出版社，2001。

〔英〕莱斯利·贝塞尔主编《剑桥拉丁美洲史》第 8 卷，当代世界出版社，1998。

王晓燕：《智利》，当代世界出版社，1995。

〔美〕尼·斯洛尼姆斯基：《拉丁美洲的音乐》，吴佩华、顾连理译，人民音乐出版社 ，1983。

《外国影人录》（西班牙、葡萄牙、拉丁美洲部分），中国电影出版社，1990。

赵德明、赵振江、孙成敖：《拉丁美洲文学史》，北京大学出版社，1989。

《列国志》已出书书目

2003 年度

《法国》，吴国庆编著

《荷兰》，张健雄编著

《印度》，孙士海、葛维钧主编

《突尼斯》，杨鲁萍、林庆春编著

《英国》，王振华编著

《阿拉伯联合酋长国》，黄振编著

《澳大利亚》，沈永兴、张秋生、高国荣编著

《波罗的海三国》，李兴汉编著

《古巴》，徐世澄编著

《乌克兰》，马贵友主编

《国际刑警组织》，卢国学编著

2004 年度

《摩尔多瓦》，顾志红编著

《哈萨克斯坦》，赵常庆编著

《科特迪瓦》，张林初、于平安、王瑞华编著

《新加坡》，鲁虎编著

《尼泊尔》，王宏纬主编

《斯里兰卡》，王兰编著

《乌兹别克斯坦》，孙壮志、苏畅、吴宏伟编著

《哥伦比亚》，徐宝华编著

《肯尼亚》，高晋元编著

《智利》，王晓燕编著

《科威特》，王景祺编著

《巴西》，吕银春、周俊南编著

《贝宁》，张宏明编著

《美国》，杨会军编著

《国际货币基金组织》，王德迅、张金杰编著

《世界银行集团》，何曼青、马仁真编著

《阿尔巴尼亚》，马细谱、郑恩波编著

《马尔代夫》，朱在明主编

《老挝》，马树洪、方芸编著

《比利时》，马胜利编著

《不丹》，朱在明、唐明超、宋旭如编著

《刚果民主共和国》，李智彪编著

《巴基斯坦》，杨翠柏、刘成琼编著

《土库曼斯坦》，施玉宇编著

《捷克》，陈广嗣、姜琍编著

2005 年度

《泰国》，田禾、周方冶编著

《波兰》，高德平编著

《加拿大》，刘军编著

《刚果》，张象、车效梅编著

《越南》，徐绍丽、利国、张训常编著

《吉尔吉斯斯坦》，刘庚岑、徐小云编著

《文莱》，刘新生、潘正秀编著

《阿塞拜疆》，孙壮志、赵会荣、包毅、靳芳编著

《日本》，孙叔林、韩铁英主编

《几内亚》，吴清和编著

《白俄罗斯》，李允华、农雪梅编著

《俄罗斯》，潘德礼主编

《独联体（1991～2002）》，郑羽主编

《加蓬》，安春英编著

《格鲁吉亚》，苏畅主编

《玻利维亚》，曾昭耀编著

《巴拉圭》，杨建民编著

《乌拉圭》，贺双荣编著

《柬埔寨》，李晨阳、瞿健文、卢光盛、韦德星编著

《委内瑞拉》，焦震衡编著

《卢森堡》，彭姝祎编著

《阿根廷》，宋晓平编著

《伊朗》，张铁伟编著

《缅甸》，贺圣达、李晨阳编著

《亚美尼亚》，施玉宇、高歌、王鸣野编著

《韩国》，董向荣编著

2006 年度

《联合国》，李东燕编著

《塞尔维亚和黑山》，章永勇编著

《埃及》，杨灏城、许林根编著

《利比里亚》，李文刚编著

《罗马尼亚》，李秀环编著

《瑞士》，任丁秋、杨解朴等编著

《印度尼西亚》，王受业、梁敏和、刘新生编著

《葡萄牙》，李靖堃编著

《埃塞俄比亚　厄立特里亚》，钟伟云编著

《阿尔及利亚》，赵慧杰编著

《新西兰》，王章辉编著

《保加利亚》，张颖编著

《塔吉克斯坦》，刘启芸编著

《莱索托　斯威士兰》，陈晓红编著

《斯洛文尼亚》，汪丽敏编著

《欧洲联盟》，张健雄编著

《丹麦》，王鹤编著

《索马里 吉布提》，顾章义、付吉军、周海泓编著

《尼日尔》，彭坤元编著

《马里》，张忠祥编著

《斯洛伐克》，姜琍编著

《马拉维》，夏新华、顾荣新编著

《约旦》，唐志超编著

《安哥拉》，刘海方编著

《匈牙利》，李丹琳编著

《秘鲁》，白凤森编著

2007 年度

《利比亚》，潘蓓英编著

《博茨瓦纳》，徐人龙编著

《塞内加尔 冈比亚》，张象、贾锡萍、邢富华编著

《瑞典》，梁光严编著

《冰岛》，刘立群编著

《德国》，顾俊礼编著

《阿富汗》，王凤编著

《菲律宾》，马燕冰、黄莺编著

《赤道几内亚 几内亚比绍 圣多美和普林西比 佛得
    角》，李广一主编

《黎巴嫩》，徐心辉编著

《爱尔兰》，王振华、陈志瑞、李靖堃编著

《伊拉克》，刘月琴编著

《克罗地亚》，左娅编著

《西班牙》，张敏编著

《圭亚那》，吴德明编著

《厄瓜多尔》，张颖、宋晓平编著

《挪威》，田德文编著

《蒙古》，郝时远、杜世伟编著

2008 年度

《希腊》，宋晓敏编著

《芬兰》，王平贞、赵俊杰编著

《摩洛哥》，肖克编著

《毛里塔尼亚　西撒哈拉》，李广一主编

《苏里南》，吴德明编著

《苏丹》，刘鸿武、姜恒昆编著

《马耳他》，蔡雅洁编著

《坦桑尼亚》，裴善勤编著

《奥地利》，孙莹炜编著

《叙利亚》，高光福、马学清编著

2009 年度

《中非　乍得》，汪勤梅编著

《尼加拉瓜　巴拿马》，汤小棣、张凡编著

《海地　多米尼加》，赵重阳、范蕾编著

《巴林》，韩志斌编著

《卡塔尔》，孙培德、史菊琴编著

《也门》，林庆春、杨鲁萍编著

2010 年度

《阿曼》，仝菲、韩志斌编著

《华沙条约组织与经济互助委员会》，李锐、吴伟、
　金哲编著

图书在版编目（CIP）数据

智利/王晓燕编著. —2 版. —北京：社会科学文献出版社，2011.3

（列国志）

ISBN 978 - 7 - 5097 - 2024 - 0

Ⅰ.①智… Ⅱ.①王… Ⅲ.①智利－概况 Ⅳ.①K978.4

中国版本图书馆 CIP 数据核字（2010）第 248933 号

智利（Chile）

·列国志·

| 编 著 者 / 王晓燕 |
| 审 定 人 / 徐世澄　江时学　张宝宇　吴国平 |

编 著 者 / 王晓燕
审 定 人 / 徐世澄　江时学　张宝宇　吴国平

出 版 人 / 谢寿光
总 编 辑 / 邹东涛
出 版 者 / 社会科学文献出版社
地　　址 / 北京市西城区北三环中路甲 29 号院 3 号楼华龙大厦
邮政编码 / 100029
网　　址 / http：//www. ssap. com. cn
网站支持 / （010）59367077
责任部门 / 人文科学图书事业部（010）59367215
电子信箱 / bianjibu@ ssap. cn
项目经理 / 宋月华
责任编辑 / 尤　闯　范　迎
责任印制 / 郭　妍　岳　阳　吴　波

总 经 销 / 社会科学文献出版社发行部
　　　　　（010）59367081　59367089
经　　销 / 各地书店
读者服务 / 读者服务中心（010）59367028
排　　版 / 北京中文天地文化艺术有限公司
印　　刷 / 三河市尚艺印装有限公司

开　　本 / 880mm × 1230mm　1/32
印　　张 / 11.875　字数 / 302 千字
版　　次 / 2011 年 3 月第 2 版　印次 / 2011 年 3 月第 2 次印刷

书　　号 / ISBN 978 - 7 - 5097 - 2024 - 0
定　　价 / 35.00 元

《列国志》主要编辑出版发行人

出 版 人　谢寿光

总 编 辑　邹东涛

项目负责人　杨　群

发 行 人　王　菲

编 辑 主 任　宋月华

编　　辑　（按姓名笔画排序）

　　　　　孙以年　朱希淦　宋月华

　　　　　宋培军　周志宽　范　迎

　　　　　范明礼　袁卫华　黄　丹

　　　　　魏小薇

封 面 设 计　孙元明

内 文 设 计　熠　菲

责 任 印 制　郭　妍　岳　阳　吴　波

编　　务　杨春花

责 任 部 门　人文科学图书事业部

电　　话　（010）59367215

网　　址　ssdphzh_cn@sohu.com